KB105739

친밀한 적

## 일러두기

• 한글과 외래어 표기는 국립국어원 표준국어대사전 표기 및 '외래어 표기법'을 따랐다. 단, 원칙대로 표기할 경우 현실과 지나치게 동떨어진 음이 나오면 실용적 표기를 취했다.

• 단행본, 정기간행물에는 겹낫쇠(『 』)를, 논문이나 단행본의 일부 글을 표시할 때는 홑낫쇠(「 」)를, 단체명과 영화명의 경우 꺽쇠(〈 〉)를 사용했다. 그 외, 영문 논문과 신문 기사에는 큰따옴표(" ")를 사용했으며, 영문 단행본이나 정기간행물의 경우 이탤릭체로 표기하였음을 밝힌다.

• 참고 문헌 출처를 본문 중에 밝힐 경우, 국내서 참고 시 저자 이름을 한글로, 외서 참고 시 원어 그대로 표기했음을 밝힌다.

친밀한 적

신자유주의는 어떻게 일상이 되었나

김현미

강미연

권수현

김고연주

박성일

정승화

이후

이 책은 신자유주의가 약속하는 행복과 구원의 신화를 해부하고
그 내면화된 문화 논리를 낯설게 만들어 준다.
이러한 탈신비화 과정은 경제적 효용성의 논리가 잠식해버린
공공성을 회복하여 원자화된 개인들의 연대를 가능하게 할 것이다.

# 차례

# 우리 곁의 신자유주의

김현미

살면서 정치적으로 흥분된 역사적 순간을 경험하는 것은 행운일지 모른다. 2008년 여름 '촛불 시위' 동안 100만 명의 한국인들은 서울 도심 한복판 광장에서 밤의 축제를 즐겼다. 낮에는 학생으로, 노동자로, 주부로 평범한 일상을 꾸리던 시민들은 밤마다 유쾌한 시위꾼으로 옷을 갈아입고 춤, 구호, 노래, 촬영 등 그들 고유의 장기를 발휘하며 거리를 메웠다. 그해 여름이 끝날 무렵 미국의 금융 위기와 세계적인 동반 경기 침체라는 위기가 닥쳤고 여름날의 정치 무도회는 그렇게 끝나 버렸다. 서브프라임 모기지(비우량 주택 담보 대출)나 파생 상품이라는 낯선 용어들이 일상적 언어가 되었고 잘나가는 펀드 회사들이 줄줄이 도산했다. 금융자본주의의 반복되는 '위기' 국면에서 집을 뺏긴 미국 시민들은 "가진 돈도 없으면서 제 집을 가지려 했던 탐욕스런 저소득층"으로 정리되며 잊혀졌다. 누가 위기를 일으켰고, 왜 평범한 시민이 위기의 가장 큰 희생양이어야 했는가는 의문으로 남았다.

이 책은 촛불에 대한 열정이 글로벌 연쇄 파산의 공포로 역전되는 순간에 기획되었다. 당시 이 책의 저자들은 내 지도하에 박사 논문을 준비하고 있는 대학원생들이었고, 정치적 '흥분' 속에서 두 달을 보낸 만큼, 여전히 시민의 힘을 낙관하면서 동시에 자본주의의 섬뜩한 진화와 돌연변이 징후들을 보며 불안해했다. 그리고 신자유주의가 일상에 침투하고 욕망을 변형시키는 상황에서 우리가 할 수 있는 정치적 행위를 시작해야 한다는 긴급성에서 세미나를 시작하게 됐다. 그 후 3주에 한 번씩 만나 신자유주의와 관련된 책들을 읽고 토론했다. 지적 호기심으로 재미를 붙여 가던 세미나가 진행되는 동안 한국 사회에는 상상할 수 없었던 정치적 퇴행들이 일어나 신자유주의 보수주의가 득세하게 됐다. 외국의 학자들이 수많은 시민들의 삶을 철저히 왜곡시킨 신자유주의는 끝났다고, 혹은 끝나야 한다고 선언하며 포스트신자유주의 사회를 상상하는 저작들을 발표하는 동안 우리는 '토건'과 '부자 감세', 그리고 '복지 후퇴'를 경험하며 신자유주의적 발전 국가가 견고하게 뿌리내리고 있는 현장을 목격하고 있다.

1990년대 동구권 붕괴 이후 사회주의 국가나 자본주의 국가 모두를 하나로 수렴시킨 '신자유주의적 경제 질서'의 위력은 도대체 무엇일까? 수백 년간 지속된 자본주의하에서 반짝 등장한 신자유주의의 매력은 무엇인가? 이런 의문들에 대한 응답으로 우리는 '신자유주의에 대해 정확히 알아야 한다'는 순진한 결론에 도달했다. 사실 "아는 것이 힘"이 되려면, 그 힘을 발휘할 수 있는 사회적 맥락이 뒷받침되어야 하는 법이다. 신자유주의의 문화적 논리를 알고 이에 대한 대안을 모색하는 의식 있는 시민이 많아져야 지식은 실천될 수 있고 힘을 얻을 수 있다. 지그문트 바우만Zygmunt Bauman은 『액체근대Liquid Modernity』에서 포스트자본주의 비판 이론의 임무는 "사라져 가는, 또는 비어 가는 공석 공간을 정비하여 사람을 채워 넣는 일"이라고 주장한다. '정치적' 또는 '사회적'인 것을 회복하여 긍정적인 신뢰와 연대의 '기운'을 다시 만들어 내는 것은 불안한 시대를 살아가는 한 방법일 것이다. 그러기 위해서 우리는 거칠고 냉혹한 신자유주의 논리들이 얼마나 '반인간적'인가, 그럼에도 '자본주의 인간형'이라는 유전자 속에 들어 있는 중층적인 욕망들과 어떤 친화력을 가지며 우리의 일상을 지배하고 있는가를 이해해야 한다.

신자유주의는 지난 30년간 글로벌 정치경제 질서의 중심에 서 있었다. 자본주의는 태동 이래 주기적으로 위기에 봉착했지만 그때마다 다양한 방식으로 위기에 적응하며 진화해 왔다. 신자유주의는 1970년대 서구 자본주의가 봉착한 스태그플레이션이라는 자본축적의 위기를 타개하면서 탄생했다. 물론 경제학 이론으로서 신자유주의 철학은 이보다 더 오래된 역사를 가지고 있지만 1980년대 영국의 대처 수상이나 미국의 레이건 대통령이 신자유주의 정책을 본격화함으로써 세계 질서를 주도하게 된다.

신자유주의가 빠른 시간에 확산된 것은 무엇보다 신자유주의가 표방한 '자유'가 가진 매력 때문일 것이다. 신자유주의는 말 그대로 새로운 '자유'를 주장한다. 즉 개인의 선택의 자유, 정부로부터 간섭 받지 않을 자유, 어떤 조건에도 구애받지 않고 스스로 설정한 목표를 추구할 자유를 강조함으로써 역사의 어느 시기보다도 '개인'의 자유를 역설했다. 그러나 그 개인은 보편적인 휴머니즘에 기반을 둔 '인격'을 가진 개인이 아니라, 시장경제의 적극적인 행위자인 '재산'을 가진 개인이다. 신자유주의하에서 인간의 행복은 시장을 '자유'롭게 만들 때 증폭되고, 특히 국가나 전통적 공동체의 개입은 무엇보다 구속적이라고 간주된다. 신자유주의는 사회적 안전망이나 복지보다 개인의 재산권이 우선적으로 보호돼야 함을 강조함으로써 부유한 개인, 또는 부유해지고 싶어하는 개인의 물적 욕망을 옹호한다. 이렇게 시장이 다른 어떤 가치보다 우선시되면서 모든 것은 시장경제의 회로 속으로 흡수되었다. 교육이나 돌봄 같은 사회의 재생산에 필요한 공공재부터 생명, 아름다움, 행복, 자기 계발, 치유와 같은 비물질화된 가치까지 투자와 매매가 가능한 상품이 되었다. 모든 사람은 자유로운 개인, 곧 소비자가 된다.

문제는 지난 30년 동안 신자유주의적 실천이 지배하면서 진실로 자유로운 개인이 오히려 사라지고 있다는 점이다. 유례없는 빈부 격차와 실업률은 신자유주의 시대를 살고 있는 개인들에게 적자생존과 승자독식의 법칙을 각인시켰다. 신자유주의가 기치로 내세운 '자유'와 '작은 정부'라는 이상 속에서 개인은 '안전망' 하나 없이 모든 선택과 결과에 책임을 져야 한다. 살아남는 데 급급한 개인들은 타인을 돌볼 경제적·심리적 여유 없이 원자화되어 치열한 삶을 살아가고 있다. 신자유주의는 평등, 경제적 존엄성, 분배의 정의, 과정과 타협의 중요성 등 인류가 역사적 부침을 거쳐 동의한 민주적 가치들을 우리의 삶에서 '삭제'하고 있다. 개인의 욕망이 무제한적으로 허용되는 만큼 우리 모두가 치러야 할 경제적·정서적 고통은 깊어 가고 있다. 정치적 발언권은 부를 기준으로 한 서열에 따라 부여되고 있으며, '나'라는 개인에 속했던 많은 부분이 나에게서 분리되어 관리와 경영의 대상이 되었다. 외모나 명품 등 '보이는 것'에 따라 인격을 판단하는 현상 또한 심각한 상황이다.

이처럼 경쟁과 시장 논리가 주도해 삶의 불안정을 심화시키는 시대일수록 '품위 있는' 삶을 만들어 낼 수 있는 문화 능력을 회복하는 일이 시급하다. 신자유주의의 화려한 '승자독식'의 쇼 앞에서 대다수는 피폐한 삶에서

'표류하는 개인'이 되고 있다. 승자 또한 짧은 영광의 순간 뒤에 오는 또 다른 게임의 질서 때문에 언제든지 '루저'로 전락할 수 있다. '바닥을 치면 다시 올라오겠지'라는 극단적 냉소주의나 '그래도 나는 성공한다'는 근거 없는 낙관론보다는 최악의 상황을 만들지 않고 상황을 반전시킬 수 있는 상식 있는 사람들과 대안적 삶을 상상하는 작업이 필요하다.

이 책은 일 년 반 동안의 세미나를 거쳐 정리한 글들을 한 권의 책으로 묶은 것이다. 이 글들이 비슷한 문제의식을 가진 사람들 사이에 공유되기를 바라는 마음도 함께 담았다. 흔히 신자유주의는 정치학자나 경제학자의 '전문 영역'으로 간주되어 이들에 의해 다양한 분석과 진단이 내려져 왔다. 또한 많은 사람들이 신자유주의 물결은 '저기 먼 곳'의 국제기구나 다보스 포럼에 의해, 또는 신자유주의에 반대하는 운동 단체의 저항에 의해 그 방향이 결정된다는 인식을 갖고 있다. 그러나 이 책은 신자유주의가 정치경제적 영역에 국한된 것이 아닌 전면적이고 포괄적인 삶의 질서라는 점을 강조한다. 따라서 신자유주의가 정치적 · 경제적 · 군사적 측면뿐만 아니라 개인의 생명, 몸, 정서와 친밀성의 영역 등 일상적 측면에서 일으킨 다양한 변화를 다루고 있다. 저자들은 문화학, 사회학, 여성학, 인류학 전공자로서 이러한 신자유주의 문화 논리에 대한 인문학적 성찰을 시도하고 있다.

'신자유주의가 가져온 새로운 변화들을 어떻게 읽어 낼 것인가?'라는 질문을 가진 동시대인들의 이해를 돕기 위해 이 책이 다루는 주제들은 다음과 같다.

1장 「신자유주의 경제 이론과 문화 논리」는 이론적 · 분석적 측면에서 신자유주의를 살펴본다. 경제 이론으로서 신자유주의 사상의 등장 배경과 전개 과정을 추적하면서, 그것이 세계의 정치경제적 질서를 어떻게 변화시켜 왔는지, 그리고 그 과정에서 어떻게 경쟁과 승자독식의 문화적 규범이 확산되었는지 분석해 본다. 이는 흔히 신자유주의에 대한 정치경제학적 비판에서 간과되기 쉬운 신자유주의의 문화적 측면, 즉 신자유주의가 어떤 문화적 규범을 만들어 냈으며 사람들의 일상적 경험과 정서에 미친 영향이 무엇인지에 대한 질문과 성찰이 필요하다는 문제의식을 공유하기 위한 것이다.

2장 「일상을 잠식한 금융자본주의」는 신자유주의 세계화의 핵심인 금융화가 자본주의 발전 과정에서 어떠한 방식으로 진전되었는지 개관하고 사람들의 일상생활에서 금융화가 어떻게 전개되고 있는지를 분석한다. 일상의 금융화는 '소유자 사회ownership society'라는 유토피아적 전망 속에서 모든 개인을 투자자로 주체화함으로써 노동자의 계급 정체성을 약화시키고, 각자의 미래 가치를 앞당겨 소비하도록 유도함으로써 축적을 지속하는 메커니즘이다. 이러한 일상의 금융화가 우리 삶에 어떠한 영향을 미치는지를 분석한다.

3장 「국경을 넘는 노동자들과 이주 통행세」는 신자유주의의 전 지구적 축적 체제와 이주의 관계를 다룬다. 1990년대 이후 미국, 유럽 등 전통적인 이주 수용 국가는 이주를 엄격히 제한하거나 이주자의 정착을 규제하는 반反이주 정책을 실시하고 있다. 국경을 넘는 이주자들은 '인간'이 아닌 '임시적이고 추방 가능한 노동력'으로 규정됨으로써 전 지구적 차원에서 노동 유연화의 대상이 된다. 각국의 엄격한 이주 제한 정책으로 이주자들의 지위가 불안정해지면서, 이들의 취약한 위치를 돈벌이 수단으로 삼는 이주 산업 또한 팽창하고 있다. 이 장에서는 글로벌 시대에 이동할 자유를 획득하지 못한 이주 노동자들의 상황을 분석한다.

4장 「탈냉전 자본주의: 전쟁도 상품이다!」에서는 1990년대 이후 탈냉전적 세계 변화와 신자유주의적 시장 논리가 결합되면서 국가가 독점하던 군사 영역이 상품화되는 양상을 살펴본다. 국가나 국민을 수호하는 역할을 담당하던 군대 또한 신자유주의적 변화에 영향을 받고 있다. 위기나 분쟁 시 세계 어느 곳에나 투입될 수 있는 용병에 대한 수요가 발생하면서 '민간' 군대가 등장하고 있다. 이 장은 초국적 민간 군사 기업이 전 지구적으로 확장되는 배경 및 원인, 그리고 그 전개 양상을 분석하여 탈냉전 자본주의가 작동하는 방식을 설명한다.

1장부터 4장이 주로 글로벌하고 구조적인 차원에서의 변화들과 신자유주의 작동 방식을 다룬다면 5장부터 7장은 감정, 외모, 생명 등 미시적 차원의 인간 문제들이 어떻게 거대한 구조들과 결합하면서 현대인의 정체성을 새롭게 규정해 가고 있는가를 다룬다.

5장 「'나 주식회사'와 외모 관리」는 신자유주의적 경쟁 논리와 외모 산업의 관계를 보여 준다. 치열한 경쟁에서 살아남기 위해 개인은 자신을 하나의 '상품'으로 간주하고 나만의 브랜드를 구축하기 위해 외모를 적극적으로 관리하게 된다. 자기 관리로서의 외모 가꾸기는 패션 뷰티 산업과 융합하여 상품 소비를 통해 구현되고 있다. 여성과 남성 모두가 자기 계발을 위해 몸을 아름답게 한다는 명목으로 자기 몸을 적극적으로 감시하고 통제한다.

6장 「감정 자본주의와 치유 문화」에서는 '행복', '웰빙', '우울증'을 다루는 자조 산업self-help industry의 성장을 정서의 상품화와 포스트자본주의의 새로운 주체성 형성이라는 측면에서 살펴본다. 현대사회 자기 계발 담론이 확산되면서 정서 관리는 개인의 정신과 감정, 인성과 삶을 마치 경영의 대상처럼 사유하여 감정을 '경영'하게 한다. 이 장에서는 '감정 자본주의'라는 개념을 통해 신자유주의 시대에 증폭하는 '불안'의 감정들이 어떻게 정서 산업에 편입되며 관리되는지를 살펴보고, 정서가 경제 행위에서 중심을 차지하게 된 문화적 특성을 살펴본다.

7장 「돌진하는 생명 자본」에서는 인간의 삶의 질을 높이기 위해 태동한 생명공학이 자본과 결합되면서 자본의 속성에 어떻게 복속되고 있는지를 살펴본다. 생명공학은 각국의 경제력 차이에 따라 상품화 양상이 다르게 진행되며 전 지구적인 산업이 되고 있다. 이로 인해 생명 윤리 개념이 변화하고 생명이 계층에 따라 소비될 수 있는 차별적 상품으로 등장하고 있는 현 상황을 보여 준다.

이 책을 작업하면서 저자들은 신자유주의 논리에 대한 의문을 어느 정도 해결할 수 있었다. 그러나 '그래서 우리는 어떻게 해야 할 것인가'라는 더 큰 의문을 갖게 되었다. 마지막 닫는 글, 「포스트신자유주의를 상상하며」에서는 진단적인 수준이나마 신자유주의에 대항하는 해법과 태도들을 살펴본다. 신자유주의라는 거칠고 폭력적인 물결이 '사회적' 또는 '공공적'인 안전 댐들을 무너뜨리며 더 많은 인류를 목표 잃은 난민들로 몰아내는 상황에서 '가치'의 전환이 무엇보다 시급하다. 돈보다 사람이 중요하다는 상식은 돈이 있어야 사람답게 살 수 있다는 현실 논리 앞에서 무력해지고 우리가 할 수 있는 일은 많지 않을 수 있다. 그러나 불안이 우리의 영혼을 잠식해 인생이, 삶이, 공동체가 의미를 잃게 되는 일을 막으려면 '자기 계발' 만큼이나 '자기 조절'이 필요한 시대다. 모든 경쟁적 소비에서 한 발짝 물러나고, 모든 인간을 적대적 타자로 간주하지 않기 위해서는 신자유주의가 옹호하는 가치들과 거리 두기가 필요하다. 이 장에서는 경제나 공동체 개념을 재정의하려는 시도와 국가의 공공 정책을 통해 신자유주의에 대항하는 흐름들을 살펴본다. 이 흐름들은 신자유주의를 '공동의 위기'로 인식하고 대처하려는 인간의 삶 능력에 기대어 제안되는 것들이다.

신자유주의가 가져온 새로운 변화를 어떻게 읽어 낼 것인지, 그리고 이러한 현실에 어떻게 개입할 것인지를 고민하는 사람이라면 누구나 이 책의 기획 의도와 문제의식을 공유할 것이다. 아울러 이 책이 신자유주의적 현실에 대한 비판적 성찰과 더불어 새로운 변화를 향한 상상력을 태동시킬 수 있길 바란다. 사회적·정치적 대전환의 계기는 여전히 집단적 참여에서 만들어진다는 소박한 '쪽수'의 연대학을 믿으며 글을 마친다.

1장

# 신자유주의 경제 이론과 문화 논리

권수현

"신자유주의에서 주목할 것은 '자유'가 정의되는 방식이다. 신자유주의 사상이 전파되면서 경쟁이 인간의 자유와 행복에 더 중요하다는 생각이 광범위하게 받아들여지기 시작했다. 그러나 우애와 평등, 신뢰라는 인간성이 심하게 훼손되고 있다면, 과연 신자유주의 사상이 자유방임 시장을 통해 그렇게 지켜 내고자 했던 '자유'가 무슨 의미가 있는지 질문하지 않을 수 없다."

* 주제어: 탈취에 의한 축적, 자유방임 시장, 케인스주의, 신자유주의

경제학자와 정치철학자들의 사상은, 그것이 옳든 그르든 간에 흔히 생각되는 것보다 훨씬 강력하다. 실제로 이보다 세계를 더 지배하는 것은 거의 없을 것이다. (⋯) 늦든 빠르든, 선에 대해서든 악에 대해서든 위험한 것은 사상이지 기득권이 아니다.
—케인스, 『고용, 이자 및 화폐에 관한 일반 이론*General Theory of Employment, Interest and Money*』(1936) (박종현, 2008: 20~21, 재인용)


요즘 "경제를 모르고는 세상 돌아가는 이치를 알 수 없다"는 말은 모든 학문 영역에서 통용된다. 바야흐로 삶의 중심 가치가 된 '경제'는 이제 인문·사회과학도에게도 필수적인 지식이 되었다. 어려운 전문 용어로 가득 찬 경제학은 여전히 경제 전문가들 사이에서만 유통되는 전문 지식처럼 여겨지기 쉽지만 1970년대 이후 세계의 정치경제를 지배한 신자유주의 이론이 구체적으로 어떤 주장을 하고 있으며, 어떤 사회적 맥락에서 태동되어 사회의 지배 담론으로 수용되었는지를 이해하는 것은 중요하다. 현실에 대해 토론하고 변화를 도모하기 위해서는 신자유주의 사상이 정치경제 체제를 어떻게 변화시켜 왔는지, 그리고 그 과정에서 어떻게 경쟁과 승자 독식의 규범이 확산되었는지에 대한 이해가 선행되어야 하기 때문이다.

이러한 목적을 위해 이 글은 신자유주의를 이론적 측면에서 비판적으로 조명해 보고자 한다.

이론은 현실을 파악할 수 있게 해 주는 사유의 지도 역할을 한다. 따라서 우리는 당대의 지적 흐름을 주도했던 사상을 통해 우리의 현실을 읽어 내고, 향후 우리 사회가 나아갈 바에 대한 논의와 사유를 더욱 풍부하게 할 수 있다. 문화 연구자로서 필자는 이 글에서 신자유주의 경제 이론을 다음 두 가지 측면에서 접근하고자 한다. 첫째, 경제학 혹은 경제 이론을 하나의 담론적 현상으로 이해하고자 하는 시도다. 경제 이론을 담론으로 간주한다는 것은 특정한 경제 이론이 사회의 상식이 되어가는 과정을 추적하는 것이다. 이를 통해 우리는 신자유주의 경제 이론의 헤게모니가 이른바 '경제의 자연화naturalization', 즉 "경제가 사회의 외부에, 사회나 정치와는 무관하게 존재한다(또는 존재해야만 한다)"는 인식이 광범위하게 공유될 때 나타나는 현상이라는 점을 포착할 수 있다. 둘째, 신자유주의를 분석하는 데 있어 신자유주의가 정치경제학적인 측면에서 이전과는 확연하게 구분되는 질서를 만들어 냈을 뿐 아니라 문화 측면에서도 새로운 규범과 가치를 등장시켰다는 점을 강조하려고 한다. 이 글을 통해 신자유주의에 대한 정치경제학적 비판에서 간과되기 쉬운 신자유주의의 문화적 측면, 즉 신자유주의가 만들어 낸 새로운 규범과 그것이 사람들의 일상적 경험과 정서에 미친 영향을 읽어 내려는 노력과 고민을 나누고자 한다. 신자유주의가 시대적 규범이 된 이때, 신자유주의의 정치경제학과 문화정치학을 함께 읽어 내는 '사유의 힘'이 그 어느 때보다도 필요하다.

## 1. 신자유주의 사상의 등장과 전개

1970년대 이후 세계의 정치경제적 환경에는 극적인 변화가 있었다. 표준화된 작업 과정으로 노동 생산성을 증대시키는 대량생산 시스템인 '포디즘'이 이윤율의 하락과 더불어 쇠퇴하면서 자본축적의 위기가 발생했다. 1970년대 경제 위기가 발생하자 전후 30년간 견고하게 유지되어 왔던 서구 유럽의 복지국가 체제는 그 지속 가능성을 의심받게 됐고, 세계화가 본격화되면서 1980년대에는 세계경제에서 금융 섹터의 비중이 전에 없이 커졌다. 또한 정치적으로는 1990년대 소련이 해체되면서 동부 유럽의 국가사회주의 체제 역시 붕괴되었다. 한편 돈, 사람, 상품의 이동이 본격화된 세계화는 지리적으로 불균등한 발전을 동반하여, 세계는 소수의 발전 국가와 가혹한 긴축 조정 프로그램으로 더욱 가난해진 다수의 저성장 국가로 양분되었다(Linda McDowell, 1997). 사회과학 이론에도 많은 변화가 있었는데, 특히 시장과 국가의 역할을 통해 이러한 변화를 설명하는 새로운 패러다임들이 등장했다. 신자유주의 사상의 등장과 전개는 바로 이러한 맥락에서 이뤄진 것이었다. 신자유주의 사상의 핵심 이론가인 프리드리히 하이에크Friedrich Hayek와 밀턴 프리드먼Milton Friedman 등 이른바 '시카고학파'를 중심으로 신자유주의 사상의 내용과 그것이 등장하게 된 사회적 배경을 함께 살펴보자.

### 1) 자유방임 시장의 옹호: 모든 것을 시장에 맡겨라!

신자유주의는 자유방임주의에 입각하여 '자유 시장'에 대한 절대적 믿음을 바탕으로 하는 정치경제학 이론을 의미한다. 1947년 프리드리히 하이에크의 주도로 소수의 학자들이 모여 〈몽페를랭협회Mont Pelerin Society〉를 창립하면서 시작된 신자유주의는 1960년대 밀턴 프리드먼이 주축이 된 시카고학파를 통해서 확산되었다. 그 이론적 기원은 18세기 '자유주의 경제학'이라고 할 수 있다. 애덤 스미스Adam Smith는 『국부론*The Wealth of Nations*』(1776년)에서 "자유 시장에서의 무한 경쟁이야말로 모든 사람들에게 최대의 능률을 발휘하도록 만들고, 따라서 한 나라의 경제를 활성화하는 최선의 방법"이라고 주장한 바 있다. 자신의 이익에 따라 움직이는 개인들에게 맡겨진 시장 교환 시스템이 자기 조정 능력을 가진 가격 기구, 즉 '보이지 않는 손'이 되어 국가 전체의 부를 증진시킬 수 있다는 것이다. 시장에 대한 국가의 개입을 배제하고 그 역할을 치안 및 질서 유지에 한정하는 자유방임주의laissez-faire doctrine가 '경제적 자유주의' 혹은 '자유주의 경제학'의 주요 골자다. 이 이념을 계승하여 고전 경제학의 '자유 시장'과 '작은 정부' 원칙을 복원할 것을 주장하며 새롭게 등장한 것이 '신자유주의 경제학', 혹은 '경제적 신자유주의'다. 소수의 견해에 불과했던 신자유주의는 1970년대 전 세계적 경제 위기가 발생하자, 그에 대한 유일한 해결책으로 수용되면서 전 세계로 급속히 파급되었다. 1980년대 이후 영국의 대처 수상과 미국의 레이건 대통령이 신자유주의 경제정책을 채택하고, 시카고학파가 칠레의 피노체트, 영국의 대처, 미국의 레이건이 주도한 신자유주의 경제정책에 이론적 기반을 제공하면서, 이후 신자유주의는 세계 정치경제 질서를 주도하는 핵심 사상이 되었다.

이 신자유주의라는 지적 흐름을 주도한 경제 이론가는 '현대의 자유방임주의자'로 불리는 하이에크와 프리드먼이다. 이들은 시장의 위기를 바로잡는다는 명분으로 비대해진 정부가 초래한 경제정책의 실패를 비판하고 '자유 시장'과 '작은 정부'를 옹호하는 고전적인 자유방임주의로 회귀할 것을 주장했다. 시장에 대한 정부 규제나 개입 철폐, 공공복지의 축소, 균형 재정, 엄격한 통화 관리, 공기업의 민영화, 노동시장의 유연화 등을 통해 '자유 시장'과 '작은 정부'로 돌아가는 것만이 만인의 복지를 위한 최선의 길이라는 것이다. 하이에크는 시장의 '자생적 질서'를 계획이나 정책을 통해 바꾸는 것은 불가능한 일을 시도하려는 인간의 '치명적 오만'이며, 시장의 상황만 악화시킨다고 보았다. 따라서 1930년대 대공황을 비롯한 경제 위기의 원인 역시 '보이지 않는 손'에 의해 운영되는 시장의 '자생적 질서'에 인간의 의도, 정확하게 말하자면 국가가 개입한 결과로 진단한다. 즉 1930년대 대공황이라는 경제 위기는 국가가 개입한 결과이므로, 시장 혹은 자본주의의 문제가 아닌 국가의 문제라는 것이다.

2) 자본주의와 자유: 시장이 자유를 보장한다!

정부의 주된 기능은 외부의 적들로부터는 물론 동료 시민들로부터 우리의 자유를 지키는 것, 즉 법과 질서를 유지하고 사적 계약을 실현하며 경쟁적 시장을 육성하는 것이어야 한다.
　　—프리드먼, 『자본주의와 자유Capitalism and Freedom』(2007: 24)

신자유주의 사상에 따르면 자본주의야말로 인간의 자유를 보장할 수 있는 최적의 체제다. 단 국가의 권한을 최소화해야 한다는 원칙이 지켜져야 한다. 신자유주의는 단지 "경제가 발전하려면 국가가 시장에 개입하지 말아야 한다"는 주장에 그치지 않고 "사회의 모든 것을 자유 시장에 맡겨야 개인의 자유가 보장될 수 있다"는 데까지 나아간다. 하이에크는 인간의 의도나 계획이 경제에 개입하는 일체의 기획에 반대했다. 하이에크는 시장이란 개인들의 의도하지 않은 행위들에 의해 만들어지고 진화해 가는 사회제도며(즉, 자생적 질서며), 개인들로 하여금 자유와 정의를 충분히 누릴 수 있도록 해 주는 공간이라고 믿었다. 1970년대 이후 사실상 신자유주의 사상을 주도적으로 전파했던 밀턴 프리드먼은 그러한 하이에크의 신념을 계승했다. 프리드먼은 자유로운 사회에서 정부가 수행해야 하는 역할을 설명한 저서 『자본주의와 자유』(1962)에서 "권력의 집중이야말로 자유에 대한 가장 큰 위협"이라고 주장하며, 정부의 권한을 제한하고 정부의 권력을 지방자치단체로 분산하는 것을 자유로운 사회의 원칙으로 삼았다.

1980년대 이후 케인스주의 및 복지국가관의 영향으로 정부의 역할이 컸던 시대가 급격히 쇠퇴한다. 프리드먼은 『자본주의와 자유』 2002년판 서문에서 1980년대 이후의 변화를 지켜본 소회를 밝히면서, 사회주의를 비롯하여 국가가 경제성장 및 완전고용이라는 명분으로 경제에 개입하는 일체의 체제를 '리바이어던*'에 비유했다(프리드먼, 2007: 8). 프리드먼은 경제적 자유가 정치적 자유의 필요조건이며, 인간의 자유는 대부분의 경제활동을 자유시장의 민간 기업에 맡기는 '경쟁적 자본주의'를 통해서만 실현될 수 있다고 주장했다. 역사적으로 자유의 확장은 자본주의 시장의 발전을 통해 이뤄졌으며, 따라서 경제적 권력을 정치적 권력에서 분리하는 한

---

* 『구약성서』 「욥기」에 나오는 거대한 영생 동물의 이름으로, 토마스 홉스는 동명의 저서에서(『리바이어던 Leviathan』) 교회 권력에서 해방된 절대 국가의 상징으로 사용하면서 국가의 성립을 논한 바 있다.

편 정부의 권한을 오직 시장에서 게임의 규칙을 제정하고 심판하는 역할에 한정해야 정치적 자유도 가능하다는 것이다.

이러한 논리에 따르자면 '자유방임 시장' 이야말로 인간의 자유 및 행복의 원천이다. "사적 소유권, 개인의 자유, 자유 시장과 자유무역을 특징으로 하는 제도적 틀 안에서 기업의 자유를 극대화함으로써 인간의 복리well-being가 가장 증진될 수 있다고 하는 정치경제적 실천 이론"(Harvey, 2005)인 신자유주의는 "시장이 자유를 보장한다", "모든 것을 시장에 맡겨라"는 주문과 처방으로 이어질 수밖에 없는 것이다. 1930년대 대공황 이후 1970년대 이전까지 서구 자본주의 경제정책에 지배적인 영향을 미쳤던 케인스의 사상이 "경제에서 자유방임이 당연하다고 생각해 온 사람들의 생각을 정부 개입이 당연하다고 생각하도록 혁명적으로 바꾸어 놓았다면"(이근식, 2009: 38), 1970년대를 기점으로 하이에크와 프리드먼의 신자유주의 사상은 그러한 지적 흐름을 역전시켰다. 신자유주의 때문에 자유방임 시장은 상식이 되었고, 완전고용 정책의 폐기, 복지 정책의 축소, 작은 정부의 실현, 사유재산권의 옹호를 주장했던 프리드먼의 신자유주의 사상은 전 세계 정치경제 질서의 흐름을 바꾸어 놓았다.

3) 케인스주의 vs 신자유주의

케인스 사상에 근거하여 국가 정책이 결정되는 정치경제체제는 흔히 '케인스적 자본주의'로 지칭되고, 이 시기를 일컬어 '케인스주의 시대'라고 한다. 케인스주의 시대와 신사유주의 시대의 특징을 대비해 보면, 1970년대를 기점으로 '시장에 대한 국가의 역할'을 규정하는 방식이 어떻게 변화했는지 알 수 있다. 데이비드 하비는 신자유주의 이론 및 신자유주의화 neoliberalization의 전개 과정을 역사적으로 고찰한 저서, 『신자유주의—간략한 역사A Brief History of Neoliberalism』(2007)에서 이 시기를 독특하게 '착근된 자유주의embedded liberalism'로 명명한다. 우리말 번역이 어색하기는 하지만 그 의미를 풀어 보자면, 이 용어는 시장의 자유가 '사회'에서 이탈되어 있는 것이 아니라 사회에 뿌리를 둔embedded 체제를 가리킨다. 하비가 굳이 '케인스적 자본주의'가 아니라 이 용어를 사용하는 이유는 새로운 자본주의 질서로의 이행이 시장과 국가의 관계에서 '자유'가 의미화되는 방식이 변화하면서 추동되었다는 점에 주목하기 때문이다. 이러한 하비의 통찰력을 기억하면서 이 두 자유주의 시대의 특징을 개괄해 보면 다음과 같다.

당대에 사유의 좌표를 제공했던 경제학자 케인스는 국가의 폭넓은 개입을 통해 시장에서의 독점 문제를 해결하고 분배 정의를 실현하는 국가 역할을 강조했다. 대공황의 원인과 처방을 둘러싼 하이에크와의 논쟁에서 케인스는 국가의 개입이 아닌 자본주의에 내재하는 불안정성에서 원인을 찾았다. 케인스는 자본주의 체제에서 생산물은 계속 증가하는 데 비해 구매력이 이를 따라가지 못해 공황이 발생했다고 진단했다. 그리고 이 수요를 보장하기 위해 정부에 국공채의 발행 등을 통해 자금을 확보하고 이를 공공 투자에 사용하는 확대 재정 정책을 제안했다. 케인스의 이론이 설득력을 얻으면서, 케인스의 처방에 따라 국가는 시장을 '보이지 않는 손'에 맡기기보다는 '완전고용, 경제성장, 시민 복지'를 위해 적극적인 개입 정책을 폈다. 이 시기에 서구 자본주의 국가들은 상당히 자율적인 정책을 통해 시장에 개입했으며, 시장의 자유는 국가의 개입을 전제로 보장되었다.

시장에 국가가 개입하는 이 '혼합경제'는 안정된 임금과 노사 관계를 기반으로 한 재분배 정책, 자본의 자유로운 이동 통제, 공공 지출의 확대와 복지 국가 건설, 경제 부문에 대한 국가의 적극적 개입을 특징으로 한다. 국가의 경제 질서는 국가 주도적 계획하에 수립되었고, 석탄을 비롯한 자연 자원, 철강, 자동차와 같은 주요 기간 부문을 국가가 소유했다. 이 때문에 시장에서 기업의 활동은 다양한 사회적·정치적 규제를 받았다. 또한 국가는 소득 재분배에도 개입하였는데, 국가는 기업, 혹은 자본가가 아니라 노동조합 등의 시민사회와 재분배 원칙을 협상하여, '사회적 임금social wage'의 기준을 만들었다.

한 가지 짚고 넘어갈 것은 당시의 이러한 사회적 분위기는 결코 케인스를 비롯한 경제학자들의 진단과 처방에만 의존한 결과가 아니었다는 점이다. 예를 들어 사회적 자유주의 전통이 강했던 영국의 경우 국가가 개인의 자유를 확장시킬 수 있는 효과적인 수단이라고 믿었다. 1929년에 발생한 대공황이 빈곤과 실업을 개인의 문제가 아니라 사회적 문제로 인식하는 계기가 됐던 것도 이 사회적 자유주의 전통 덕분이었다(이근식, 2009). 아울러 자유의 주된 적은 국가가 아니라 빈곤이라는 생각이 퍼지면서 정부의 소득 재분배 정책을 통해 개인의 자유와 빈곤 문제를 해결할 수 있다는 믿음이 시민사회의 상식이 되었다. 세계 2차 대전 후 서구 유럽의 복지국가 건설은 바로 이와 같은 사회적 합의가 있었기에 가능했다(박종현, 2008).

이는 사회의 변화가 특정 사상이나 정치경제적 위기나 사건에 의해서만 발생하는 것이 아니라는 점, 그리고 위기를 해석하고 대응하는 과정에서 이뤄지는 사회적 합의가 매우 중요하다는 점을 보여 준다. 사회 안전망과 복지, 그리고 완전고용의 최종 책임은 국가에 있다는 신념과 이를 실현하기 위한 국가의 재분배 정책은 1970년대 이후 복지국가 체제에 대한 대대적인 반격이 시작되기 전까지 지속되었다. 1950년대에서 1960년대 정부 개입주의에 입각한 서구 자본주의 체제는 높은 경제성장률을 이루면서, '자본주의의 황금기', 혹은 '영광의 30년'이라는 번영기를 구가했다. 그러나 1970년대에 이르러 세계적인 불황이 닥치면서 이에 대한 반론이 제기되기 시작했다. 높은 경제성장률을 달성했지만, 실업이 만연하고 불황이 지속되면서, 조세 수입은 감소한 반면 정부의 재정 지출이 급증했던 1970년대에 이르러 이 체제가 더 이상 작동하지 않게 된 것이다.

이 위기의 원인을 케인스 이론에 기반을 둔 국가 경제정책의 실패로 지적하면서 "기업과 기업 권력을 해방시키고, 시장 자유를 재구축해야 한다"고 주장하는 신자유주의적 시각이 득세하기 시작했다. 1960년대 말부터 수익성이 급격히 하락하면서 그동안 승승장구했던 포드주의 자본축적 체제에 위기가 찾아왔다. 인플레이션과 불황이 함께 지속되는 스태그플레이션이 발생했고, 기존의 케인스주의 경제 이론으로는 이를 설명하기 어려워지면서 프리드먼이 이끄는 시카고학파가 반격의 중심에 서게 된 것이다. 또한 정부의 재정 적자가 늘어나고 사회보장 제도가 위기에 처하면서 신자유주의의 '작은 정부론'이 설득력을 얻게 되었다.

신자유주의 사상의 영향력은 20세기 후반에 본격적으로 나타났으나, 그것이 태동한 시기는 두 번의 세계대전, 러시아의 사회주의 혁명, 경제 대공황 등의 혼란과 위기 속에서 사회주의 실험의 성공 여부 및 자본주의의 생존 가능성에 대한 의문이 공존했던 20세기 전반기였다. 그리고 사회주의 국가와 자본주의 국가 간의 이념적 대립이 첨예했던 냉전 시기에 무르익었다. 하이에크는 『노예의 길Road to Serfdom』(1944)에서 시장을 국가가 통제하는 계획경제는 경제적 측면에서 비효율적이고 퇴행적일 뿐만 아니라 결국 개인의 자유를 억압하는 전체주의나 파시즘을 초래할 가능성이 높다고 주장하며, 당시 유럽 국가들의 복지 정책과 경제 개입에 깊은 우려를 나타냈다(하이에크, 2006: 158~160).

자유방임 시장 옹호론이 현실적으로 존재하지 않는 이상화된 가상의 시장을 설정해 놓고 그 우월성을 주장했다는 점에서 비현실적인 논리라는 경제학 내부의 비판을 구태여 여기에 가져올 필요는 없는 듯하다(박종현, 2008). 다만 신자유주의 이론이 경제 주체를 사유하는 방식에 있어서 '개인 대 국가'의 이분법적 대립에서 벗어나지 못했을 뿐만 아니라, 사회의 출발점을 비인격적 시장에 국한시킴으로써 정치경제적 주체로서 시민사회의 역할과 가능성을 누락시켰다는 점은 분명하다. 신자유주의 이론에서 경제적 선택과 결정은 '개인 대 국가'라는 이분법적 대립 구도 속에서 논의되며, 그 사이를 이어 주는 시민사회를 비롯한 그 이외의 주체는 그다지 주목받지 못한다. 프리드먼은 상호 의존이라는 인간의 실존적 조건 속에서 개인의 자유를 어떻게 추구할 것인가 하는 점이 자유주의자에게 주어진 난제임은 인정했으나, 이 문제를 다룰 수 있는 방법은 개인들의 자발적 협력을 통해 이뤄지는 '시장의 방식'과 국가의 강제력을 동원하는 방법 두 가지 이외에는 없다고 단정했다(프리드먼, 2007: 41~42).

'자유'의 관점에서 계획경제를 비판하고 자본주의 체제의 우월성을 옹호한 신자유주의 사상은 전체주의와 기계적 평등주의의 문제점을 효과적으로 드러냈다(박종현, 2008: 114). 당시 사회주의 국가의 정치경제적 현실을 고려할 때, 권력이 국가에 집중되면 개인의 자유와 다양성의 가치가 침해될 수밖에 없다는 지적은 정당한 비판이었다고 볼 수 있다. 그러나 인간의 자유를 사회적 관계에서 분리해 오직 시장 관계에서만 가능한 것으로 상상하고 사유한 신자유주의 사상은 현실 사회에 적용될 때 치명적 한계와 위험을 드러낸다. 각자의 이익을 추구하는 개인들이 만들어 낸 비인격적 자유 시장의 질서를 통해 개인의 자유와 행복, 다양성의 가치가 보장될 수 있다는 이론은 매력적인 동시에 상당한 설득력을 갖추고 있다. 그러나 인간의 상호 의존성에 대한 고민이 배제된 자유주의 사상은 결국 약육강식의 질서를 정당화할 위험에 노출되어 있다.

## 2. 신자유주의에 대한 정치경제학적 분석과 비판

이제 경제 현실에 대한 신자유주의 사상의 진단과 처방이 세계 질서를 주도하면서 실제 어떤 일들이 일어났는지에 대한 정치경제학적 분석들을 살펴보자. 여기서 신자유주의의 이론과 실제, 즉 시장에 대한 국가권력의 개입 범위와 방식을 제한하고자 하는 정치경제학적 원리로서 신자유주의 이론neoliberal theory과 그것이 구체적 현실에서 정책적으로 채택되고 적용되는 과정, 즉 신자유주의화neoliberalization, 혹은 신자유주의적 실행 neoliberal practice, 이 두 가지를 분석적으로 구분할 필요가 있다(하비, 2007). 이런 구분은 자본주의의 역사적 변화 과정 속에서 신자유주의를 분석할 때 유용하다. "시장의 자유와 개인의 재산권 보호에 입각한 국가 정책이 만인에게 행복을 보장해 준다"는 신자유주의적 수사가 갖는 허구성이 가시화될 수 있으며, 신자유주의 이론이 추동하는 새로운 정치경제적 질서가 만들어지는 과정에서 발생한 이론과 실행 간의 모순을 포착할 수 있기 때문이다.

## 1) 신자유주의화의 결과: 탈취에 의한 축적

하비는 신자유주의가 자본축적의 양식 측면에서 자본주의의 성격 자체를 근본적으로 변화시켰다는 점을 강조하면서, 1970년대 이전과 이후의 자본주의를 매우 상이한 자본축적 체제로 간주한다. 1970년대 이전의 산업자본주의 시대에는 자본축적이 재화의 생산과 교환에 의해 이뤄졌다면, 신자유주의 이후에 그것은 '탈취에 의한 축적'을 통해서 이뤄지고 있다는 것이다. 신자유주의화가 야기한 파괴적 결과는 그 이행 과정에서 자행된 폭력과 환경 파괴 이외에도, 사회의 양극화와 지리적으로 불균등한 발전, 빈곤의 여성화, 하층 계급의 인종화racialization, 일회용 노동자의 등장 등으로 요약될 수 있다. 그러나 무엇보다도 신자유주의의 문제점은 그 이론과 결과 간의 불일치에서 찾아볼 수 있다. 신자유주의 이론이 예언한 바와 같이 인간의 복지가 향상되고 경제가 활성화되었는가? 신자유주의에 대한 근본적 비판은 바로 여기서 시작된다. 신자유주의에 대한 비판적 견해들은 공히 신자유주의하의 경제성장률이 그 이전 시대보다 확연히 낮다는 점을 지적한다. 예를 들어 1990년대 러시아, 중부 유럽 등 신자유주의적 '충격 요법'을 받은 국가들에서 1인당 국민소득은 급격히 하락했다(하비, 2007: 189~190). 1980년대부터 신자유주의 프로그램이 철저하게 실행된 남미에서 1990년대 이후 경제성장률은 신자유주의 구조 조정 이전의 절반으로 떨어졌으며, 1994년 멕시코의 금융 위기 같은 경제적 불안정이 급증했다(장하준, 2007: 54; 이성형, 1999: 86~87). 신자유주의적 세계화의 결과, 생활수준의 하락이나 빈곤의 확산 같은 경제지표뿐만 아니라 건강 수준, 평균 수명, 유아사망률 같은 복지지표들 역시 1960년대 이후 악화되는 추세를 보였다(하비,

2007:189).

    신자유주의화의 결과 대부분의 국가에서 경제성장은 크게 둔화되거나 악화된 반면, 소득의 불평등은 심화되었다는 점이 핵심이다. 하비는 이러한 사실에 주목해 신자유주의화의 본질적이고 주된 업적은 부와 소득의 창출보다는 재분배에 있었다고 분석하며, 그러한 자본축적 관행의 메커니즘을 '탈취에 의한 축적 시스템'[*]이라는 용어로 설명한다(하비, 2007: 194). 하비는 '탈취에 의한 축적'의 특성을 민영화와 상품화, 금융화, 위기의 관리와 조작, (특정 계층에 부를 집중적으로 재분배하는) 국가의 재분배 정책 등 네 가지로 요약하면서, 이를 통해 특정 지역이 다른 지역을 희생하고 소수가 다수를 희생하여 엄청난 이득을 얻는 신자유주의 결과를 비판한다. 하비는 신자유주의를 "다수의 희생을 대가로 소수가 이익을 얻는 시스템"으로 정의하면서, 그것이 결국 '탈취에 의한 축적'을 통해 계급 권력을 (재)창출하는 효과를 낳는다고 주장한다. 결국 신자유주의는 계급 권력을 회복하기 위한 기획에 불과하며, 신자유주의의 가장 두드러진 성과는 이윤 축적의 증가가 아니라 "특정 계급에 부를 집중적으로 재분배"하는 데서 찾을 수 있다. "시장의 자유가 만인을 위해 좋은 것"이라는 신자유주의적 수사는 이러한 불평등한 현실을 가리고 있다.

---

[*] 이 용어는 하비가 "신자유주의화는 애초부터 계급 권력의 회복을 위한 프로젝트였다"는 뒤메닐Clos du Mesnil과 레비Dominique Levy의 견해를 발전시킨 것이다. 하비는 자신의 저서 『희망의 공간Spaces of Hope』(Harvey, Edinburgh University Press, 2000, Ch4.)에서 신자유주의의 주요 메커니즘을 설명한 바 있다.

## 2) 신자유주의 질서의 이식 과정

'대처리즘'과 '레이거노믹스'는 흔히 신자유주의화의 상징이자 모델로 이야기된다. 1980년대에 경제적 위기를 해결한다는 명분으로 영국의 대처 수상과 미국의 레이건 대통령은 '자유 시장, 규제 완화, 사유 재산권'을 중시하는 새로운 경제정책을 도입하여, 국내외에서 세계경제체제의 신자유주의적 이행을 주도했다. 국영 기업을 포함한 공공 부문의 민영화, 복지 정책의 축소, 시장 개방과 외국인 투자의 자유화, 기업과 시장에 대한 국가의 탈규제, 세제 개혁 등이 신자유주의 프로그램의 핵심이다. 역사적 관점에서 보면 신자유주의 질서가 이식되는 방식은 크게 폭력과 강제를 통한 이식, 그리고 신자유주의 이념을 통한 대중의 동의 구축, 두 가지로 나누어 볼 수 있다. 선진 자본주의 국가들이 후자의 방식을 취했다면, 개발도상국의 경우는 명백히 전자의 방식으로 신자유주의화되었다.

선진 자본주의 국가와 개발도상국의 정치경제적 관계 속에서 신자유주의 질서가 이식되는 역사적 과정을 조명해 보면, 신자유주의적 자본주의는 '시장의 자유'라는 이상과 민주주의적 가치가 결합되어 자연스럽게 진행되었다는 가정의 허구성이 드러난다. 폭력과 물리력을 동원하여 신자유주의화가 강요된 대표적인 사례가 2003년 미국의 이라크 침공과 1973년 칠레 피노체트 쿠데타다. 두 가지 사례에서 '시장의 자유'와 '자유민주주의'를 위해 실시된 대대적인 민영화 프로그램은 폭력에 의해 강요됐다. 공기업의 완전 민영화, 외국 기업의 완전 소유권 보장, 외국 이윤의 송금, 금융개방, (공공 서비스, 대중매체, 제조업, 서비스, 교통, 금융, 건설 등) 거의 모든 무역 장벽의 제거가 신자유주의 프로그램의 내용이었다. 이러한 프로그램을 통해 이라크와 칠레의 국부는 해외로 유출되었고, 그 결과 국민들은 극심한 가난과 고용 불안 상태에 빠졌다.

또한 세계 체제의 불균등한 권력 관계에서 볼 때, '구제'와 '원조'라는 명목으로 행해지는 구조 조정 프로그램의 폭력성과 강제성이 드러난다. 하비는 이자율이 조금만 인상되는 경우에도 쉽게 채무 불이행 상태에 빠질 수 있는 취약한 국가들, 특히 개발도상국에서 신자유주의 질서가 강제되는 방식을 '위기의 관리와 조작'이라는 개념으로 분석한다(하비, 2007: 197~199). 이자율의 급격한 인상은 개발도상국이나 가난한 나라들로 하여금 '부채의 덫'에 빠져들게 만들고, 〈국제통화기금(IMF)〉과 〈세계은행(IBRD)〉의 처방에 따라 채무국들은 어쩔 수 없이 부채를 재조정해 주는 대가로 구조 조정 프로그램을 받아들이게 된다는 것이다. 예를 들어 '볼커 충격 Volcker Shock'으로 알려진 〈연방준비은행Federal Reserve Bank〉의 미국 이자율 급등 조치는 1982년부터 1984년까지 멕시코를 채무 불이행 상태로 몰고 갔고, 그 결과 멕시코는 신자유주의적 개혁을 받아들였다.

하비는 세계적인 신자유주의 질서에서 위기의 관리와 조작이 "빈국에서 부국으로 부를 신중하게 재분배하는 섬세한 기술로 발전했다"고 지적한다. 하비는 〈미국 재무부〉, 〈세계은행〉, 〈국제통화기금〉, 월스트리트를 세계적 신자유주의 질서를 주도하는 국제 경제기구라고 했으며, 장하준은 〈국제통화기금〉, 〈세계은행〉, 〈세계무역기구(WTO)〉를 '사악한 삼총사'라고 지칭한다. 이러한 국제 경제 정치체polity들은 '긴급 구제' 혹은 '원조'라는 이름으로, 겉으로는 부채 위기에 놓인 가난한 나라들을 도와준다는 명분을 내세워 개입한다. 그러나 사실상 그 조건으로 제시한 '구조 조정 프로그램'을 통해 개발도상국의 신자유주의화를 주도하면서, 그 나라의 부와 자원을 탈취하고 착취하는 데 핵심적 역할을 하고 있다는 것이다.

1970년대에 시작되어 1990년대에 가속화된 '금융화'로의 전환은 초국적 자본의 지리적 이동성을 증가시켰고, 이는 세계적 차원에서 '위기의 관리와 조작' 및 그를 통한 부의 착취를 가능케 하는 조건이 되었다. '위기의 관리와 조작'을 주도하는 〈국제통화기금〉과 〈미국 재무부〉는 동아시아 개발도상국가들의 경제 위기를 '지나친 국가 개입, 국가와 경영 간 유착'의 결과로 진단하고, '원조'의 대가로 무역과 금융의 자유화, 민영화를 근간으로 하는 신자유주의 프로그램을 강요했다. 중남미와 동아시아의 신자유주의화는 거의 동일하게 이러한 과정을 통해 이뤄졌으며, 그 결과 빈부 격차와 고용 불안정성이 심화되었고, 실업이 증가했으며, 경제성장률이 저하됐다. 경제학자 장하준은 폭력과 강제력이 동원된 세계화의 역사를 조명하면서, "첫 번째 세계화(1870년~1913년)의 상품 · 사람 · 돈의 '자유로운' 이동은 대부분 시장의 힘이 아니라 군사력 덕분에 가능했고", "이 시기 자유무역을 실천했던 나라들은 (영국을 제외하면) 대부분 식민 지배나 불평등 조약(난징 조약)의 결과로 자유무역을 강요당한 약소국들이었다"는 점에 주목한다(장하준, 2007: 48). 신자유주의적 세계화 역시 첫 번째 세계화와 마찬가지로 국가 간의 불평등한 권력 관계 속에서 강제적으로 이행되었다는 것이다.

또한 신자유주의화는 대중의 동의와 상식을 구축하는 과정을 동반한다. 데이비드 하비는 정치경제학 이론에서 흔히 간과되는 문화적 요소에 주목함으로써 신자유주의로의 전환 과정을 분석했다. 하비는 대처와 레이건이 신자유주의적 정책을 강행하는 데 성공할 수 있었던 비결을 서로 이실적인 문화적 · 도덕적 가치와 신자유주의 이론, 종교, 관료, 미디어, 기업 등 다양한 집단 간의 접합articulation 효과로 설명한다. 정치적 · 이데올로기적 · 지적으로 소수의 의견에 불과했던 신자유주의 이론이 주류의 위치를 점유하게 된 과정에는 이와 같은 다양한 방식의 접합이 있었다는 것이다. 특히 하비는 '개인의 자유와 권리'라는 문화적 가치와 결합된 동의의 구축 과정에 주목한다. 그러면서 "자유, 자율, 선택, 권리와 같이 아름답게 들리는 단어들로 가득한 호의적인 가면"에 가려져 있는 신자유주의 이론의 실체는 결국 '계급 권력의 회복 혹은 재구성'이라는 무자비한 현실이라고 주장한다. 무엇보다 하비가 제시한 분석의 가장 큰 미덕은 신자유주의가 경제적 질서를 넘어서서 '개인의 자유와 존엄성'이라는 가치와 교묘하게 결합해 대중의 동의를 구축하는 과정을 포착했다는 점에 있다.

　신자유주의에서 '자유'의 의미는 기업의 자유로운 경제활동이나 개인의 사유재산권을 옹호하는 의미로 축소되었다. 하비는 "한 사회 집단이 물질적 · 경제적 · 계급적 이해관계에 반해 문화적 · 민족주의적 · 종교적 명분을 위해 투표하는 상황이 어떻게 가능했는가?"라는 질문을 던지면서 '유연한 노동 조건'이라는 신자유주의적 수사가 '자유'라는 가치를 통해 대중의 상식에 파고드는 데 성공했다는 점에 주목한다. '개인의 자율성'은 자기 삶의 기획과 관리의 책임이 철저히 개인에게 있다는 뜻으로 번역되었고, 한때 인권 운동의 동력이 되었던 '자유'에 대한 진보 세력의 신념은 시장의 자유를 절대화하는 신자유주의 논리 속에 포섭되었다. 또한 동의의 구축은 계급적 이해관계와는 전혀 무관한 민족, 종교 세력들 간의 연합을 통해 이뤄지기도 한다. 하비는 대처와 레이건이 신자유주의 정책을 강행하는 과정에서 대중의 상식에 기반한 동의의 힘이 어떻게 각기 다른 결과를 가져왔는지를 그 예로 보여 준다. 미국의 경우 1980년대 뉴욕 시의 재정 위기를 해결하는 과정에서 대기업과 보수주의적 기독교 세력 간의 연합이 이뤄졌다. 결국 '도덕적 다수'의 중추인 복음주의 기독교 세력에게 설득된 대중은 자신의 도덕적이고 종교적 신념을 위해 대기업과 공화당을 지지하는 선택을 했다. 반면 도덕적 다수로 동원될 수 있는 기독교 우파가 없었던 영국에서는 정부, 학계, 사법부, 공무원, 노동조합의 영향력이 상대적으로 컸다. 1970년대 어려운 경제 상황의 원인이 복지 국가 체제와 노동조합에 있다는 비난 여론을 주도한 것은 미디어였고, 결국 노동당 정부는 실각했다. 하지만 대처 정부는 교육, 보건의료의 민영화에 결국 실패했는데, 국가가 건강권과 교육권에 책임이 있다는 대중의 관점을 바꾸어 놓지 못했기 때문이었다. 이러한 분석을 통해 하비는 "신자유주의화에서 가장 흥미로운 측면은 내적 역동성과 외적 세력의 복합적 상호작용"이라는 결론을 내린다. 즉 신자유주의의 이행은 개별 국가 내부의 정치경제적·문화적 역동과 세계 질서 내 다양한 힘들과의 관계성 속에서 진행된다는 것이다.

## 3. 신자유주의 문화 논리

### 1) 시대 규범으로서의 신자유주의

'기륭 사태'에 대한 접근은, '딸아이가 교통사고를 당했을 때도 해고당할까 봐 잔업까지 하고 병원으로 달려가야 하는 직장, 몸이 아파 졸도해 앰뷸런스에 실려 갔다는 이유로 해고당해야 하는 직장이 정당한가' 하는 물음에서 출발해야 한다. 그런 식의 고용 형태를 우리 사회가 용인할 것이냐 말 것이냐는 문제 제기에서 시작해야 한다.

이 근본적인 문제에 비한다면 심지어 기륭 노동자들이 최저임금보다 10원 많은 월급을 받으며 일하고 있었다는 사실조차 부차적이다.

—한윤형, "뻔뻔스러운 기륭전자 기자회견",『경향신문』, 2008. 10. 30.


'기륭 사태'나 '쌍용 사태' 같이 노동자들이 대량 해고되거나 부당 해고되는 일련의 사건들은 21세기 들어 한국 사회가 당면한 정치경제적 · 문화적 상황을 단적으로 보여 준다. IMF 이후 한국 사회에 출현한 '구조 조정'의 열풍은 이제 일상적 풍경이 되었고, 인력 감축을 직접적으로 연상시키는 '구조 조정'이라는 단어는 이제 '선진화', '기업 혁신'등 더 세련된 수사로 대체되고 있다. 공기업의 민영화, 시장에 대한 규제 철폐, 노사 관계 개혁과 시장의 요구에 따르는 고용 정책 등 신자유주의 처방전에 따라 빈곤, 실업, 경제 위기를 해결하는 과정에서 '실업은 해결해야 할 문제가 아니라 실업 그 자체가 문제 해결의 일부가 되는 역설'이 발생하고 있다(박종현, 2008:155). 또한 기업과 국가의 경쟁력을 위해서는 저임금과 열악한 노동 조건, 노동자 해고, 복지의 축소는 불가피하거나 당연하다는 생각이 전에 없이 사회 전반에 퍼져 있다. '노동자의 권리', '인간다운 삶', '공존'의 가치는 경제적 효율성의 논리에 밀려 대중적 설득력을 잃거나 빛바랜 구호처럼 되어 버린 것이다.

자본주의 질서에 따라 인간의 주체성이 어떻게 변화하는가를 지속적으로 연구한 바 있는 미국의 사회학자 리처드 세넷Richard Sennett은 이러한 현상을 '새로운 자본주의 문화'로 설명한다(세넷, 2009). 세넷에 따르면 최근의 자본주의 문화는 그 이전과는 매우 다른 유형의 인간을 출현시켰다. 새로운 자본주의 문화에서는 기존의 조직이나 관습에 의존하지 않는 것을 자랑스럽게 여기는 독립적 개인, 불안정한 현실과 미래의 불확실성을 긍정적으로 수용하면서 카멜레온처럼 끊임없는 변신을 시도하는 능력을 가진 사람이 이상적 인간형으로 규범화된다. 기실 이런 분위기에서는 매일의 일상을 성실하게 살아가면서 차곡차곡 자신의 세계를 쌓아 가는 사람은 사회 부적응자, 혹은 좀 심하게 말하면 요즘 한국 사회에서 유행하는 말로 '루저'가 되기 십상이다. 급속한 이익 실현을 바라는 이른바 '조급한 자본주의' 하에서 사람들은 한편으로는 퇴출의 공포에 직면하여 자신의 능력을 입증해야 한다는 압박감에 시달리고, 다른 한편으로는 '지속 가능한 자아'를 상실할 위기에 놓이게 된다. 개인의 능력으로 '자유'를 쟁취할 수 있다는 새로운 자본주의 이데올로기를 내면화한 '신인류'는 부당 해고와 노동 착취 등의 상황을 '자연스럽게' 받아들이고 과거를 그리워하는 보수적인 심성을 갖게 된다. 이러한 변화는 위기 속에서 '자아의 일관성, 혹은 지속성'을 유지하기 위한 전략이라는 것이 세넷의 설명이다.

현대 사회에서 '정치의 몰락'과 '인간 심성의 보수화'에 대한 세넷의 분석에 동의하지 않더라도 정치경제적 질서를 일터, 노동의 성격, 노동 윤리에만 국한되지 않는 새로운 사회적 규범 및 가치와 결부시킨 세넷의 관점은 많은 통찰력과 시사점을 제시한다. 이는 정치경제학적 이론으로는 설명되지 않는 현상들을 읽어 내고 포착할 수 있게 해 줄 뿐만 아니라, 정치경제적 질서가 일상의 삶과 어떻게 밀접하게 연결되어 있는지를 더 잘 이해할 수 있게 해 준다. 또한 제도보다 사회의 규범이나 이상이 그 영향력을 더 오래 지속시킬 수 있다는 점에서도 정치경제적 질서와 문화적 논리의 관계를 이해하는 작업은 매우 중요하다. 2008년 미국에서 촉발된 금융 위기는 전 세계적 실물경제 위기로까지 이어졌으며, 이는 지난 30년간 '자유방임 시장'에 대한 절대적 믿음을 근간으로 하는 신자유주의 경제 이론을 불신하게 했다. 아울러 신자유주의가 세계적인 경제성장 저하 및 경제적 불안, 불평등한 소득 분배의 심화와 사회 양극화, 금융 및 경제 위기의 원인이라는 진단이 점점 설득력을 얻고 있다. 하지만 경제 이론에서 출발한 신자유주의의 영향력은 정치경제학 영역을 포함해서 교육, 안보, 의료, 개인의 행복과 삶의 가치에 대한 문화적 규범에 이르기까지 사회 전반에 깊숙이 침투해 있으며, 앞으로도 당분간 지속될 것이다. 신자유주의의 정치경제학은 쇠퇴하더라도, 그 문화적 논리는 오래 살아남을 것이라고 전망할 수 있다. 그렇기 때문에 신자유주의 문화 논리가 작업장의 윤리와 노동 규범을 포함하여 사람들의 일상적 경험과 정서에 어떤 영향을 미치고 있는지 읽어 내는 다각적 시도가 그 어느 때보다 필요하다.

## 2) 새로운 자본주의 문화: '창조적 파괴'와 잉여 인간

살아갈 권리를 갖기 위해 살아남을 수 있는 '자격'이 필요한가? 살아남을 '자격'을 갖기 위해서는 사회에, 그리고 그 사회를 지배하고 관리하는 경제구조에 '유용한' 자들임이 증명되어야 한다.
—비비안느 포레스테, 『경제적 공포』(1997:20)

"모든 개인은 자유롭고 평등하다"는 자유주의 신념은 신자유주의라는 20세기 경제 이론에서 새롭게 의미화되었다. '자유'의 의미는 20세기의 주요 사건, 즉 1930년대 대공황, 2차 세계대전, 1970년대의 경제 위기를 거치면서 자유방임 시장을 옹호하는 경제 이론을 통해 새롭게 재구성됐다. 어떻게 이 '자유'가 '경쟁', '능력', '유연성' 등 새로운 의미로 전환되었는가? 애초에 만민 평등사상에서 출발한 자유주의 사상이 자유방임주의 경제 이론을 거쳐 시장 만능주의, 혁신, 선진화, 발전이라는 명분으로 사회 전체를 무한 경쟁의 질주 속으로 몰아넣고 있기 때문이다. "새로운 자본주의가 어떻게 새로운 문화적 규범 및 인간성을 추동해 내었는가?"라는 질문을 던졌던 리처드 세넷의 문제의식을 차용하여 신자유주의의 문화 논리를 해석해 보면 어떨까. 먼저 신자유주의 사상이 '자유'라는 키워드를 통해 어떻게 새로운 문화를 창출했는지 살펴보자.

자유방임 시장, 경쟁적 자본주의가 정치적 자유를 촉진한다는 견해는 신자유주의 사상의 뿌리라고 할 수 있다. 여기서 주목할 것은 애초 만민 평등사상과 짝짓기된 바 있던 '자유' 개념이 신자유주의 경제학 이론을 거치면서 '평등'보다는 '경쟁' 개념과 더 밀접하게 연결되기 시작했다는 점이다. 근대성의 핵심 사상인 자유와 평등 이념은 중소상공인 부르주아의 주도하에 신분, 종교, 재산 등에 근거하여 사람을 차별하던 전근대적 질서가 무너지고, 경제에 대한 국가의 규제와 개입이 철폐되는 과정에서 형성되었다(이근식, 2009: 11). '자유' 개념은 자본주의 발달과 더불어 봉건적 신분관계로부터의 자유에서 사유재산권이 부정되는 공산주의, 혹은 사회주의 체제로부터의 자유, 나아가 시장에 대한 일체의 국가 개입으로부터의 자유를 의미하는 것으로 변화된다. 여기서 "개인의 자유는 시장과 무역의 자유에 의해 보장된다"는 신자유주의 이론의 핵심적 가정이 등장한다. 인간의 존엄성과 평등에 대한 신념인 '자유' 개념이 어떻게 시장과 무역의 자유로 협소하게 규정되고, 결국 개인의 사유재산, 기업, 금융 자본의 계급적 이해관계를 반영하는 개념으로 정착되었는가? 이 질문에 대한 실마리는 1970년대 신자유주의 이전과 이후에 시장과 국가의 관계를 중심으로 서구 선진 자본주의 국가의 경제적 질서 속에서 주류를 형성했던 두 가지 사상, 즉 케인스주의와 신자유주의 속에서 '자유'가 정의되는 방식을 대조해 보면 나타난다.

20세기에 여러 차례 발생한 전 세계적 경제 위기는 그 원인과 해결책을 경제적 진단과 처방에 의존하는 계기가 되었지만, 신자유주의 이전과 이후 그 해결책이 수용되는 사회의 분위기는 사뭇 달랐다. 개인의 자유를 '좋은 삶good life'의 가치와 연결지어 사유했던 케인스 사상이 주류였던 시기에 개인의 자유는 자신이 속한 사회에 대한 책임, 타자와의 공존과 함께 모색되었다. 시장에 대한 국가의 개입을 통해 자본주의에 내재하는 불안 정성을 바로잡아야 한다고 주장했던 케인스 역시 하이에크나 프리드먼과 마찬가지로 '결과의 평등'이 반드시 바람직한 것이 아닐 뿐 아니라 정의를 보장해 주지도 않는다고 보았다. 그러나 '자유'를 어떻게 정의하느냐에 따라 '자유에 이르는 길'은 달라진다. 케인스의 경우 자유는 '스스로를 자신의 주인이 되게 하는 자유', 자신의 발전적 가능성을 실현시킬 수 있는 자유를 의미했으며, 무한 경쟁은 약육강식의 사회를 만든다고 보았다(박종현, 2008:98). 반면 하이에크와 프리드먼의 경우 자유란 "국가와 사회, 타자로부터 강제나 간섭이 없는 상태"를 의미했고, 정의는 모든 사람을 동일한 규칙 아래 평등하게 대우하고, 자유로운 경쟁의 원칙이 지켜질 때 가능한 것이었다. 신자유주의 이론에서 경쟁은 체제의 발전과 인간의 자유를 보장하는 데 필수적인 미덕으로 간주된다. 신자유주의에서 주목할 것은 이와 같이 '자유'가 정의되는 방식이다. 신자유주의 사상의 전파와 더불어 평등보다는 경쟁이 인간의 자유와 행복에 더 중요하다는 생각이 광범위하게 받아들여지기 시작했다.

신자유주의 사상이 자본주의 체제의 우월성을 옹호하고 그것을 수호하기 위해 자유와 경쟁의 가치를 접목시켰다면, 케인스와 동시대를 살았던 또 다른 경제학자 슘페터Joseph Schumpeter는 경쟁이 자본주의의 본질이라고 보았다. 슘페터는 공황이나 시장의 불안정성은 자본주의가 발전하는 원동력이며, '창조적 파괴', 즉 "끊임없이 낡은 것을 파괴하고 새로운 것을 창조하여 내부에서부터 경제 구조를 끊임없이 변혁하는 산업상의 돌연변이 과정"이 자본주의의 본질적 특징이라고 보았다. '창조적 파괴'를 가져오는 힘이 기업가의 혁신이며, 경쟁과 창조적 파괴야말로 자본주의 발전의 원동력이라는 슘페터의 견해는 끊임없는 변화와 혁신에 내몰리고 있는 오늘날의 기업 경영자와 노동자의 상황을 예견한 듯하다. 자본주의 체제의 성공이 자본주의의 붕괴를 가져온다는 슘페터의 주장이 과연 현실화될 것인지 알 수 없으나, 분명한 것은 끊임없이 '창조적 파괴'가 일어나는 자본주의 사회에서 인간은 문화적으로도 황폐한 삶을 살아가게 된다는 점이다.

지식과 기술의 유효 기간이 짧아진 현대 자본주의 사회에서 이상적인 인간상은 변화에 적응할 뿐만 아니라 새로운 변화까지 창출할 수 있는 능력을 가진 인간이다. 세넷은 급속한 이익 실현을 추구하는 조급한 자본주의 사회에서 사람들은 자기 인생에 대한 통제력을 상실할 수도 있다는 두려움을 가지며, 노동자들은 자신이 남의 노동에 기생해서 먹고사는 신세가 아니라는 것을 보여 줘야 한다는 강박관념을 가질 수밖에 없다고 말한다(세넷, 2002: 203). 성공의 쟁취는 개인의 능력에 달려 있다는 이데올로기를 추구하지 않으면 생존 자체가 힘겹다. 이제 세상은 사회에서 '이미 쫓겨난자들'과 '앞으로 쫓겨날 자들'로 양분되어 있다. 그러나 사회에서 '등록 말소'되는 상황은 다수의 삶의 조건이 되어 대부분은 언젠가 자신도 '등록 말소된 자들'의 무리에 합류해야 할 것 같은 불안에 시달리며 살아가야 한다. 이른바 '잉여 인간'이 되지 않기 위해서는 스스로 '수익성이 있다는 것', '이용할 만하다는 것'을 증명해야 하는 상황이 모든 이들에게 강요되고 있다(비비안느 포레스테, 1997:20). 이러한 분위기 속에서 일터의 평등과 우애, 인간 존엄성에 대한 믿음과 신뢰는 언제든 박살날 수 있다. 우애와 평등, 신뢰라는 인간성이 심하게 훼손되고 있다면, 과연 신자유주의 사상이 자유방임 시장을 통해 그렇게 지켜 내고자 했던 '자유'가 무슨 의미가 있는지 질문하지 않을 수 없다.

## 4. 경제의 '재정치화'를 위하여

경제와 정치의 혼인관계는 언제나 지속되어 왔다. (⋯) '순수 경제학'이라는 것을 만들려는 노력은 오히려 철저한 시장 숭배의 신도들이었던 이들이 정치와 경제의 관계를 은폐하려는 음흉한 시도로서, 중립적이고 객관적이고 너무나 당연한 '과학'의 원칙인 '시장'이 사회를 이루고 사는 사람들에게 필연적인 것처럼 속이려는 것이다.
— 베르나르 마리스, 조홍식 역, 『무용지물 경제학*Antimanuel déconomie*』(2008:56)

신자유주의가 확산되는 과정에서 국가 권력이 축소되고, 개인의 자유가 보장되었는가? 신자유주의가 진행되는 과정과 결과를 분석해 보면, 대답은 부정적일 수밖에 없다. 과거에 '보호무역'을 통해 부유한 국가가 되려 했던 동아시아의 국가들은 이제 '시장 개방'을 추진하면서 신자유주의로의 이행을 주도하고 있다. 특히 한국을 비롯해 동아시아에서 목격되는 가부장적 시장 국가들은 신자유주의 이론과 실행이 모순을 빚는 역설적 상황을 보여 준다. 신자유주의 프로그램의 이식이 국가의 주도하에 진행되거나 국가의 통치 권력을 강화하는 논리로 사용되는 현재 동아시아의 상황은 애초에 자유를 지키기 위해서는 정부의 권한을 제한할 필요가 있으며, 가부장적 국가는 자유인의 신념에 배치되는 것이라고 주장했던 신자유주의 핵심 이론가, 밀턴 프리드먼의 원칙과도 상충한다.

이는 '개인주의적 자유주의'가 규범적 질서로 자리 잡고 있는 서구에서 신자유주의의 논리가 관철되고 작동하는 방식과, 경제성장이 주로 국가주의 이데올로기와 결합되어 추진되어 온 동아시아에서의 그것이 다를 수밖에 없다는 점에서 부분적으로 설명될 수 있겠다. 인류학자 아이와 옹Aihwa Ong은 신자유주의를 국가권력과 부정적인 관계에 있는 '경제학설', 혹은 '시장 이데올로기'로만 간주하는 것을 비판하면서, 중국을 비롯한 동아시아 국가에서 이러한 논리가 국가 주권의 성격을 변형시키는 과정에 주목한다(Ong, 2006: 3). 옹은 동아시아에서 신자유주의의 논리가 무엇보다도 '통치 기술technology of governing'로 작동하고 있다고 해석한다. 옹이 제시한 '통치 기술로서의 신자유주의' 개념은 '중국식 신자유주의', 즉 정치적으로는 사회주의 체제를 유지하면서, 경제적으로는 자본주의 체제를 가속화하면서 통치 권력을 강화하는 국가 주도적 신자유주의화 양상을 분석하는 데 매우 유용하다. 옹의 분석틀을 그대로 한국 사회에 적용하는 데는 무리가 있지만, 신자유주의가 그 파급 과정에서 보여 준 놀라운 유연성과 다양성을 포착했다는 점에서 유의미하다.

한편, 시장이 '자생적 질서'의 결과물이 아니라 처음부터 국가 개입의 결과였음을 강조한 폴라니의 통찰력을 떠올려 보면, 시장과 국가, 경제와 정치, 시장 이데올로기와 통치 이데올로기의 구분 자체가 모호할 수 있다는 인식에 이르게 된다. 프랑스의 경제학자 베르나르 마리스는 '통계 statistics'라는 말이 '국가state'에서 비롯되었다는 점을 강조하면서, 근대 국민국가의 탄생과 더불어 통치 권력이 국민소득, 실업 등의 통계를 통해 여론을 형성하고 정치적 의제를 언어적으로 협상해 온 역사적 사례들을 보여 준다. 마리스에 따르면 경제학에 '중립'이란 없으며, 경제는 바로 '사회적인 것'과 '정치적인 것'의 본질이다. 그렇다면 신자유주의 경제 담론의 핵심은 경제를 사회나 정치와는 무관한 자연적 혹은 필연적 법칙에 종속되는 것이라고 설득하여, 이를 통해 중요한 문제들을 정치적 의제에서 배제하거나 비가시화하는 데 있다고 할 수 있다. 마리스는 이와 같은 '경제의 자연화'에 맞서기 위해 "시장의 부정적 역할과 비효율성이 왜 은폐되는지", "이타주의와 무상성이 경제 과정에서 하는 중요한 역할은 왜 감춰지는지" 등과 같은 질문을 제기한다.『포스트자본주의 정치학』의 저자, 깁슨-그래험Gibson-Graham 역시 신자유주의 경제 이론이 지배 담론이 된 데는 전적으로 경제의 '자연화' 혹은 '탈정치화'에 그 원인이 있다고 지적한다. 이들은 "대안이 없다"는 논리에서 벗어나 정치와 경제의 재결합, 즉 우리가 발을 딛고 사는 바로 그 곳에서 신자유주의의 논리에 도전하고 다양한 경제 담론을 구축하고 실천하는 경제의 '재정치화'를 제안한다.

최근 한국에서는 "국가의 품격을 높이자"는 정부 구호 하에 노동시장의 유연화, 공기업의 민영화, 역진적 세금 정책이 급격히 진행되고 있다. 국가의 품격을 강조하는 논리가 인간의 품격을 잠식하고 있는 현실이다. '명품', '대박', '선진화', '국가 브랜드 강화' 등 이제 한국 사회에서 익숙해진 수사는 신자유주의 논리가 개인주의가 아닌 국가주의, 혹은 연고주의와 '유연하게' 결합되어 경제적 성공과 경쟁 논리가 사회의 모든 가치를 흡수하는 한국 사회의 현실을 반영한다. 신자유주의에 대한 정교한 분석이 곧 효과적 대안으로 이어진다는 점을 고려해 볼 때, 신자유주의 논리가 특정 지역의 문화 논리 및 정치경제학적 특수성과 결합하여 어떻게 유연하게 변형되는지를 모색하는 다양한 시도가 필요하다. 특히 신자유주의에 대한 정치경제학적 분석과 더불어 그 문화적 논리가 인간의 주체성, 사회의 지배적 가치, 개인의 생애 전략 등 사람들의 일상에 미치는 영향에 대한 분석도 함께 이루어져야 할 것이다.

'탈취에 의한 자본축적 체제'로서 신자유주의는 자본주의의 다양한 현재적 양식들, 즉 '자본주의의 다양한 얼굴'을 이해하는 기초다. 물질적 자원과 인간의 노동력에 대한 착취가 다양한 영역으로 파급되면서 종국에는 인간의 정서와 몸, 생명까지도 사물화되고 상품화되는 현실에 내재하는 공통점은 그것이 '탈취에 의한 축적 체제'에 기반하고 있다는 점이다. 향후 신자유주의에 대한 분석에서는 신자유주의 개념과 역사, 신자유주의화가 진행되는 양상들에 대한 더 다양하고 심층적인 학문적 조명이 이뤄지기를 기대해 본다.

# 1장 참고 문헌

나오미 클레인, 김소희 역, 『쇼크 독트린』, 살림비즈, 2008.

데이비드 하비, 최병두 역, 『신자유주의―간략한 역사』, 한울아카데미, 2007(Harvey, D, A *Brief History of Neoliberalism*, Oxford University Press, 2005.).

리처드 세넷, 조용 역, 『신자유주의와 인간성의 파괴』, 문예출판사, 2002.

_____, 유병선 역, 『뉴캐피털리즘―표류하는 개인과 소멸하는 열정』, 위즈덤하우스, 2009.

밀턴 프리드먼, 변동열 · 심준보 역, 『자본주의와 자유』, 청어람미디어, 2007.

박종현, 『케인스 & 하이에크 : 시장경제를 위한 진실 게임』, 김영사, 2008.

베르나르 마리스, 조홍식 역, 『무용지물 경제학』, 창비, 2008.

비비안느 포레스테, 김주경 역, 『경제적 공포』, 동문선, 1997.

요시카와 히로시, 신현호 역, 『케인스 vs 슘페터―현실 경제를 바라보는 두 개의 시선』, 새로운 제안, 2009.

이근식, 『신자유주의―하이에크, 프리드먼, 뷰케넌』, 기파랑, 2009.

이성형, 『신자유주의의 빛과 그림자: 라틴아메리카의 정치와 경제』, 한길사, 1999.

장하준, 이순희 역, 『나쁜 사마리아인』, 부키, 2007.

지그문트 바우만, 함규진 역, 『유동하는 공포』, 산책자, 2009.

프리드리히 A. 하이에크, 김이석 역, 『노예의 길: 사회주의 계획경제의 진실』, 나남출판, 2006.

Harvey, D., "Neo-liberalism as creative destruction", <국토연구원> 강연 원고, 2005.

Gibson-Graham, J. K., *A Postcapitalist Politics*, the University of Minesota Press. 2006.

McDowell, Linda, *Capital Culture: Gender at Work in the City*, Blackwell Publishers, 1997.

Ong, Aihwa, *Neoliberalism as Exception: mutations in citizenship and sovereignty*, Duke University Press, 2006.

2장

# 일상을 잠식한 금융자본주의

박성일

"생산과 소비만으로 자본의 욕동을 만족시켜 주지 못하는 현재의 금융화 사회에서 개인은 투자할 수 있는 한에서만 온전한 주체가 될 수 있다. 현재의 신자유주의 체제는 우리에게 이제는 노동자라는 남루한 옷을 벗어 버리고 자본가라는 새 옷과 소유자라는 새 신분증을 지니라고 말한다. 지금 가진 게 없으면 미래를 앞당겨 소비하면 된다고 조언한다."

* 주제어: 축적 체제의 위기, 재테크, 일상의 금융화, 자본시장 통합법, 소유자 사회, 금융 위기

# 1. 일상을 잠식한 금융화

오랜만에 만난 친구들과의 술자리에서 단연 인기 있는 화제는 재테크였다. 학원에서 영어를 가르치는 친구가 말했다.

"금융 위기다 뭐다 불안해서 펀드를 해약하고 대신 고금리 적금을 알아보고 있는데, 뭐로 할지 고민이야. 이자 스윙 방식으로 시장 금리에 연동되는 정기예금이 좋다던데. 주택 담보 대출을 고정 금리로 유지해야 할지, 변동 금리로 갈아타야 할지도 고민이고. 너희들 월급 통장은 CMA로 교체했냐?"

대학에서 경제학 수업을 들어 본 적도 없는 친구들 입에서 주식, 선물, 옵션, 파생 상품 같은 전문용어며, 금융 위기 이후의 자산 관리 전략이 술술 흘러나왔다. 재테크가 만인의 관심사가 된 시대에 자산 관리에 관한 이정도의 관심은 그다지 특별한 것이 아닌지도 모른다. 하지만 일반인들이 재테크라는 용어를 일상적으로 사용하게 된 것은 그리 오래된 일이 아니다. 본래 재무 기법financial technology을 의미하는 '재테크'라는 신조어는 1990년대 접어들어 처음으로 신문 지상에 등장했다. 당시만 하더라도 재테크는 기업 영역에서 통용되는 고도의 금융 관리 지식과 기술 혹은 일부 부유층의 재산 증식 과정을 지칭했다. 그리고 흔히 '땅투기'나 '돈놀이' 같은 단어와 혼용되며 부정적인 의미를 전달하는 경우가 많았다. 하지만 1990년대 중반을 넘어서면서 과거 기업이나 부유층의 관심사로 여겨졌던 재테크가 일반 가정의 경제활동을 아우르는 보편적인 용어로 널리 쓰이기 시작했다. 재테크가 중산층 이하의 평범한 서민들까지도 학습하고 실천해야 할 생활의 지혜로 받아들여지게 된 것이다. 투자 전략과 이론을 소개하는 재테크 서적이나 자기 계발서들이 불티나게 팔려 나갔고 경제 신문, 증권 방송, 각종 투자 설명회같이 재테크 정보를 수집하고 소개하는 다종다양한 창구들에 사람들이 몰려들었다. 뿐만 아니라, 재테크와 관련된 인터넷 동호회와 블로그도 급격히 활성화되었다. 불과 몇 년 사이에 주식, 펀드, 보험, 부동산, 경매, 외환 거래 등 개인들이 학습해야 할 재테크 영역은 빠르게 늘어났다. 이 가운데 대표적인 것은 역시 주식시장이다. 1990년대 중반에 접어들면서 이제까지 목돈 마련을 위해 예금 · 적금이나 곗돈을 붓던 직장인과 주부는 물론 과외비를 손에 쥔 대학생까지 주식시장의 직접 투자자로 변신하면서 시장은 급격히 확대되었다. 증권 중개 부문에서 많은 수익을 얻고 있던 대부분의 증권사들은 투자자들의 잦은 거래를 유도하기 위해 최신의 전자 거래 프로그램들을 앞 다투어 개발했고, 낮은 취급 수수료로 경쟁하며 개인 투자자들을 불러 모았다. 인터넷 게시판이나 증권사 객장을 떠도는 '대박'의 소문은 평범한 사람들이 너도나도 성공 신화로 향하는 열차에 올라탈 만큼 충분히 매혹적이었다.

랜디 마틴Randy Martin은 평범한 개인들이 투자가로 변신하고 일상생활이 금융시장 질서의 지배를 받는 현재와 같은 상황을 일컬어 '일상의 금융화financialization of daily life'라 한다(Martin, 2002). 마틴은 금융이 단순히 이용 가능한 부의 서비스가 아니라 그 자체로서 비즈니스와 생활 주기의 결합 이자 자아 획득 수단이 되고 있다고 주장한다(Martin, 2002: 3). 일상의 금융화 는 단지 우리가 다양한 금융 서비스를 편리하게 선택할 수 있게 되었다는 것 이상의 의미가 있다. 금융은 곧 생활 방식이며 일상에 새로운 변동을 초래하는 핵심적인 기제다. 시장은 재화와 서비스가 거래되는 경제적 공 간에만 머무는 것이 아니라 현대인이 거주하는 생활공간이 되었다. 불확 실한 시장 안에 놓인 개인들은 자신의 미래나 가족의 행복이 경제적 기술 을 스스로 얼마나 충실히 습득하고 실천하는가에 달려 있다고 확신한다. 물론 시장 자본주의하에서 돈은 가장 중요한 가치로 자리 잡았다. 하지만 현재의 자본주의 단계에서처럼 돈에 대한 거리낌 없는 욕망이 공공연히 표출되고 사회 구성원 전원이 그 기술을 학습하기 위해 시장의 최전선에 전면적으로 뛰어든 시기를 찾기란 쉽지 않다.

그렇다면 우리는 현재의 총체적 금융화 현상과 그 현상이 개인과 일상 에 미친 영향력을 어떻게 이해해야 할까? 금융은 일상과는 무관한 경제적 차원의 문제로 여겨지기 쉽다. 그런 이유로 금융자본주의 분석은 거시 경 제나 미시 경제적 차원에서 다루어져야 할 문제라고 여겨진다. 물론 시장 경제 분석은 금융자본주의가 어떤 모습을 띠고 있는지를 이해하는 데 분 명 중요한 방법이다. 하지만 현재의 자본주의적 조건 속에서 금융의 영향 력은 은행이나 증권사 객장에만 머물지 않는다. 금융자본주의는 일상의 다양한 층위에서 개인들의 삶에 심대한 영향력을 행사하고 있다. 이 장에 서는 신자유주의 체제하에서 일상의 금융화가 어떻게 일어나고 있으며 이 러한 일상의 금융화가 우리의 삶에 어떠한 영향을 미치는지를 분석할 것이다. 이를 위해 먼저 자본주의 발전 과정에서 금융화가 발생한 원인을 살펴보고 금융이 일상생활로 확대된 과정을 논의할 것이다. 금융화는 지난 30년간 자본이 위기를 극복하기 위해 스스로를 재구조화한 방식이며 신자유주의 세계화의 핵심 내용이다. 일상의 금융화 현상은 노동자 계급 정체성을 약화시키고 그들에게 새로운 정체성을 부여하는 일종의 문화 이데올로기로 작동하고 있으며, 이윤율이 저하된 시대에 개인들로 하여금 각자의 미래 가치를 앞당겨 소비하도록 유도함으로써 축적을 지속하는 메커니즘이다. 더불어 이 글은 금융화된 일상 안에서 소유자 사회라는 유토피아적 구호가 담론적 · 제도적 차원에서 생산관계를 어떻게 재생산하고 있는지 논의할 것이다.

## 2. 신자유주의 금융화의 역사

자본은 끊임없는 자기 증식의 욕동欲動 그 자체다. 가라타니 고진[柄谷善男]이 말한 것처럼 자본의 욕동은 "자동적으로 그치는 일도 없으며 이성적인 제어나 국가적 강제에 의해 그치는 일도 없다(고진, 2001:41)." 주기적으로 찾아온 위기도 이를 멈추지는 못했다. 이 때문에 일부 경제학자들은 자본주의 위기론을 과장된 것으로 치부하거나 위기가 존재했다는 사실 자체를 부정하기도 한다. 그들이 보기에 자본주의 위기란 자본주의 발전의 노정에서 간혹 발생하는 지극히 국지적인 소음에 불과할 뿐이다. 하지만 이런 극단적 낙관론자들을 제외한 대부분의 사람들에게 자본주의 위기는 자본주의의 발전을 이해하는 데 언제나 중요한 문제였다. 물론 그 위기의 본질이 무엇인가에 대한 이해는 다양하다. 고전 경제학자들은 자본주의 위기를 병리적인 현상으로 보았다. 오코너에 따르면 19세기 초까지 경제적 위기라는 개념은 "단순히 수요나 공급의 불균형 상태나 외적 원인들, 가령 전쟁이나 정치적 세력들 또는 물질적 생산의 외부에서 일어나는 금융 투기에 의해서 야기된 상인 자본주의, 혹은 금융 과잉이나 공황에 의해 발생하는 정상적인 상태와 대비되는 병리적 상황(O'Connor, 1987: 55~56)"을 의미했다. 이 같은 병리학적 위기론은 하이에크나 프리드먼같이, 완전한 자유 시장이야말로 인간 자유를 최상으로 실현하는 방법이라고 믿었던 신자유주의의 이데올로그들에게 고스란히 수용되었다. 이들이 보기에 자본주의에 찾아온 '비정상적인' 위기는 시장의 원활한 작동을 저해하는 요인들을 제거하고 시장이 자기 조정체로서 본연의 모습을 회복한다면 극복할 수 있는 것이었다. 자본주의는 언제나 위기 이후의 자기 변화를 통해 그 모순을 경감시키며 성장을 지속해 왔다. 위기는 자본주의 몰락의 징후이기보다는 발전의 필수 불가결한 선행 요건으로 기능해 왔다. 금융화 역시 자본축적의 위기와 함께 일어나는 총체적인 사회 재구조화의 한 양상이라고 할 수 있다.

금융은 소비 시장과 생산 과정에서 국가, 기업, 가계 간 자금의 수요와 공급을 통칭한다. 이때 거시 경제적 차원에서 금융의 연관 비율이 고정적 실물 경제보다 증가하는 현상을 '금융화financialization', 혹은 '금융심화financial deepening'라고 한다. 다시 말해 금융화는 시장에서 돈이 금융 분야로 집중되어 자본축적 방식이 전통적 실물, 혹은 서비스 생산 중심에서 금융 산업 중심으로 전환되는 현상이다. 금융시장의 확대, 금융 기구와 금융 엘리트, 금융 기업의 중요성 증대, 비금융 기업의 금융 분야 참여 확대, 가계의 유가증권 보유 증가 등이 금융화의 내용으로 꼽힌다.

금융화가 어느 정도 심화되었는가는 우리가 일상생활에서 얼마나 많은 금융 서비스에 접근 가능한지를 통해 체감할 수 있다. 우리는 지하철이나 텔레비전에서 하루에도 몇 번씩 은행이나 신용카드 광고를 보게 되고, 혹은 하루에도 몇 번씩 대출 안내 메시지를 받는 환경에 살고 있다. 신용카드나 교통카드를 이용할 때, 전자 화폐나 각종 사이버 머니를 사용할 때, 우리는 복잡한 금융 네트워크에 간단히 연결된다. 더욱이 현재의 금융 서비스는 전통적인 형태에서 벗어나 일상생활과 융합되면서 사람들로 하여금 자신이 금융 활동에 참여하고 있다는 사실 자체를 잊게 만든다.[*]

현재의 금융화 현상은 1960년대부터 1970년대에 발생한 주요 선진국들의 자본 수익성 급락에서 비롯되었다(Levy and Dumenil, 2000: 22). 제2차 대전 이후 별 탈 없이 유지되던 자본축적은 이 시기에 들어서면서 커다란 위기에 봉착했다. 기존의 전통적인 산업 분야들(가령 섬유, 자동차, 철강, 조선, 석유화학 등)은 과잉 생산, 수요 감퇴, 경쟁 심화로 전반적인 불황의 늪에 빠졌다. 경기 침체로 생산 활동이 위축됨과 동시에 고실업 상태임에도 인플레이션이 지속되는 스태그플레이션이 발생했다. 자본가들은 이윤을 낼 안전한 투자처를 찾지 못했고 노동자들은 포디즘이 제공해 주던 안정된 고용 상태 대신 주거와 소비 면에서 총체적인 불안에 시달려야 했다. 인플레이션의 여파는 남미를 거쳐 아시아, 아프리카까지 경제적·정치적 혼란을

---

[*] 소위 리테일retail 금융 서비스의 대중화가 그런 예다. 유럽의 경우 1990년대부터 주요 대형 유통 업체들은 금융 사업 분야를 대폭 확대해 왔다. 영국 〈테스코〉나 프랑스의 〈까르푸〉는 자체 파이낸스 기업(〈테스코퍼스널 파이낸스〉, 〈세르비스 피난시에 까르푸〉)을 설립하고 소비자들이 마치 일용품을 구매하는 것처럼 슈퍼마켓에서 금융 서비스를 구매하도록 하고 있다. 유통 업체들은 이러한 리테일 금융이 고객에게 편리성을 제공하고 신뢰를 줄 수 있는 획기적인 금융 서비스가 되고 있다고 판단해 그 규모를 확장하고 있다(〈노무라종합연구소〉, 2006: 50).

야기했다. 더구나 1979년 이른바 볼커 쇼크*로 금리가 대폭 인상되고 통화 공급이 갑자기 줄어들자 개발도상국들의 채무 부담은 급증했으며 수출 산업도 타격을 받았다. 2차 대전 이후 세계경제 질서를 주도해 온 케인스주의가 이러한 위기 상황을 타개하지 못하자 국가 관리 체제에 전면적인 비난이 쏟아졌다. 민영화, 탈규제, 복지 축소라는 규율이 '대처리즘'과 '레이거노믹스'라는 이름으로 전 세계에 적용되면서 신자유주의 세계화가 본격적으로 경제 질서를 새롭게 재편하기 시작했다.

이 같은 위기-재구조화의 메커니즘은 1980년대 이후 비물질 경제를 성장시켰다. 효용 낮은 물적 경제에 대한 회의적인 시선이 늘어나면서 반대로 지식 노동과 서비스 노동, 그리고 자본 등의 비물질적 경제에 대한 기대가 커졌다. 흔히 비물질적 경제의 대명사로 문화 산업이나 관광산업을 떠올리지만 실제 후기 산업사회 최대의 비물질적 경제는 금융 산업이다. 짐멜Georg Simmel이 '세속의 신'이라고 불렀던 돈은 현대사회에서 그 투명성과 비물질성을 더해 한층 더 '신'의 모습에 가까워졌다. 1980년대부터 전자 금융, 전자 화폐 등 디지털 금융시장이 성장하면서 한 달에 30조 달러 규모로 세계를 순환하는 돈의 대부분이 전화선이나 인터넷을 통해 계좌에서 계좌로 흘러 다닐 뿐 실재하지 않게 됐다. 또한 각종 펀드와 파생 금융 상품**이 그렇듯 금융 산업에 있어 자본의 증식을 결정하는 것은 물적 생산물이 아닌 불확실한 미래의 수치일 뿐이다.

---

* Volcker Shock, 카터와 레이건 정부하에서 〈미연방준비은행〉 의장을 맡은 폴 볼커Paul Volcker는 계속되는 스태그플레이션에 대한 대처로 금리를 대폭 인상하고 통화 공급을 줄이는 정책을 실시함으로써 경기 침체와 실업률 증가를 초래했다. 볼커의 이러한 정책은 미국뿐 아니라 전 세계경제에 직접적인 영향을 가져왔는데 미국에서 대출받은 모든 개발도상국들의 채무 부담을 가중시킨 것이다.

성장률 하락 상황하에서 경제적 잉여를 극대화하기 위해 금융시장에 자본이 대량으로 투입되었고 금융 상품의 수요도 확대되었다. 그러나 실물시장과 괴리된 금융시장의 확장이 어떤 결과를 초래하는지는 이미 1920년대부터 1930년대까지 대공황을 통해 확인된 바 있었다. 이에 제임스 토빈James Tobin과 같은 경제학자는 투기적 성격을 띤 '카지노적 금융화'를 우려하며 국제적 단기 투기 자본을 규제하고자 '토빈세'***를 제안하기도 했지만 이 제도는 투기 자본의 폐해를 수차례 경험한 현재까지도 실현이 요원하다. 자본은 자유롭게 국경을 넘었고 런던, 두바이, 싱가포르, 서울, 도쿄, 뉴욕을 아우르는 거대하고 단일한 금융시장이 탄생했다. 돈이 필요한 각국의 정부는 거대 금융시장 안에서 초국적 기업과 투자 은행을 통해 전 세계를 대상으로 채권을 판매하고, 금융 소비자를 유치했다.

## 3. 한국의 경제 위기와 금융화

한국에서 금융화는 지난 20년간 대기업과 정부의 결탁하에 이루어져 왔다. 실물경제에서 이윤율이 줄어든 대기업들은 1980년대 말부터 정부에 금

---

** financial derivatives, 파생 금융 상품이란 "실질 자산(농산물, 비철금속, 귀금속, 에너지 등)과 금융 자산(통화, 주식, 채권 등) 같은 여러 가지 기초 자산의 미래 가격을 현재 시점에서 결정한 후, 미래의 계약 만기일에 미리 결정된 가격 및 방법으로 해당 상품에 대해 매매, 교환, 또는 권리 의무의 이행 등을 하는 형태의 계약을 말한다(방영민, 2006: 68)." 1980년대 미국 월스트리트에서 급격히 확산되었던 파생 금융 상품은 갖가지 이자율, 가격, 환율 변동에 따른 시장의 위험을 회피함과 동시에 금융자본을 획기적으로 증식하기 위한 수단으로 자리매김했다.

*** 단기성 외환 거래에 부과하는 세금을 말한다. 경제학자인 제임스 토빈의 이름에서 따온 토빈세는 국제 투기 자본이 드나들면서 발생하는 외환위기를 관리하기 위해 단기적인 외환 거래에 불이익을 주도록 부과하는 세금이다. 토빈은 1971년 8월 미국의 리처드 닉슨 대통령이 고정환율제도를 표방했던 브레턴우즈 시스템의 종말을 선언하자 국제 통화안정을 위한 새로운 시스템으로, 환율 안정을 위해 국경을 넘는 자본 이동에 과세를 하자는 토빈세를 제창했다.

융 규제 철폐와 자유화를 요구하며 단기 해외 차입을 활용해 머니 게임을 벌이더니 급기야 국가 부도 사태를 초래했다. IMF 구제금융 이후 "이자제한법" 등 각종 금융 규제가 폐지되고 해외 자본이 본격적으로 유입되면서 금융화는 한층 더 심화되었다. 이 과정에서 전통적인 산업 자본은 금융 산업에 대한 지배를 강화했고, 다양한 비금융적 경제 주체들이 이윤을 챙기기 위해 돈놀이에 매진했다. 가령 교육기관인 대학조차 발전 기금으로 부동산 투자나 주식, 펀드 투자에 열을 올렸고, 교수들은 대학의 자산 운용에 적극적인 투자 자문가 역할을 했다. 이와 더불어 정부는 금융 공급 못지않게 개인의 금융 소비를 활성화하는 데도 전력을 기울였다. 이 과정에서 개인 금융에서 '저축'이라는 용어는 사라지고 그 자리를 '투자'란 용어가 대신하게 되었다. 신용카드 소비로 포인트를 잘 쌓고 다양한 금융 상품을 선택할 줄 아는 개인 투자자가 이상적인 모습으로 그려졌고, 주식, 펀드, 파생 상품, 주택 모기지 등 다양한 금융 상품들이 일반인들에게 장려되었다. 그 결과 대중의 잉여 자산은 금융시장 안에서 더 빨리 순환하게 되었다. 주식시장의 과열 속에 개미 투자가들이 대규모 손실을 입거나 1997년 외환위기, 2003년 신용카드 대란, 2008년 금융 위기를 거치며 중산층 붕괴와 빈곤층 증대가 이어지는 상황 속에서도 금융시장에 대한 관심은 줄어들지 않았다. 〈한국예탁결제원〉의 통계에 따르면 2008년 서울시 거주자 가운데 주식 직접 투자자 수는 전년 대비 4.9퍼센트 증가한 118만 3천 명을 넘어섰으며 보유 주식 수도 95억 8,297만 7,934주에 이르렀다. 경제적 불확실성이 심화됨에도 "금융시장에 대한 믿음은 그야말로 종교적인 믿음에 견줄 만하다(Partnoy, 2003: 11)."

한국에서 금융시장의 확대는 2008년 2월 속칭 "자본시장 통합법"("자본시장과 금융 투자업에 관한 법률")이 시행되면서 본격화되었다. 이 법의 시행으로 산업·금융 독점체 주도의 금융화가 이루어질 수 있는 완벽한 환경이 조성되었다. "자본시장 통합법"은 14개 금융시장 관련 법률을 하나로 통합하고 금융 상품에 대한 제약을 철폐했다. 또한 금융 회사의 자율성을 극대화함으로써 미국식 대형 투자 은행의 출현을 가능하게 만들었다. 정부는 자본시장의 금융업 간 겸영을 허용하여 한국식 〈골드만삭스〉 설립을 유도하겠다는 의사를 공공연히 밝힌 바 있다. 이 법률은 네 가지 차원에서 금융시장 확대에 기여하고 있다(이종태 외, 2008). 먼저 이 법률은 금융 투자 상품의 범주를 확대함으로써 광범위한 사회적 대상물을 잠재적인 금융 투자 상품으로 만들어 냈다.[*] 둘째, 동법 제6조에서 '금융 투자업'을 투자 매매업, 투자 중개업, 집합 투자업, 투자 자문업, 투자 일임업, 신탁업으로 광범위하게 포괄하여 규정하였다. 이로써 기존에 자본시장에 포함되지 않았던 많은 사회적 자원과 사회적 행위자들을 자본시장으로 흡수하고 있다(위의 글: 40). 셋째, 규율의 대상을 법인이라는 상대적으로 고정된 틀에 국한하지 않는 기능별 규제 체계를 마련함으로써 자본시장 내에서의 모든 행위들이 자유롭게 영위·조합·변형될 수 있게 했다. 넷째, 전문 투자자들에게만 거래가 허용되었던 파생 상품 투자에 관한 규제가 완화되어 일반 투자자들에게까지도 확대 허용됨으로써 기업과 개인, 가계가 모두 자본시장에

---

[*] 이 법률은 제3조에서 '금융 투자 상품'을 다음과 같이 정의하고 있다. "'금융 투자 상품'이란 이익을 얻거나 손실을 회피할 목적으로 현재 또는 장래의 특정 시점에 금전, 그 밖의 재산적 가치가 있는 것을 지급하기로 약정함으로써 취득하는 권리로서, 그 권리를 취득하기 위하여 지급하였거나 지급하여야 할 금전 등의 총액이 그 권리로부터 회수하였거나 회수할 수 있는 금전 등의 총액을 초과하게 될 위험이 있는 것을 말한다." 금융 투자 상품은 크게 증권과 파생 상품으로 구분되며 '원화로 표시된 양도성 예금 증서'와 '수탁자에게 신탁 재산의 처분 권한이 부여되지 아니한 신탁의 수익권'은 제외된다.

포섭되는 기초가 마련되었다(위의 글: 41).

이같이 통합된 자본시장 형성이 공식화된 현 상황에서 일상의 금융화는 단지 우리가 다양한 금융 서비스를 편리하게 이용할 수 있게 되었다는 것 이상의 의미를 띠게 되었다. 일상 세계가 하나의 거대한 투자 시장이 된 것이다. 금융시장 질서가 전체 삶에 적용되면서 개인들의 생활양식, 가치, 가족 관계, 계급의식, 정치적 선택이 철저하게 시장 논리 아래 놓이게 되었다. 이종태 등이 지적한 것처럼 "이렇게 자본시장이 광범위하게 확대되고 사회 전체가 자본시장을 매개로 행위를 계획, 조직하게 된다는 것은 곧 자본시장이 사회 전체의 규제자로 등장하게 된다는 것을 의미한다(위의 글: 42)."

나아가 금융화된 일상에서 정확한 시간 분배, 분명한 계산, 부단한 자기 관리, 무한한 생산 증가와 같은 이상들은 직업적 성공 전략을 넘어서 일상과 가정 영역에 이르기까지 통용되는 가치가 됐다. 개인은 독립적으로 시장을 이해해야 하고 다양한 자원을 활용하여 경쟁에서 승리해야 한다. 또한 넘치는 정보 속에서 군중에 휩싸여 잘못된 투자 결정을 하지 않고 합리적 판단과 의사결정을 내려야만 한다. 실제 개인들은 자신이 소유한 자본의 정도와 무관하게 금융시장 안에서 언제나 자본가나 투자가처럼 사유하고 행동할 것을 요구받는다. 한 금융 기업의 텔레비전 광고 카피처럼 "회사원에서부터 사장님에 이르기까지 모두가 금융 회사의 고객일 뿐이다."

## 4. 소유자 사회의 문화 이데올로기와 금융 주체

금융화된 일상의 또 다른 효과는 바로 노동인구의 감소다. 새로운 환경에서 사람들이 노동에 두는 가치는 크게 달라졌다. 일터가 아니라 방 안에서 마우스 몇 번 누르는 것만으로 주식 계좌를 개설하고 돈을 벌 수 있다는 사실은 사람들에게 놀랍고도 새로운 경험이었다. 부富가 일터가 아닌, 투자 회로에서 생산되는 것으로 여겨지게 된 것이다. 새로운 세상은 사람들에게 이렇게 속삭였다. "다른 사람을 위해 일하는 것을 멈추고, 집에서 일하라. 전자 골드 러시electronic gold rush를 틈타 빠르게 돈을 벌어라(Martin, 2002: 46)." 자본은 이미 비생산 영역에서 이윤을 충분히 거두게 되었으므로 사람들 모두가 일터로 몰려오는 것을 원치 않았다. 자본은 기존의 노동자들에게는 비정규직화를 요구했고 젊은이들에게는 일터로 나오는 대신 대학에 좀 더 머무르라고 충고했다. 공장은 바리케이드 안에 갇혔고 노동자의 자리는 비워졌다. 대신 '소유자 사회ownership society'라는 유토피아적 청사진이 제시되었다. 냉전 체제를 거치면서 확고히 다져진 이 자유주의적 이상은 단순하고 명료하다. 사회 안에서 더 많은 지분을 가질수록 더 나은 시민이 될 수 있다는 것이다. 미국의 보수적 민간 연구소〈카토 인스티튜트Cato Institute〉의 데이비드 보아즈David Boaz는 다음과 같이 주장한다.

"사적 소유의 확장은 정부의 독단적인 권력에서 개인들을 보호해 주며 이들에게 더 많은 자유와 시민으로서의 자신감을 제공해 준다. 미국을 소유자 사회로 만들기 위해서 우리가 할 수 있는 최선의 일은 더욱 많은 미국인들에게 주식, 채권, 뮤추얼 펀드에 투자할 기회를 제공해서 그들이 자본가가 될 수 있도록 해 주는 것이다."*

같은 맥락에서 에커맨과 알스톳은 사회복지 제도의 개선을 위해 노동자 시민권에서 '보편적인 경제적 시민권universal economic citizenship'으로의 전환이 필요함을 역설했다(Ackerman and Alstott, 1999: 16).

　신자유주의 체제하에서 '소유자 사회'라는 담론은 국가 정책의 확고한 목표로 설정되고 실행되어 왔다. 1980년대 영국의 공공 임대주택 민영화가 대표적이다. 마가렛 대처는 '재산권 소유 민주주의property-owning democracy'라는 구호 아래 주택의 사적 소유가 확장되어야만 사람들이 자신의 주택을 더 잘 유지하게 될 것이며 정부 보조금을 받는 세입자가 아닌 주택 소유주로서 더 책임 있는 시민의 모습을 갖추게 될 것이라고 주장했다. 여기에는 주택 소유자가 많아지면 자연히 보수당의 감세와 탈규제 정책을 지지하는 계층도 늘어날 것이라는 정치적 기대도 깔려 있었다. 대처 정부는 1980년 주택법을 제정해 지방자치단체가 소유한 공공 임대주택을 임차인이 '구입할 수 있는 권리'를 보장해 줌으로써 서민들의 주택 구입을 독려했다. 때마침 주택 가격이 상승하고 정부가 할인 정책을 내놓자 150만 가구의 임차인들이 주택 소유자가 되었다. 국민의 3분의 1이 임대주택에 살고 있던 영국에서 이는 엄청난 변화가 아닐 수 없었다.

　2004년 재선을 맞이한 미국 대통령 조지 부시George W. Bush는 대처를 본받아 '소유자 사회' 건설을 선거 공약으로 내세우며 국민들에게 주택 소유와 금융 투자를 독려했다. 저금리 정책을 유지해 시중 은행이 대출을 확대하도록 했으며 평균임금 이하의 미국인들도 쉽게 주택을 구매할 수 있는 환상적인 상황을 연출해 냈다. 미국인들은 비록 신용도가 낮더라도 주택을 구매하고 이를 담보로 자금을 얻어 또다시 각종 파생 금융 상품에 투자할 수 있었다. 부시 정부는 그와 더불어 사회복지 분야의 민영화를 가속화

* http://www.cato.org/special/ownership_society

했으며 이를 비판하던 경쟁자 존 케리John F. Kerry를 "당신의 가족은 주식과 채권에 투자해 크게 성공했으면서 왜 미국의 노동자들이 그래서는 안 되느냐"고 공격했다.

소유자 사회에 대한 신화는 한국 사회에도 확고하게 자리 잡았다. 공공 임대주택 비율이 불과 3.5퍼센트에 불과한 상황이므로 정부가 주택 구매를 독려할 필요도 없이 사람들은 이미 주택 소유에 전 생애를 걸고 있었다. 더욱이 지난 20년간 계속된 노동시장 유연화로 노동계급의 해체는 가속화되었고 정부의 반反노동 정책에 힘입어 노동자 정체성은 대중과 분리된 타자화된 존재로 전락해 버렸다. 사람들은 스스로 노동계급 정체성에서 벗어나 연 7퍼센트 성장과 10년 내 4만 달러 소득을 약속하는 대통령에게 미래를 걸었다. 정부와 미디어가 개인의 펀드 투자를 독려하고 공영방송에서조차 부동산 투자 노하우를 아무 거리낌 없이 시청자에게 전수해 주는 사회 분위기 속에서 사람들은 누구나 자본가가 되는 풍요로운 세상을 꿈꿨다. 더욱이 경제 위기가 사회적 완충 장치에 의해 여과되지 않고 개인과 가정에 직접 충격을 주었던 1997년 외환 위기를 경험하면서 사람들은 사회 복지제도와 사회 안전망의 부재를 개인들 스스로가 메워야 하는 현실을 자각하게 됐다. 그러다 보니 마치 모든 미래에 대한 불안이 금융 시스템을 통해 보장되는 것처럼 사람들은 자녀 양육을 위한 '어린이 펀드', 주택 마련을 위한 '장기 주택 마련 펀드', 노후 생활을 위한 '연금 펀드'에 가입했다. 그 투자의 장소와 대상 역시 중국의 주가 지수나 텍사스의 석유 가격에서 로스앤젤레스의 주택, 남아프리카공화국의 금, 프랑스의 와인 같은 실물 자산에 이르기까지 급격히 확장되었다. 이로 인해 2008년 금융 위기 직전 적립식 펀드 계좌 수는 1,500만 개, 주식형 펀드 계좌 수는 1,800

만 개에 이르렀다. 그야말로 국민들 모두가 글로벌 투자가의 반열에 오른 것이다.

하지만 노동자를 일약 소유자로 전환시킨 이 같은 자본의 연금술은 실상 새로운 부의 창출과 분배 과정이기보다는 각자가 향후 얻을 것으로 예상되는 미래의 가치를 앞당겨 소비하도록 만드는 과정에 불과하다. 이는 개인이 현재 벌 수 있는 돈보다 더 많은 것을 구매할 수 있도록 해 주는 신용카드 원리와 같은 것이다. 금융 심화로 인해 다양한 금융 서비스를 이용할 수 있게 된 개인들은 미래의 가치가 증대될 거라는 불확실한 전제를 기반으로 자신의 현재적 조건에서는 불가능한 소비를 손쉽게 향유한다. 그러다 보니 주5일 근무나 여가 시간이 확장되더라도 이 시간은 노동의 인간화나 삶의 질 향상을 위해 이용되지 못한다. 그 시간은 또 다른 소비로 채워지거나 자신의 과잉 소비를 벌충하기 위한 추가 노동이나 자기 계발 시간이 되기 쉽다. 과잉 소비, 과잉 노동, 시간 부족, 그로 인한 스트레스와 이를 벗어나기 위한 또 다른 소비의 악순환이 이어진다. 노동자가 사라진 소유자 사회에서 소외는 노동의 영역이 아닌 비노동과 무노동, 여가의 영역에서 발생하고 있는 것이다(Lefebvre, 1991:38).

소비뿐 아니라 투자 역시 동일한 방식으로 이루어진다. 만일 특정 기업의 신약 개발 '가능성'이 언론에 보도되어 이러한 호재를 등에 업고 기업 공개가 이루어지면 바이오 기업 주식은 폭등한다. 이때 몰려든 돈은 성취된 결과물이 아니라 더 큰 이윤을 안겨 줄 불확실한 가능성을 쫓을 뿐이다. 적립식 투자가 유행하고 성장주나 가치주에 대한 투자가 강조되는 것도 결국 시장이 언젠가 기대한 가치를 반영하게 될 거라는 낙관적 바람에서 출발한 것이다. 경기 팽창에 대한 낙관적 전망으로 가득한 시기에 이러한 이데올로기는 강화된다. 하지만 기대했던 것과 달리 전망이 조금이라도 어두워진다면 소비와 투자는 일순간에 감당하기 힘든 짐으로 변하게 된다. 그로 인해 초래되는 위험은 '금융 공학자'들이 창의적인 아이디어로 발명하는 각종 파생 금융 상품으로도 분산되기 어려운 것이다. 위험에 대처하기 위해서 복잡하게 가공된 파생 금융 상품은 예상치 못한 위기를 증폭시켜 역으로 금융 네트워크 전체를 파괴할 위험성을 배가시킨다. 이러한 사실은 금융 위기를 통해 분명히 드러났다. 금리가 상승하고 주택 가격이 하락하면서 부실 채권이 늘어나자 모기지 회사나 투자 은행, 그리고 이들에 투자한 일반 투자자들까지 연쇄적인 위기에 처하게 되었다. 소유자 사회의 주인공을 꿈꾸었던 중산층과 서민의 가계 부채는 눈덩이처럼 늘어났으며 자본가가 되기는커녕 빈곤 계층으로 전락하고 말았다. 시골 의사라는 별칭으로 유명한 투자 분석가 박경철은 다음과 같이 말한다.

"먼저 대중이 절망적인 상황에 빠져 있을 때 그 상황을 돌파하고 구원하는 희망의 씨앗이 잉태된다. 그 다음 그것은 전염성을 갖고 대중에게 전파된다. 처음에는 동의하지 않던 합리적인 사람들도 동의하게 된다. 다음으로 대중이 공유하고 있는 논리가 다수의 것임을 증명하며 점차 확산되어 가고 암시는 더욱 강화된다. 자기가 믿고 있던 사실을 의심하던 사람들도 강화되는 암시에 회의를 거두고 자기 확신이 더욱 강력해진다. 이러한 대중의 확신은 점점 분열하면서 비슷한 논리들을 수용하고 점점 더 많은 새로운 주장과 논리들을 흡수함으로써 자기발전을 거듭한다. 하지만 이렇게 연결된 논리들의 연계는 점차 근거를 상실한다. 불확실성을 증폭하는 자기붕괴 과정을 거쳐 이탈이 유발되면 소수의 이탈은 치명적인 자기 붕괴로 이어진다(박경철, 2008:114)."

하지만 소유자 사회에서 추락해 버린 개인들의 비극은 단지 개인 자신의 책임으로만 전가될 뿐이다. 금융 위기로 혼란스러운 상황에서 앨런 그리스펀Alan Greenspan은 "문제는 파생 상품이 아니라 사람들의 탐욕"이라고 주장했다. 한국에서 펀드 열풍을 주도했던 〈미래에셋증권〉의 한 간부 역시 방송 토론회에 출연해 "수차례 경고에도 불구하고 투자자들이 환매 시점을 놓쳐 위기를 맞이한 것은 개인의 탐욕 때문"이라는 요지의 발언을 했다가 투자자들의 공분을 샀다. "소유자가 되라! 미래를 소비하라! 위험을 즐겨라!"라는 소유자 사회의 구호에는 한 가지 조언이 빠져 있었던 것이다. "위험은 너 스스로 감당하라!"

## 5. 위험 관리자들

자본 증식을 목적으로 하는 금융시장에서 위험은 감수해야 할 필연적 조건이다. 기대하는 이윤이 크면 클수록 감수해야 할 위험 역시 커지기 때문이다. 일상이 금융화되면서 금융시장의 불확실성과 유동성은 일상생활에도 고스란히 반영되고 있다. 신용도에서부터 자산의 유동성, 금리, 환율 변동 등 재무와 시장 상황, 의료, 사교육, 노후에 이르기까지 다양한 경제적 영역에서 위험이 도사리고 있다. 위험은 금융 거래의 직접 당사자뿐 아니라 그와 무관한 이들에게까지 광범위한 위협을 가하고 있다. 특히 사회 안전망이 취약한 곳에서 개인이 감수해야 할 위험은 크고 직접적일 수밖에 없다.

그렇다면 이러한 상황에서 사람들은 위험을 회피할 수 있을까? 유감스럽게도 금융화된 일상 안에서 위험에 직면하는 것은 선택 사항이 아니다.

세넷이 말한 것처럼 "위험을 무릅쓰는 것은 벤처 자본가나 특별한 모험가들만의 일이 아니라 누구나가 매일매일 짊어져야 하는 필수적인 일이다(Sennett, 1998: 112)." 그러다 보니 개인을 위한 위험 관리학은 어디서나 인기 있는 주제가 되었다. 텔레비전, 라디오, 신문, 시사지, 경제지, 패션지 할 것 없이 모든 미디어가 개인의 위험 관리 기술에 대해 조언한다. 한 남성 트랜드 잡지는 펀드 수익률이 급락하는 상황에서 이렇게 경고했다. "흔히 개미들이라고 불리는 개인 투자자들은 너무 수익률 지향적이다. 눈에 보이는 수익률보다 더 중요한 건 눈에 보이지 않는 리스크다. 돈을 벌수록 욕심을 줄이고 리스크에 민감하게 대응해야 한다(『에스콰이어』, 2008. 10)." 또한 개인들에게 끊임없는 자기 관리를 요구한다. "이제 불황은 피할 수 없는 숙명으로 받아들여야 한다. 벌써 사회 곳곳에서 불황 증후군이 나타나고 있다. 상황은 어렵지만 마음을 가다듬고 좀 더 냉정해져야 한다. 스스로 화를 다스릴 수 있는 '화火테크'라도 배워야 한다(『매일경제신문』, 2008. 10. 21)." 또한 사람들에게는 다음과 같은 요구가 쏟아진다. "인터넷 금융 시스템에 접속하라", "보안 시스템을 학습하라", "어떤 바이러스와 스파이웨어가 유포되는지 체크하라", "백신과 방화벽을 설치하고 주기적으로 업데이트하라", "패스워드를 정기적으로 바꿔라", "전화 사기단에 속지 말라."

목표를 설정하여 자원을 배치하고 리스크를 관리하고 밸런스를 맞추라는 격언은 차익 거래를 하는 전문 거래자가 아니라 평범한 내 친구와 이웃의 좌우명이 되었다. 그러다 보니 평생 학습의 사회적 주제는 개인들에게 투자 기법과 리스크 관리 기법을 전달하는 재테크 교육으로 채워질 뿐이다. 개인들은 금융 리터러시financial literacy를 체득하기 위해 자발적인 학습과 훈련을 반복한다. 이들은 워렌 버핏*의 투자 기법서를 읽고 인터넷 금융 투자 카페에서 주식, 주택 재개발, 경매, 노후 대책, 보험에 관한 정보를 수집하고 신용 위험, 시장 위험, 자산 위험, 전문성 위험, 중년 위험을 고민한다. 또한 '저성장 시대의 투자 전략', '슈퍼 개미의 투자 전략', '이제는 선물 옵션이다', '투자 전문가와 함께 떠나는 기차 여행', 〈스타벅스〉와 함께하는 펀드 투자' 등 온갖 이름이 붙은 투자 설명회를 찾아다니면서 여가 시간을 보낸다. 한 걸음 더 나아가 한 신문의 투자 칼럼니스트는 재테크형 습관을 가지라고 조언한다. "책을 읽어서 되는 것이라면 대한민국에서 부자가 안 될 사람이 어디 있는가. 재테크는 곧 습관이라고 생각하고 재테크형 습관을 만들고 실천하는 것이 훨씬 바람직한 부자가 되는 전략이다(『중앙일보』, 2009. 8. 9)."

금융화된 일상에서는 가정 역시 합리적 판단에 의해 경영되어야 할 경제 영역으로 간주된다. 전문가들은 개인의 위험 관리가 가족의 행복과 직결됨을 강조하며 생애 주기에 따른 철저한 위험 관리를 권한다. 마치 육아 방법을 소개하는 것처럼 순자산 산정, 생애 대차대조표 작성, 주식 투자 손절매 한도 관리, 신용 한도 관리, 금리 차이, 한도 관리, 부동산 투자 모니터링에서부터 커리어 관리나 건강관리, 노후 관리가 가정에 소개된다. 가장은 마치 기업가처럼 일정한 목표를 설정하고 스스로를 교육하고 정확한 정보를 획득하고 이용할 수 있는 능력을 발휘해야 한다는 부담을 짊어진다. 자녀들도 예외는 아니다. 금융 과정은 일종의 여가 활동으로 청소년에게 선행 학습되고 있다. 미국의 경우 청소년을 미래의 잠재 고객으로 간

---

* Warren Edward Buffett, 1930년 8월 30일에 태어났다. 미국의 기업인이자 투자가다. 뛰어난 투자 실력과 기부 활동으로 흔히 '오마하의 현인'이라고 불린다. 『포브스』지에 따르면 2008년 10월 기준 그의 재산은 약 580억 달러로, 세계 1위의 갑부로 알려져 있다. (2010년 발표에 따르면 470억 달러로 세계 3위에 올랐다.)

주하고 이들을 유치하려는 각종 금융 프로그램과 서비스가 인기를 끌고 있다. 〈J. P. 모건 체이스J. P. Morgan Chase〉는 10대 고등학생과 대학생을 상대로 계좌 개설 시 25달러 상당의 선물 카드를 제공하는 체크 계좌와 상품을 제공하고 있으며, 〈키뱅크KeyBank〉는 계좌를 개설하는 10대 학생들에게 '아이팟iPod'을 제공하고 있다(〈한국금융연구원〉, 2006). 뿐만 아니라 청소년을 투자자로 조기 교육하려는 시도도 있다. 미국의 〈주식 산업 경제 교육 재단(SIFEE)〉이 운영하는 주식시장 게임에는 1999년에 이미 70만 명의 학생들이 참여한 바 있으며, 거의 모든 증권사들이 이와 유사한 주식 투자 대회나 주식거래 게임을 운용하고 있다. 가상 게임뿐 아니라 실제 투자도 이루어진다. 미국 보험사 〈USAA〉의 경우 청소년을 대상으로 매달 20달러를 투자하면 이를 청소년들이 잘 알고 있는 〈펩시콜라Pepsi〉나 〈구글google〉같은 기업에 투자하는 "First Start Growth Fund"라는 뮤추얼 펀드를 개발하기도 했다.

이처럼 신자유주의 체제는 개인들에게 사회복지나 보호와 같은 낡은 메타포에 기대기보다는 시장 안에서 자유를 누리고 책임지는 독립적인 존재가 될 것을 요구한다. 조직자본주의가 노동자를 관리되고 통제되는 수동적인 인간형으로 주조해 냈다면, 신자유주의는 노동자는 없고 자율적이고, 능동적이며, 창의적인 주인만이 있을 뿐이라고 말한다. 소유자 사회 안에서 개인들은 자신의 삶과 미래를 스스로 결정하는 주인이 되어야만 한다. 환자는 자신의 건강을, 부모는 자식의 교육을, 노동자는 자신의 노후를 스스로 관리해야 한다. 그리고 금융화된 일상의 불확실성이 초래하는 모든 사회적 위험은 개인 자신이 감당해야 한다. 그러다보니 위험 관리에 매달리는 개인의 현재는 언제나 불안하기만 하다. 미래에 대한 확실한 비전은 존재하지 않고 모든 지표가 곧 상승 곡선을 그리게 될 거라는 환상만이 남는다. 현재는 언제나 미래를 위해서만 유보될 뿐이다.

## 6. 금융자본주의의 덫

초기 산업자본주의하에서 개인은 노동할 수 있는 한에서 온전한 주체가 되었다. 산업 생산이 포화되고 소비가 미덕이 되자 개인은 소비할 수 있는 한 온전한 주체가 됐다. 그런 점에서 산업자본주의에서 노동운동이, 소비자본주의에서 소비자 운동이 힘을 발휘했던 것은 당연하다. 하지만 현재의 상황은 어떠한가? 생산과 소비만으로 자본의 욕동을 만족시켜 주지 못하는 현재의 금융화 사회에서 개인은 투자할 수 있는 한에서만 온전한 주체가 될 수 있다. 누구나 투자자며 자본가인 사회에서 개인의 노동자 정체성은 부정되고 거부된다. 고도로 금융화된 자본주의에서 자본은 노동자의 요구에 얽매일 필요가 없다. 또한 사람들이 생산물을 구매해 주어야 이윤이 나는 상황에 갇혀 있을 필요도 없다. 그저 거대한 세계자본시장을 순환하며 차액을 수확하면 그뿐이다. 그러다 보니 노동운동이나 대안적 꼬뮌주의, 소비자 운동도 무력해지기 쉽다. 대항할 상대도 사라졌고, 싸울 주체도 보이지 않는다. 바리케이드를 치고 화염병을 든 노동자는 이미 소유자가 된 이웃들 사이에서 낯선 존재로만 보일 뿐이다.

소유자가 되어 풍요롭게 사는 것은 대부분의 사람들이 바라마지 않는 삶이다. 물론 그렇지 않다고 말하는 사람들도 간혹 있겠지만 대부분의 경우 솔직하지 못한 주장이다. 현재의 신자유주의 체제는 우리에게 이제는 노동자라는 남루한 옷을 벗어 버리고 자본가라는 새 옷과 소유자라는 새

신분증을 지니라고 말한다. 지금 가진 게 없으면 미래를 앞당겨 소비하면 된다고 조언한다. 그리고 공정한 경쟁이 보장되는 자유로운 시장의 머니 게임에 투자자로 참여하라고 독려한다. 판돈은 내 부모의 퇴직금과 나의 미래다. 그러나 시장은 개인들이 투자자로 나서기에 지나치게 유동적이며 불안정하다. 불확실한 시장에서 길을 잃지 않고 합리적인 선택을 내려야 하는 것은 나의 몫이며, 사라지지 않고 살아남는 것도 나의 몫이다. 그러나 우리가 대결해야 하는 상대는 또 다른 개인이 아니라 무한한 정보와 시스템으로 무장한 거대 금융 기업이다. 학습을 통한 합리적 의사결정으로 게임에서 승리하라는 매혹적인 조언은 허상에 불과하다. 주식시장의 교훈처럼 시장에서 가난한 아빠는 부자를 이길 수 없다. 소유자 사회와 같은 낭만적인 유토피아는 이러한 불안정한 일상에서 벗어날 수 있게 해 주지 못한다. 이러한 유토피아는 극히 소수에게만 자신의 소유물을 향유할 수 있는 진짜 기회를 줄 뿐이다.

정부나 미디어는 유동성의 위기가 이제 끝났다고 선언한다. 곧 경기가 회복되고 실업자 수도 줄어들 거라고 전망한다. 하지만 불확실성은 일시적인 증상이 아니라 금융화된 일상의 본질이다. 월스트리트와 상하이의 주가 하락이나 채권 시장의 아주 작은 변동만으로도 세계시장 전체는 언제든 요동칠 수 있으며 그에 따라 우리의 일상도 언제든 비상 상황에 빠질 수 있다. 그리고 우리가 학습해야 할 위기 관리학은 좀 더 복잡한 이론들로 가득 채워질 것이며 '위기 이후의 투자 전략 세미나'를 알리는 더 많은 초대장을 받게 될 것이다. 특히 자본시장 통합으로 더 많은 파생 상품이 난무하게 될 현 상황에서 우리의 일상이 인지되지 않은 위험으로 채워지는 것은 불가피하다. 이러한 가정은 1998년 금융 위기가 초래한 파장의 심각성을 고려할 때 간단히 취급될 수 없는 문제다. 프랑수아 셰네François Chesnais가 말한 것처럼 "변화의 불가피성에 대한 무비판적 수용과 시장의 전제에 대한 자발적 복종에 의도적으로 호소하는 것은 역사에 대한 망각을 배가시키는 것이다(Chesnais, 1996: 338)."

# 2장 참고 문헌

가라타니 고진, 송태욱 역, 『트랜스크리틱』, 한길사, 2005.

김의동, 「한국 경제의 금융화 추세와 함의: 1987년 이후 추세를 중심으로」, 『經濟硏究』, 제22권, 제3호, 2004.9. pp. 29~60.

김종철 「영국의 공공 임대주택 정책과 법제」, 『토지공법연구』 제14집, 2001.

〈노무라종합연구소〉, 『노무라 보고서: 2010 금융』, 매일경제신문사, 2007.

도미니크 레비 · 제라드 뒤메닐, 이강국 외 역, 『자본의 반격: 신자유주의 혁명의 기원』, 필맥, 2006(Lévy, Dominique & Duménil, Gérard, Crise et sortie de crise: Ordre et désordes néolibéraux, Presses Universitaires de France, 2000.).

리처드 세넷, 조용 역, 『신자유주의와 인간성의 파괴』, 문예출판사, 2001(Sennett, Richard, The Corrosion of Character, W. W. Norton & Company, 1998.).

박경철, 『시골 의사의 주식 투자란 무엇인가 1』, 리더스북, 2008.

방영민, 『금융: 금융시장 · 금융기관 · 금융정책 · 금융감독』, 법문사, 2006

이종태, 구본우, 채지윤 「'지나간 옛사랑의 그림자' 좇는 재벌 주도 금융화」, 『노동사회』, 2008년 12월.

프랑수아 셰네, 서익진 역, 『금융의 세계화』, 한울, 2002(Chesnais, François, La mondialisation financière, Syros, 1996.).

〈한국금융연구원〉, 「국제 금융 이슈: 미국 금융 기관들, 청소년 고객 유치를 위한 경쟁 심화」, 『주간 금융브리프』, 2006.

Ackerman Bruce & Alstott Anne, The Stakeholder Society, Yale Uinversity press, 1999.

Klein, Naomi, The Shock Doctrine: The Rise of Disaster Capitalism, New York: Metropolitan Books, 2007.

Lefebvre, Henri, Everyday Life in the Modern World, translated by Sacha Rabinovitch, Harmondsworth: Allen Lane, 1971.

_____, Critique of everyday life, v. 1, introduction, translated by John Moore, London : Verso, 1991.

Martin, R., Financialization of Daily Life, Philadelphia: Temple University, 2002.

O'connor, James, The Meaning of Crisis: a theoretical introduction, Blackwell Pub., 1987.

Partnoy, Frank, Infectious greed: how deceit and risk corrupted the financial markets, New York: Henry Holt & Company, 2003.

『매일경제신문』 http://www.mk.co.kr
『중앙일보』 http://www.joins.com

3장

# 국경을 넘는 노동자들과 이주 통행세

김현미

"전 세계적으로 이주자의 유입을 제한하는 정책이 확산됨에도 불구하고 왜 '미등록' 이주자의 수
는 급증하는 것일까? 신자유주의 이주 정책은 낮은 임금과 열악한 노동 조건하에서도 '불법'이나
'미등록'이라는 지위 때문에 노동권을 주장할 수 없는 이주자들을 '만들어 내고' 관리함으로써
글로벌 노동 유연화를 이뤄내는 폭력적인 시스템이다. 수많은 이주자들은 합법과 비합법이라는
애매한 경계를 끊임없이 오가며 빕직으로 '예외직인' 존새로 살아가고 있나. 이들이 시불해야 할
이주 통행세는 점점 높아지고 있다."

\* 주제어: 노동의 유연화, 미등록 이주자, 메틱metics, 불법 이주자, 이주, 이주 관리, 이주 산업

## 1. 이주의 시대에 급증하는 '불법' 이주자

화재로 의식을 잃었던 부상자들은 병원에서 의식을 회복하자마자 수갑을 채워 누워 있는 침대의 난간에 묶였다. 화재 참사로 죽은 시체를 부검할 때는 유가족의 동의는 커녕 통지조차 하지 않았다

―〈여수 외국인 보호소〉 화재 참사 공대위, 2007. 3. 7(조주현, 2007에서 재인용).

2007년 2월 11일 〈여수 외국인 보호소〉 화재 사건으로, 수감 중이던 이주자 10명이 사망하고 17명이 부상을 당했다. 당시 불에 그을리고 연기에 질식된 이주자들의 살려 달라는 절규에도 출입국 직원은 끝내 철창문을 열지 않아 이들의 죽음을 방관했다. 위의 인용문에서 드러난 것처럼 한국의 '미등록 이주자'들은 국가 폭력의 희생자면서 죽음을 애도할 시간조차 부여받지 못한 존재들이다. 이후 일어난 경기도 이천 지하 냉동 창고 화재나 논현동 고시촌 방화 및 살인 사건을 통해 우리는 한국 사회의 가장 열악한 노동 현장에서 일하지만 여전히 애도받지 못하는 이주자들의 죽음을 목격하고 있다. 이런 현상을 어떻게 바라봐야 할까? 본 장에서는 신자유주의

시대의 글로벌 노동 유연화라는 경제적 요구와 반인권적 이주자 통제 정책의 연관성을 통해 이주자의 인권 문제를 살펴보기로 한다.

신자유주의는 국가나 사회적 관계에서 자유로운 기업과 개인을 성장의 원동력으로 찬미한다. 그에 따라 국민국가주의의 전통적 속박에서 벗어나 더 나은 경제적 기회를 찾아 이주하는 사람들도 급증하고 있다. 케슬과 밀러는 1970년대 후반부터 현재까지 이주자 수가 폭발적으로 증가하는 상황을 가리켜 '이주의 시대Age of Migration'라 부른다(Castles and Miller, 1998(2003)). 2005년 UNDP는 등록된 이주자 수가 1억 9천1백만 명에 이르는 것으로 보고하고 있다. 미국, 프랑스, 독일 등 전통적인 이민 국가였던 나라들이 이주자 유입을 막으려고 규제를 강화하고 있지만, 이주자 수는 계속해서 급증하고 있다. 제1세계뿐만 아니라 한국과 같은 아시아 신흥 부국이 이주자의 '유입 국가'가 되면서 글로벌 이주의 규모와 양상은 더욱 복잡해졌다.

그렇다면 신자유주의 경제 질서와 이주는 어떤 관련이 있을까? 1970년대 신자유주의적 글로벌 경제의 태동 이후 각국은 더욱 더 엄격하게 이주를 제한, 관리하고 있다. 각국 정부는 무역과 재정의 이동은 막으려 하지 않으나 사람의 이동은 강경한 조치를 취해 막고 있다(피터 스타커, 2003). '합리적인 의사 결정이 가능한 자유로운 개인'을 옹호하는 신자유주의 질서에서 국경을 넘는 이주자들은 왜 가혹한 처벌을 받는 것일까? 실제로 제1차 세계대전 전인 1914년까지 사람들은 여권 없이 자유롭게 다른 나라로 이주했다. 2차 세계대전 이후 1960년대까지 유럽과 미국은 자국의 부족한 노동력을 메우기 위해 대규모로 이주자들을 받아들였다. 이주자들은 일정 기간이 지나면 가족을 데려와 영주권이나 시민권을 얻어 정착할 수 있었다. 하지만 1970년대 중반 이후 독일을 포함한 몇몇 국가들이 방문 노동자 guest worker 제도를 폐지함으로써 사실상 이주의 문을 닫았다. 미국은 1996년 "수정 이민법"을 통과시키면서 군대를 동원해 국경을 건너오는 외국인들에 대한 무차별 공격을 서슴지 않고 있다. 최근에는 멕시코 국경 지대에서 미 국경 수비대가 쏜 총에 맞아 열네 살 밖에 되지 않은 아이가 숨진 사건도 있었다(『한겨레신문』, 2010. 6. 9). 또한 정치적 탄압이나 경제적 빈곤을 피해 장기간의 항해 후 미국 해안에 정박한 난민들을 본국으로 송환하기도 한다. 이들을 돌려보낼 경우 본국에서 심한 정치적 탄압을 받게 될 것이 뻔하지만, 이주자의 인권은 더 이상 관심사가 아니다. 최근 20년간 모든 OECD 국가들은 이주를 제한하고, 이주자의 자국 내 영구 정착을 금지하는 등 엄격한 이주 정책을 취하고 있다.

흥미로운 점은 각국의 이주 관리가 점점 더 엄격해짐에도 이주자의 수는 여전히 급증하고 있다는 점이다. 이것은 신자유주의 글로벌 경제와 이주 사이의 특수한 관계를 통해서만 이해할 수 있다. 드레커Sabine Dreher는 『신자유주의와 이주Neoliberalism and Migration』(2007)라는 저서에서 신자유주의적 정부들이 엄격한 이주 정책을 통해 어떻게 자본을 축적해 가는지를 잘 보여 준다. 이 장에서는 신자유주의 글로벌 경제와 이주의 관련성을 세 가지 측면에서 분석한다. 첫 번째로 신자유주의와 이주의 문제를 연구한 드레커의 논의를 바탕으로 신자유주의 주창자들이나 초국적 기구들이 이주 문제를 어떻게 바라보며 새로운 이주 정책을 만들어 가는지를 살펴본다. 두 번째로 소위 '불법' '미등록' 이주자가 양산되는 이유를 분석한다. 신자유주의는 노동의 유연화를 통해 이윤을 축적하는 체제이며, 이주는 전 지구적 차원의 노동 유연화 과정이다. 이주는 국가 간 인력의 재배치를 통해 싼 임금을 유지해 나간다. 이런 점에서 이주는 개인의 선택이 아니라 노동의 전 지구적 배열 과정이며 결과물이라고 할 수 있다. 엄격한 이주 관리를 통해 오히려 미등록 이주자를 양산하는 현재의 이주 체제는 이주 자를 한 명의 인간이 아닌 노동 유연화를 위한 '상품'으로 취급하고 있다. 이러한 '반인권적 이주 체제'가 신자유주의적 자본축적을 가능하게 하는 것이다. 세 번째 논의에서는 신종 '돈벌이' 사업으로 등장하는 이주 산업 에 대해 살펴본다. 미국이나 〈유럽연합〉의 정부나 지방 정부는 불법 이주 자나 난민을 추방하기 위해 이주자 수용소를 건설하고 확장하는 과정에서 막대한 이익을 얻는다. 또한 전 세계적으로 이주자를 합법, 또는 불법으로 이동시키면서 영리를 얻는 이주 중개업의 규모는 기하급수적으로 커지고 있다. 돈벌이로서 이주 산업의 팽창은 신자유주의에서 엄격해진 반反이주 정책의 결과로 설명될 수 있다. 결국 이주자들이 지불해야 할 '통행세'만 늘고 있다.

마지막으로 이명박 정부 들어 더욱 늘어난 미등록 이주자의 감금·추방 현황을 살펴봄으로써 한국 이주 노동자 정책의 허와 실을 살펴본다. 네팔인 '미누' 씨 추방 사건으로 첨예화된 미등록 이주자에 대한 철저한 배제와 격 리는 경제 목적을 위해 타자를 '사용'하지만, 그들에게 정당한 사회 구성원 으로 설 수 있는 장소를 허용하지 않는 한국 사회의 인종주의를 보여 준다.

## 2. 신자유주의 이론가들의 이주 철학

1970년대까지 이주를 설명하는 신고전주의 이론은 개인이 이주를 결정 하는 것은 '배출-유입push-pull' 요인의 결과라고 보았다. 즉 실업과 영속적인 가난 등 개인이 처한 경제 상태에서 벗어나 좀 더 좋은 기회를 얻기 위해 이주를 결심한다는 설명이다. 이 같은 관점을 벗어나 이주를 구조적 문제로 보기 시작한 것은 1970년대 중후반에 등장한 마르크스 정치경제학에서였다. 이 이론은 국가 간 불균등한 정치경제적 권력 분배에 주목하며 이주를 야기하는 구조적인 요인을 강조했다. 전 지구적 자본주의 체제가 심화될수록 국가 간의 경제적 · 정치적 불평등 역시 심화된다. 선진 자본주의 국가는 1970년대 오일 쇼크 등으로 발생한 '축적의 위기'를 해결하고자 더 값이 싸고 처분 가능한 산업예비군을 필요로 한다. 따라서 이들 국가는 자본의 지속적인 축적을 위해 '고갈되지 않은' 값싼 외국인 인력을 필요로 하며, 그를 위해 이주 정책을 통해 인력의 수요와 공급을 조절한다는 것이다. 마르크스 경제학 역시 이주를 개인의 선택이라기보다는 국가 간 세력 불균형 또는 국가 내부 계급 불평등의 결과로 본다(Kofman et al., 2000).

이런 설명은 분명 유효하지만 그럼에도 이주를 결정하는 정치적 · 문화적 요인을 간과하고 있다. 이주자는 단순한 노동력이 아니라 '인간'이다. 또한 각국은 주권, 또는 혈연 중심의 시민권을 기반으로 한 강력한 '국민국가주의' 신화를 가지고 있다. 이 때문에 싼 노동력을 확보하려는 자본가들의 경제적 이유만으로 외국인을 무제한 받아들일 수는 없다. 따라서 이주 문제는 경제적 차원뿐만 아니라 정치적이고 문화적인 차원도 갖는다. "우리는 '노동자'를 원했지만 '인간'이 왔다"라는 맥스 프리쉬Max Frish의 유명한 말처럼 이주 문제는 경제적인 차원을 넘어선 인권, 시민권, 주권을 포함한 복잡한 사안이다(Hollifield, 2000).

속박되지 않은 시장의 자유를 주창하는 신자유주의 이론가들은 이주의 문제를 어떻게 해석했을까? 흥미로운 것은 이들은 이주 문제를 애써 외면해 왔고, 글로벌 이주를 조정할 국제적인 기구나 조직의 형성에 대해서도 큰 관심을 보이지 않았다는 점이다. 〈세계무역기구(WTO)〉, 〈국제통화기금(IMF)〉, 〈경제협력개발기구(OECD)〉, 자유무역협정(FTA)처럼 신자유주의 시대에 국제무역이나 재정 등의 흐름을 관장하는 거대한 기구나 제도가 나타났음에도 이주를 관장하는 초국적 기구나 협약은 없다. 아래에서는 마르크스주의 관점과 신자유주의 경제를 연결시킨 드레커의 논의를 바탕으로 신자유주의 주창자들과 초국적 기구들이 이주의 문제를 어떻게 보고 있는지를 간략히 정리해 본다.

1) 신자유주의 이론가들의 '반이주' 철학

신자유주의 옹호자인 프리드먼Milton Friedman이 역설한 '경쟁적 자본주의'에서 개인의 경제 자유는 정치적 자유를 획득하기 위해 필수 불가결한 조건으로 여겨진다. 신자유주의 논리에 따르면 다른 나라로 이주하는 개인도 더 좋은 직업과 기회를 위해 이주 결정을 내리는 사람들이기 때문에 자신의 경제적 이해를 제약이나 방해 없이 관철할 수 있어야 한다. 그러므로 이주를 규제하는 국가법은 이동하고자 하는 개인의 자유를 방해하고, 이들을 자유롭게 고용하고 싶어하는 기업가의 자유를 침해하는 행위다.

흥미로운 것은, 드레커가 지적하듯이 신자유주의 경제 질서를 이론화했던 하이에크, 프리드먼과 시카고학파뿐만 아니라 그들의 이론을 받아들였던 초국적 조직인 〈삼자위원회Trilateral Commission〉와 〈경제협력개발기구(이하 OECD)〉 모두가 이주 문제에 대해서는 별로 언급하고 있지 않다는 사실이다. 1980년에 출판된『선택할 권리*Free to Choose*』에서 프리드먼은 이주에 대해 아주 간단히 언급하고는 있지만, 이 또한 모순적인 내용을 담고 있다. 프리드먼은 19세기 미국에서 자유로운 이민이 가능했던 상황을 '정부의 간섭이 적었던' 좋은 사례로 들고 있다. 또한 이를 통해 이주자와 수용국 모두가 이익을 얻었다고 말한다. 그러나 프리드먼은 국가 방위를 위해서, 또한 "평등의 개념은 국경 안팎에서 똑같이 적용될 수 없다"는 논리로 이주 규제를 옹호한다. 모든 영역에서 국가의 간섭이나 규제를 제거해야 한다고 주장했던 프리드먼이 이주 문제에서만은 '예외'를 인정한 것이다. 프리드먼은『선택할 권리』에 대한 대중 토론회에서 자유로운 이주를 허락하면 부유한 국가들의 상당한 경제적 수입이 이주자들과 이주자들의 본국으로 이전되기 때문에, 국가 간의 일인당 평균 소득이 급격히 평준화된다는 이유로 이주가 '바람직하지 않다'는 주장을 한다.

하이에크는 자신의 주요 저작인『노예의 길』(1944)과『자유의 권리*The Constitution of Liberty*』(1960)에서 이주 문제를 전혀 언급하지 않았다. 그러나 하이에크는 영국 대처 수상의 엄격한 이주 제한 정책을 지지했다. 신자유주의를 옹호하는 주류 학자들 모두 개인의 자유와 선택에 대한 신념에도 이주 자유를 제한해야 한다는 믿음을 강하게 견지하고 있다. 결국 신자유주의 학자들 또한 제1세계 출신으로 국민국가적 정체성이 강하고 외국인에 대한 편견을 가진 경제 엘리트의 모습을 보여 주고 있다. 이들은 시장에서 개인이 갖는 선택의 자유가 '보편적으로 적용'되어야 한다고 보지 않는다. 단지 사유재산을 가진 자본가와 부유한 제1세계의 이해를 확장하는 한에서만 '자유'를 옹호하고 있는 것이다. 주도석인 신자유주의 이론가들은 자유로운 이주보다는 고학력의 높은 기술 수준을 지닌 '가치 있는' 이주자를 제한적으로 받아들일 때 가장 큰 경제적 이익을 얻을 수 있다는 결론에 도달한다. 각 정부는 이러한 신자유주의 학자들의 이주에 대한 입장을 '공식적인' 입장으로 채택했다. 그러나 현실 세계에서 제1세계 정부는 미등록 이주자의 입국을 점점 더 많이 '눈감아 주면서' 노동시장 유연화를 만들어냈고, 이를 통해 자본축적 위기를 해결해 갔다.

2) 초국적 기구들의 이주 정책

공산주의와 대치하는 경제 요새 역할을 강조하며 1961년에 탄생한 OECD 또한 이주 자유화에는 관심이 없다. OECD는 동구권 사회주의 붕괴 이후 조직 목표를 새롭게 설정했다. 더 이상 공산주의와 대치할 이유가 없어진 OECD 의장은 "우리는 돈을 빌려 주지 않는다. 우리는 군대를 조직하지 않는다. 그러나 우리는 누구도 할 수 없는 역할을 한다. 그 역할이란 바로 '생각하는 것이다'(Barry, 1999)."라는 선언을 한다. 1998년의 보고서에서 OECD는 "신자유주의 논쟁은 아이디어에 관한 논쟁이다"라고 선언한 후, 시장 자유화가 왜, 그리고 어떻게 많은 사회경제적 문제에 대한 해답이 될 수 있는지를 회원국들에게 설득시키는 것이 OECD의 역할이라고 규정했다. OECD의 주요 임무는 자유무역과 투자를 촉진하여 글로벌라이제이션을 증진시키는 것이다. OECD는 규칙과 규정을 통해 국제적 동의 체제를 구축해 나가면서 적극적으로 글로벌 거버넌스의 기초를 다지고 있다.

1970년대 중반 이후 현재까지 OECD는 이주자의 유입을 규제하는 정책을 지지해 왔다. 실제로 1950년대와 1960년대 OECD는 브레턴우즈 협약의 일환으로 노동시장의 공급 부족을 완화하기 위해 이주 노동을 권장해 왔다. 이주를 '경제' 정책의 하나로 제안한 것이다. 이를 토대로 OECD 국가들은 상당히 개방된 이주민 정책을 추구해 왔다. 그런데 1970년대 중후반 이후 큰 변화를 맞게 된다. 1977년에 발행된 맥크래컨 보고서[*]는 이주가 노동 유연화를 증가시키는 데 큰 도움이 되지 않기 때문에 이주민 유입을 제한해야 한다고 주장한다. 대신 노동 유연화를 위해서는 자국의 노동조합을 공격하는 편이 바람직하다고 권고하기도 한다. 1978년의 OECD 킨들버거 보고서[**]는 이주가 값싼 임금의 무제한적 노동력을 공급해 준다는 점, 이주자들의 송금이 제3세계 자본 집약적 발전을 위한 외국환 자원으로 사용될 수 있다는 점을 들어 이주에 긍정적인 평가를 내리기도 했다. 그러나 이 보고서는 이주가 단순한 생산요소의 이동이 아닌 '사람들'의 이동이며, 시간이 지남에 따라 파생적인 문제들을 만들어 낸다는 점을 동시에 지적하고 있다. 이주자들의 유입은 사회적 긴장을 야기하고, 이들의 사회 통합에는 비용이 들어가기 때문에 이주를 제한하는 것이 자국 보호 조치가 될 수 있다고 설명한다. 유상 대여 등을 통해 개발도상국에 '직접 투자'를 늘려 일자리를 제공하는 것이 이주자를 받아들이는 것보다 경제적으로 유리하다는 입장인 것이다. 이후 보고서들은 이주를 경제정책의 하나로 활용해야 한다는 이전의 OECD 권고와는 상반된 제안을 하게 된다.

1980년대와 1990년대 이주와 관련한 OECD의 보고서들은 이주 제한 정

---

[*] 미국의 경제학자이며 미시건대학 교수인 폴 맥크래컨Paul McCracken과 그의 동료들에 의해 쓰여진 보고서로, 원제는 『완전 고용과 물가 안정을 위해*Towards full employment and price stability*』다.
[**] 미국의 경제사학자이며 MIT 교수를 지낸 찰스 킨들버거Charles Kindleberger를 중심으로 만들어진 보고서로 원제는 『이주, 성장, 그리고 발전*Migration, Growth and Development*』이다.

책을 옹호한다. 그러나 이런 입장이 이주 노동력의 사용을 전면적으로 반대한 것은 아니다. 오히려 신자유주의적 개혁을 이루기 위해서는 노동 시장을 유연화하는 것이 중요하다고 강조한다. OECD는 이주자를 제한하면서 동시에 노동 유연화를 위해 '특정한 범주의' 이주자를 선발해야 한다는 입장을 취한다. OECD는 노동과 시장을 다양화하고, 이주자를 위해 일자리를 알선하고 배치하는 것은 낡은 방식이라 선언하면서 정부 프로그램에 의존하는 사람들을 줄여가는 '능동적인 사회active society'로의 정책적 선회를 강조한다. 능동적 사회라는 말이 가진 긍정적인 의미에도 이 선언은 그간 이주 정책의 주요 패러다임이었던 경제 패러다임과 인권 패러다임에서 벗어나 신자유주의적 패러다임으로 전환을 선언하는 것이었다. 1990년대 OECD의 입장은 『이주의 동향*Trends in International Migration*』이라는 보고서[*]를 통해 잘 드러난다. 이 보고서는 "영구 이민자들에게 들어가는 복지와 통합을 위한 비용을 쓰지 않기 위해서는 단기 이주 노동자가 유리하다"는 점을 강조한다. 즉 이주자들이 가져다주는 단기 이익보다 그들과 그 자녀들이 야기하는 다문화 사회의 사회적 비용이 높기 때문에 난민이나 정착형 이주자는 엄격히 제한하고 단기 이주 노동자는 받아들여 사회 비용을 들이지 않고 '노동 시장을 유연화' 하는 방향을 택하라고 충고한다.

OECD가 정의하는 단기 이주 노동자들은 정해진 기간 동안 노동 계약을 통해 입국하는 사람들로, 가족을 데리고 올 수 없으며 계약이 끝난 이후에는 본국으로 돌아가야 한다. 이후 다른 영역에서 일자리를 구하는 것은 금지된다. 이 보고서는 이와 같은 단기 이주 노동자의 예로 연수생, 계

---

[*] SOPEMI, SOPEMI는 OECD의 이주 정책에 대한 연도별 보고서를 발행하는 네덜란드의 기관에서 발간했다.

약 노동자, 워킹홀리데이 학생, 전문직 기술자, 계절 노동자, 엔터테이너, 스포츠 관련자, 교사, 연구자 등을 들고 있다. 이들은 외국에 나가 최저 임금 이하로 일을 해도 이런 한시적 이주를 자신의 미래에 도움이 되는 경험이었다거나, 신기술을 얻었다거나, 최소한 '외국' 경험을 한 것으로 받아들이며 '능동적으로' 유연화된 노동을 택하기 때문이다. OECD가 선호하는 외국인 노동자는 이처럼 젊고 경제활동이 활발한 부류다. 노령화와 연금 위기를 경험한 OECD 국가들은 이주자들이 정착해서 또 다른 노령 인구층이 되어 부담을 주는 것을 피하는 이주 정책을 선호하게 된다. 때문에 정착형 이민자보다는 단기 계약을 맺고 오는 젊은 이주자를 지속적으로 받아들이게 되는 것이다. 그러나 OECD가 선호하는 젊은 단기 이주자들은 동시에 미등록 이주자가 될 가능성이 높은 집단이기도 하기 때문에 좀 더 엄격한 국경 통제와 심사를 통해 합법적/불법적 이주자를 가려내야 한다고 강조한다. 그 일환으로 난민에 대한 엄격한 통제를 제안한다.

전반적으로 OECD는 글로벌 경제에 적극적으로 개입하지만 이주 문제에 대해서는 규칙이나 협약조차 만들어 내지 않고 있다. 증가하는 미등록 이주자나 단기 노동자에 대한 공식적인 정책 제안조차 없다는 것을 볼 때 OECD의 글로벌라이제이션 패러다임은 자본의 이동과 자본가의 권리는 옹호하지만, 이와 관계를 맺는 '살아 있는 사람들'의 삶의 질에 대해서는 책임을 지지 않는 경제 질서다. OECD 보고서는 "저임금 국가로부터의 이수와 무역은 OECD 국가의 노동시장에 미미한 영향력을 발휘할 뿐이다"라는 말로 이주자의 경제적 기여를 애써 간과하고 오히려 현재의 이주 규제 정책의 필요성을 역설한다. OECD는 이주사 송출국이 자유무역을 확대하고 직접 투자를 적극적으로 받아들이게 되면 이주 배출 요인이 줄어들게 된다고 주장한다. 외국 자본의 직접 투자야말로 이주자 유입에 대처할 수 있는 유일한 길이며, 이를 실행하기 위해서 송출국인 개발도상국은 적극적인 구조 조정을 해야 한다는 점을 강조한다. 즉, 개발도상국에게 좋은 경제적 통치를 제도화하고 외국인 투자자들을 위한 공간을 만들어 낼 것을 권고하고 있는 것이다. 이렇듯 지난 20년간 이주를 엄격히 제한하는 OECD의 정책은 신자유주의적 글로벌라이제이션을 촉진하기 위한 구실로 이주 문제를 다루고 있다고 볼 수 있다.

다국적기업(생산, 재정, 통신 분야), 정부 관리와 학자들로 구성된 초국적 단체 중 하나인 〈삼자위원회〉는 이주를 '정치적' 사안으로 다뤄야 한다고 주장한다. 이 단체는 브레턴우즈 협약의 위기가 전쟁 이후 형성된 국제화의 분위기를 깨뜨리지 않도록 하기 위해 설립되었다. 〈삼자위원회〉가 글로벌 이주의 문제를 본격적으로 다루기 시작한 것은 동구권의 붕괴와 냉전의 종식 이후였다. 1990년대 이후 동유럽에서 '원치 않는' 이주자들이 서유럽 여러 나라와 미국으로 유입되면서 이주자 문제는 '위기'로 등장하기 시작했다. 1993년 개최된 〈삼자위원회〉 회의에서 발표된 44번 문서인 「새 시대 국제 이주의 도전들」에 이들의 입장이 잘 드러나 있다. 이 보고서는 유럽의 경우 동유럽 출신 이주자들이 급증하면서 반이주자 정서가 확산되고 있고, 이주 문제는 '경제 문제'가 아닌 정치적으로 민감한 사안이 되고 있다고 분석했다. 그리고 이주 문제에 대처하기 위한 유럽식 정책 모델의 필요성을 강조하면서 물샐틈없는 방어벽으로 구성된 '유럽의 요새화'가 그 해답이 될 수 있다고 했다. 이 보고서는 이주 물결에 대한 현재의 접근 방식은 매우 편협하기 때문에 전통적인 관리 방식이나 인도주의적 조치 등에서 벗어나 '이주 관리'를 국가의 경제와 안보 분야의 정책 목표로 설정할 것을 강력히 권고했다. 이 보고서는 또한 반反난민anti-refugee 제도의 도입을 위한 국가 개입을 강조하고 있는데, 이는 난민을 받아들이고 정착시켜야 한다는 제네바 난민 협약에 위배되는 내용이다.

신자유주의를 주도하는 학자나 초국적 기구 모두 이주자들에게 국경을 봉쇄해야 한다고 말한다. 역설적이게도 반反이주anti-migration 정책은 노동을 유연화하려는 경제적 이해관계를 반영하고 있다. 다음에서는 반이주 정책이 어떻게 미등록 이주자를 만들어 내면서 노동 유연화를 이루는지 논의한다.

## 3. '불법' 이주자 만들기와 노동시장 유연화

신자유주의 글로벌라이제이션에서 OECD 회원국들은 국경을 강화하고 이주를 제한하는 방향으로 나가고 있다. 이러한 정책 변화에도 이주자의 수가 줄거나 이주 통제가 잘 이루어지지는 않았다. 각국은 기술이나 지식 수준이 높은 '고급 인력'을 선택적으로 불러들여 자국의 신자유주의적 구조 조정을 이뤄 내려 했다. 이런 공식적인 입장과는 달리 노동집약형 저임금 분야에서 이주자의 유입이 급증하는 현상은 흥미롭다. 신자유주의의 경쟁적인 시장 체제에서 고용주들에게는 더 낮은 임금과 열악한 노동 조건을 수용할 수 있는 '유연한' 노동력이 필요했다. 따라서 역설적이게도 제한적인 이주 정책은 '불법'이나 미등록이라는 지위 때문에 노동권을 주장할 수 없는 미등록 이주자들을 양산하고 있다. 미등록 이주자들이 늘어날수록 노동 유연화는 순조롭세 진행된다. 노동 유연화는 노동자들 사이의 위계 구조를 확산하고 일차적인 정규직 노동을 2,3차 영역의 비정규, 임시 노동으로 변형시킴으로써 확보될 수 있다. 미등록 이주자들은 합법적인 방식으로 유입되거나 체류하는 것이 아니기 때문에 언제든지 추방될 수 있고, 동시에 열악한 노동조건과 낮은 임금을 수용하면서 복지나 통합을 위한 비용을 지불하지 않아도 된다는 점에서 '효율적인' 노동력이다.

특히 미국은 미등록 이주자들의 대규모 유입을 통해 신자유주의적 노동 유연화를 이뤄 낸 대표적인 사례로 유명하다. 베이커Dean Baker는 1990년대 미국이 인플레이션 없이 고속 성장을 할 수 있었던 가장 중요한 이유를 '노동 유연화'로 들면서, 대규모 미등록 이주자가 미국에서 노동의 유연화를 가능하게 한 중요한 행위자였다고 주장한다. 무디는 과거 20년간 미국에 유입된 이주 노동자의 성격과 수는 미국 사회의 구조 조정과 인력 충원에 대한 요구에 따라 변화해 왔다는 점을 지적한다. 미국은 1986년에 제정된 "이민 통제에 대한 개혁 법안(ICRA)"에 근거해 입국 등록된 노동자들을 분할했는데, 한편으로는 불법 이주자들을 '특별 사면'해 주고, 다른 한편으로는 밀입국 노동자를 고용한 사업주들에게 벌금을 부과했다. 이 법안은 신축적으로 이민 인력을 조정하는 데 목적을 두고 있지만, 이민 노동자들에 대한 미국 내 인종주의적 혐오를 낳았다(무디, 1999: 231~294). 미등록 이주자들은 '바닥을 치는 경쟁'에 가장 적합한 노동력이다. 무디가 지적한 것처럼 대규모로 현금 작물을 재배하는 미국의 농업 회사들은 지역 내 멕시코인들과 등록된 멕시코계 이민자 대신 멕시코계 미등록 이민 노동자를 적극 찾아 나섰다. 그들이 더 고분고분하고 임금이 싸다는 믿음 때문이었다. 마찬가지로 의류와 액세서리 분야(옷, 신발, 벨트, 지갑, 여행용 가방, 장갑, 스카프, 넥타이, 면직과 같은 가정용품 등)는 미등록 이주자의 고용이 가장 높은 분야기 때문에 구조 조정 속에서도 살아남을 수 있었다. 유행의 변화가 빠른 의류 분야는 소비자와 가까운 곳에 제조 공장을 두는 것이 유리하기 때문에 미국 내 중소 업체들은 해외로 생산 기지를 이전하기보다는 이주자를 고용하는 편을 택했다. 미국 의류 업체들의 연합인 AAMA는 WTO가 규정한 환경과 노동 기준을 받아들이지 않았다. 현재 이 분야에 고용된 미국 내 이주 노동자들은 임금 면에서 제3세계 동일 분야에 고용된 노동자들과 비교해 '경쟁력'을 갖출 수 있을 정도의 싼 임금으로 일하고 있다.

마틴(Martin, 1996)은 멕시코 출신의 미등록 이주자가 미국 내에 급증하는 것은 미국 정부의 '호의적인 방관'이라는 공식 정책의 결과라고 주장한다. 엄격한 국경 통제와 반이주 정책에도 미국 정부는 미등록 이주자의 유입을 암묵적으로 받아들여 왔는데, 이는 싼 임금으로 노동자를 고용해 경쟁력을 높이려는 미국 고용주들의 요구를 수용했기 때문이다. 미등록 이주 노동자들이 일단 미국에 유입되면 정부가 이들을 효과적으로 관리할 수 없기 때문에 이들의 이후 삶은 전적으로 고용주들의 '호의'나 '적의'에 의존할 수밖에 없다. 1990년대 중반, 미등록 이주자의 수는 4백만 명에서 5백만 명으로 추정되고 이 숫자는 미국 역사상 가장 많은 수다. 데이비드 하비(1994)는 1980년대 중반 이후 서구나 아시아의 경제 부국 내부에도 초기 산업화 형태의 열악한 영세 사업장sweatshop이 확산되는 현상이 제3세계에서 유입된 많은 미등록 이주 노동자들을 고용한 결과라고 주장한다. 이제는 자본이 국경을 넘어 이동할 필요도 없이 '자국 내에서' 하청을 통해 섬유, 의류, 장난감 등을 싼값에 만들어 내는 것이다. 미국은 공식적으로는 엄격한 이주 제한 정책을 표명하지만 암묵적으로는 미등록 이주 노동자의 유입을 허용하면서 이 두 정책 사이의 갭gap을 잘 관리한 덕분에 신자유주의적 개혁에 성공할 수 있었다. 미국의 신자유주의적 경제 개혁은 이주자의 인권과 노동권에 대한 인식을 과거 수준으로 낙후시키면서 노동 유연화를 이뤄 낼 수 있었다. 1990년대 미등록 이주자가 급증하면서 미국 정부는 '사회적 불안'과 '노동력 조절'이란 이름으로 더 엄격해진 "수정 이민법"을 시행했다. 이민자와 이주 노동자들은 수용국의 예측할 수 없는 이민 정책과 인종 차별주의의 부상으로 여전히 불안한 지위에서 살아가고 있으며, '불법 이민자'라는 낙인 때문에 노동권 문제를 제기할 수조차 없다.

## 4. 돈벌이 산업으로서의 이주 관리

코프만 등(Kofman. et. al, 2000)은 광범위한 이주를 이주자 개인의 자발적 선택이라는 낭만적 관점에 의거해서 해석할 수 없음을 강조한다. 이주 문제는 구조와 행위자를 연결하는 이주 체제migration regime, 이주 제도 migration regulations, 그리고 개별 이주자라는 세 가지 차원의 문제를 포괄하고 있기 때문이다. 이주 체제는 이주에 관여하는 국가의 법이나 제도의 속성, 송출국과 수용국의 관계, 이주자의 진입을 결정하는 조건과 거주와 고용에 관한 권리들을 규정하는 통치 체제다. 이주 체제는 이주자라는 범주를 구성하는 단일 국가, 또는 초국가적인 권력의 속성을 의미한다. 이주 제도는 이주를 가능하게 하는 공식적 국가기구와 중개업자, 비공식적 네트워크를 포함하는 일련의 제도들을 의미하고, 이 과정에서 경제적 이윤을 만들어 내는 이주 산업migration business의 규모가 결정된다. 최근 이주 산업의 규모는 기하급수적으로 확장되고 있다. 이주 산업은 이윤을 목적으로 사람을 이동시키는 데 관여하는 제도화된 네트워크 체제를 의미한다. 이주 업자들은 합법적 이주자와 미등록 이주자를 본국에서 다른 나라로, 제3국에서 유입국으로 다양한 루트를 통해 이주시키면서 이윤을 만들어 낸다. 이 산업은 모집책, 여행사, 이송 담당자, 법률 회사 등을 포함한 초국적 사업이다. 이주 사업체는 특정 이주자를 필요로 하는 회사에서 돈을 받고 '적절한' 이주자들을 구해 준다. 또한 유학을 오거나 학생 비자로 입국해 노동을 하고 싶어하는 사람들에게 수속을 대행하고 이주 중개료를 받아 많은 돈을 번다. 가장 고가로 이주 비용을 지불해야 하는 사람들은 비합법적인 방법으로 이주하고 싶어하는 사람들이다.

존 솔트와 제레미 스테인(John Salt & Jeremy Stein, 1997)은 글로벌 이주 산업의 수와 규모는 정확히 파악되지 않지만 이주 제한 정책이 심화될수록 이주 산업의 규모 역시 엄청나게 커진다는 사실을 지적한다. 결국 엄격한 이주 통제 정책은 이주를 통해 거대한 폭리를 취하는 중개인을 양산하고 있는 셈이다. 중개인들은 점차 조직적인 체계를 갖추기 시작했으며 갱스터 연합체를 구성하면서 국가권력에 도전하고 있다. 솔트와 스테인은 이런 조직이 일 년에 약 5천만 달러에서 6천만 달러의 수익을 올리고 있는데, 이것은 마약 밀매만큼 큰 규모라고 한다. 1991년의 예를 들면, 중국에서 미국으로 이주하는 이주자가 이들에게 내야 하는 돈은 약 3만 달러였다. 이주 업자들은 초국적 네트워크와 변호사, 자문단 등 전문가 그룹을 동원해 가면서 '어두운 산업'에서 벗어나 영향력 있는 '정상적 산업'으로 변신하고 있다. 공식적으로는 이주를 통제하는 정책을 펴지만, 비공식적으로는 값싼 이주 노동을 통해 신자유주의적 구조 개혁을 이뤄 내는 서구와 유럽, 아시아 국가들의 이주 통제 체제 덕분에 이주 산업은 글로벌 영리 산업으로 그 규모를 키워 가고 있는 것이다. 하지만 그 과정에서 인신

매매, 사기, 약취, 밀항 등의 방법이 동원됨으로써 이주자들의 인권은 심하게 훼손될 수밖에 없다.

이주 산업의 또 다른 전형적인 예는 이주 관리migration as a business다. 미국의 경우 이주자 간의 '차이'와 '위계'를 강화할수록 이주자들의 불안전한 신분을 활용해 돈벌이를 하는 산업들이 발전하고 있다. 주로 이주 브로커나 변호사들이 이런 돈벌이로 재미를 보지만 최근에는 주 정부가 이주자 수용 시설을 유치하여 지역 경제를 활성화하기도 한다. 다큐멘터리 〈버림받은 사람들Abandoned〉*은 미국에서 이민자들의 강제 수용 시설이 고부가가치 산업으로 변화하는 상황을 잘 보여 준다. 줄거리는 다음과 같다. 1996년 미국 의회는 오클라호마와 세계무역센터 폭발 사건에 대한 대응으로 "반테러리스트법"을 만들었다. 테러리스트가 미국에 입국하는 것을 차단한다는 목적으로 정치적 망명자나 난민들에 대한 엄격한 이민 관리가 시행되었다. 이주가 '정치적 문제'로 부상하면서 완전한 시민권, 또는 국적을 획득하지 못한 모든 미국 내 이주자들은 예측할 수 없는 추방 공포에 시달리게 되었다. 1994년 집권한 공화당은 높은 수준의 기술과 학력을 지닌 이민자를 받아들여야 한다는 주장 아래 기존의 이민자들에 대한 대대적인 추방을 기획한다. 공화당 위원들은 이민자가 미국 시민의 일자리를 빼앗고, 외국인 범죄 때문에 미국의 역량이 약화되고, 이민자가 우생학적으로 열등하다는 대대적인 언론 공세를 펴면서 외국인 혐오증을 부추긴다. 이런 상황에서 1996년 "수정 이민법"이 통과되었다. 이 법은 과거 범죄

---

* 데이비드 벨David Belle 감독, A Growing Rooster Arts, Inc 제작. 이 작품은 2000년 인권 영화제에서 상영되었다.

를 저지른 경력이 있는 미국 영주권자를 포함한 이민자들을 체포, 수용하여 궁극적으로 추방할 수 있게 했다. 이미 처벌 받은 범죄에 대해서도 '소급 적용'이 가능하도록 한 이 법이 통과되자 수천 명의 미국 영주권자와 이민자들이 갑자기 체포되어 이민자 수용 시설에 감금된다. 다큐멘터리에 등장한 한 영주권자 남성은 과거 음주 운전에 세 번 걸렸기 때문에 추방 위기에 처해 있다. 독일에서 태어난 지 5일 만에 미국 시민에게 입양되어 두 살 때 미국에 온 메리엔은 1967년에서 1996년까지 미국에서 34년을 살았다. 메리엔은 1988년 스물두 살 되던 해 남자친구와 말다툼을 한 뒤 유죄판결을 받았고, 1년간 보호관찰의 집행유예를 경험했다. 시민권을 신청한 후 연락을 기다리던 메리엔에게 어느 날 "독일로 추방한다"는 편지가 발송되었다. 영주권자라 할지라도 과거에 범죄 경력이 있기 때문에 추방 대상이라는 것이다. 메리엔은 독일에 친척도 없고 살아 본 적이 없지만, 자신이 태어난 독일로 돌아가야 했다. 이런 어처구니없는 일들을 가능하게 한 것이 1996년 "수정 이민법"이다.

　이전의 법이 판사의 재량권을 허용한 반면 이 법안에서 판사는 재량권을 갖지 못하고 강제 추방만이 의무화된다. 따라서 과거 범죄 경력이 있는 영주권자들은 추방 명령이 내려질 때까지 이민자 수용 시설에 감금되어야 한다. 또한 이 법안은 망명 신청자들이나 정치적 난민에 대해서도 무기한의 구금과 수용을 가능하게 했다. 중국에서 셋째 아이를 출산해 국가가 부인을 불임시키자 미국으로 망명한 한 중국인 남성은 3년 10개월 동안이나 이민자 수용 시설에 갇혀 살았다. 수감된 이민자 수가 급증하자 주 정부에서는 교도소를 이민자 수용 시실로 전환하여 지역 경제를 활성화시키는 방안을 생각해 낸다. 그리하여 주 정부는 미국 〈이민국〉과의 긴밀한 협조

관계를 유지하면서 이민자 수용 시설을 자기 주에 유치하기 위해 노력한다. 실제로 〈이민국〉은 수용된 이민자당 하루 60달러를 지불하지만 전국의 교도소들이 실제 사용하는 비용은 38달러이므로 22달러의 차익이 발생한다. 각 주가 이익을 낼 수 있는 대상으로 이민자들을 보기 시작하면서 주 소유의 전국 감옥들이 이민자 수용 시설로 인가받기 위해 경쟁을 벌이게 되었다. 펜실베이니아의 요크 주 교도소는 〈이민국〉에 침대 7백 개를 대여해 주었고 2000년까지 520만 달러의 이익을 낼 것으로 기대했다. 또한 더 많은 이민자를 수용하기 위해 필름이 촬영되던 당시 건물을 증축하고 있었다. 인터뷰에 응한 한 시의원은 미국에 오랜 기간 살면서 영주권자가 된 사람들이나 망명 신청자를 감금해 돈을 버는 것이 과연 옳은 일인지 고민하지 말고, 이것을 단순히 지역 경제에 도움이 되는 '사업'으로 봐야 한다고 주장한다.

원래 이민자 수용 시설은 단기 체류자를 수용하는 시설이었지만 "수정이민법"이 통과된 이후 4, 5년 동안 수용자 시설에 감금된 상태로 모든 권리를 박탈당한 이민자가 급증했다. 영화 속의 한 이민자는 9년 45일간 감금돼 있기도 했다. 사람들은 기약 없이 장기간 수용소에 감금되는 것이 두려워 추방 명령에 서명하기도 한다. 어떤 사람들은 자신이 저지른 범죄의 처벌 기간보다 훨씬 더 오랜 기간 동안 수용소에 구금돼 있었고, 만 달러 내지 만 오천 달러의 변호사 비용을 낼 수 없는 가난한 이민자들은 무료 변호를 받을 수 있는 권리도 박탈당한 채 무기한 수용소에 감금되어 있었다. 이들은 수용소에서 그날그날 필요한 것을 자기 돈으로 구매해야 했다. 편지지부터 수신자 부담 전화, 아스피린이나 타이레놀 같은 약품, 속옷, 양말, 티셔츠까지 사야 했기 때문에 구금된 이민자들을 대상으로 한 감옥

산업은 주 정부의 '돈줄기'가 됐다. 이처럼 미국 주 정부는 지역 내 교도소를 이민자 수용 시설로 전환시키거나 〈이민국〉에 시설을 대여해 큰 수익을 올리고 있다. 이주의 전 과정에서 이주자들이 지불해야 할 생명과 돈이라는 '통행세'는 점점 증가하고 있다.

## 5. 한국의 이주 관리

한국의 이주 노동자 정책 또한 신자유주의의 경제 논리를 따라 운영되어 왔다. 한국 사회가 전형적인 산업사회에서 서비스 정보 산업으로 도약하며 경제 발전을 유지할 수 있었던 것은 소위 3D 업종의 '노동 공동화' 현상을 메운 이주 노동자 덕분이었다. 적절한 수의 미등록 이주자를 체류하게 하는 것 또한 임금을 싸게 유지하고 수요를 탄력적으로 조절하기 위한 필요성에서였다.

한국은 반反이민anti-immigration 국가다. 한국에 정착하거나 국적을 얻을 수 있는 유일한 이주자는 소위 '고급 인력'임을 입증한 외국인이나 한국 국적의 배우자와 결혼한 외국인들뿐이다. 대부분의 이주자들은 단기 이주 노동자로 정해진 기간 동안 노동 계약을 통해 입국한 후 계약이 끝나면 본국으로 돌아가야 한다. 계약 기간을 넘어 체류하거나 다른 영역에서 일자리를 구하는 것은 금지되고 이를 어길 경우 '불법' 이주자가 된다. 우리는 이주자들이 유입국에서 일정 시간 생활하다가 범죄 등 특별한 사유만 없다면 체류권이나 시민권을 쉽게 획득할 수 있다고 생각한다. 그러나 이는 한국 현실과는 너무나도 동떨어져 있다.

한국은 아시아 지역에서는 드물게 이주 노동자의 권리를 보장하는 "고용 허가제"를 도입한 나라라고 선전해 왔다. 고용 허가제는 노동자를 노동자로 호명하지 않고 '훈련생'으로 간주함으로써 노동력 착취에 따른 초과 이윤을 정당화해 왔던 산업 연수생 제도에 비해서 진일보한 제도임에 틀림없다. 2004년 8월 17일부터 본격적으로 시행된 고용 허가제는 외국인 노동자를 단순 노무 인력(E-9)으로 입국시키는 단기 방문 노동자 제도 guestworker로서 한국 정부와 송출국들은 노동 이주 관련 협정(MOU)을 체결하고 송출국은 노동자의 공식적인 모집, 선발, 계약, 출발 전 교육을 관리한다. 또한 2007년 3월부터 실시된 방문 취업제는 재외 동포들이 최대 5년간 자유롭게 왕래하면서 일을 할 수 있게 해 기존의 미등록 조선족 이주자의 문제를 해결한 진일보한 제도로 평가되고 있다. 이로써 한국의 단기 방문 이주 노동 정책은 '완성'된 것처럼 보인다.

그럼에도 이 제도들은 최근의 신자유주의 이주 정책의 성격을 그대로 담고 있다. 최근의 단기 이주자 정책은 송출국과 유입국 사이의 긴밀한 협조를 통해 이주자를 관리하려는 시도다. 단기 이주자 정책은 '수-권리 상쇄number vs. rights trade-off' 제도(특정 기간 동안 유입될 이주자의 수를 보장해 주는 대신 이주자들이 노동자나 이민자로서의 권리를 주장할 수 없게 계약을 하는 제도)의 성격을 띠고 있다(Ruhs and Martin, 2008). 즉 송출국의 이주자 수를 늘려 주는 대신 유입국은 이들의 사회적 권리를 제한하여 사회적 비용을 지불하지 않아도 된다는 국가 간 협정을 맺는 것이다. 또한 유입국 정부는 이주자를 훈련시키고 계약 기간 만료 후 그들을 송환할 책임까지 송출국 정부에 떠넘겨 사실상 어떤 부담도 지지 않게 됐다. 이주 노동자는 감정, 정서, 이성, 기술, 기획력, 미래에 대한 열망을 가진 인간이라기보다는 두 국가 간, 또는 다자국 간의 '거래'와 '관리'의 대상이 되고 있다. 유입국은 이주자들의 노동권이나 사회권을 보장하기 위한 구체적인 조치를 취하지 않고 시장 상황에 맞게 이들의 노동력을 자유롭게 사용하고 처분할 수 있는 자본가적 권력을 더 많이 갖게 되었다.

'일정 기간 사용하고 보내는' 이주 노동자 정책은 그 취지에도 '미등록 이주자'의 문제를 완전히 해결한 것은 아니다. 현재 한국에는 〈법무부〉 추산 약 22만 명의 미등록 이주자가 존재하며 고용 허가제로 입국한 이주자들 중 미등록 이주자로 전락하는 경우가 비일비재하다. 고용 허가제하에서는 "이주 노동자의 사업장 이동을 원칙적으로 금지하고" 있고, 예외적인 경우에 한해 총 3회의 사업장 변경을 인정하고 있으며, 이를 어기면 곧 미등록자로 처리된다. 그러나 단순 노무 인력의 노동 시장은 매우 유연하며 이주자 대부분이 특정 업종의 전문 기술 인력이 아니므로 사업장의 상황에 따라 노동자의 이동 폭은 매우 넓다. 또한 경기 침체와 불황을 인력을 조절해 해결하려는 사업주들이 많아 해고에 의한 강제 이동 사례도 많고 사업주가 노동조건을 개선하지 않아 이주자들이 사업장을 이동하는 방식으로 문제를 해결하는 경우도 많다. 이런 점을 고려했을 때 이주자들의 사업장 이동을 제한하는 규제는 이주자를 미등록 이주자로 만드는 요인이 된다. 2007년 10월말 기준 〈노동부〉 통계에 따르면 고용 허가제로 입국한 외국인 노동자는 총 88,720명이고 이 중 구직 등록 기간 및 구직 기간 초과로 미등록 처리된 사람이 총 2,795명에 달했다. 특히 미등록자의 79.2퍼센트가 여성인 점은 여성들의 구직이 상대적으로 어렵고 여성이 사업장 내 성희롱이나 성폭력 등 때문에 어쩔 수 없이 이직하는 경우가 많다는 점을 보여 준다(김현미, 김기돈, 김민정, 김정선, 김철효, 2007).

무엇보다 심각한 문제는 이명박 정부 들어 강제 추방되는 이주자들의 수가 급증하고 있고 반反이주자 정서가 확산되고 있다는 점이다. '법치'라는 이름으로 미등록 이주자들에 대한 강제 단속 및 추방이 본격화되면서 법의 공정성보다는 법을 통한 국가 폭력성이 강화되고 있다. 2010년 2월 11일, 여수시 활동가 단체들이 주최한 〈여수 화재 참사 3주기 추모회〉에서 단체들은 2008년 이래로 강제 추방된 이주 노동자 수가 1만 명 이상 증가해 지난 2년간 6만 명이 추방됐다는 사실을 지적하며, 한국 정부에 단속—구금—추방에서 벌어지는 위법과 비인도적인 행위를 중단하고, 미등록 이주 노동자의 고충 처리와 권리 보장, 유엔의 기준에 따른 규칙을 준수할 것을 요청했다(『경향신문』, 2010. 2. 11.). 아이러니하게도 최근 이명박 정부는 신글로벌 외교를 주창하며 한국의 '국격'을 높여 국가 브랜드 이미지를 높이겠다고 선언했다. 특히 아시아, 아프리카 국가들과의 협력을 강화해 기존의 세 배가 넘는 경제 지원금을 전달하겠다고 약속하고 유엔을 도와 세계 분쟁 지역에 군대를 파견해 세계 평화에 기여할 것을 약속했다. 같은 시간 유엔 〈경제적 · 사회적 · 문화적 권리 위원회〉가 이주자 노동권을 보장하기 위해 이주 노동자 정책을 신중하게 재검토해 달라는 권고안을 한국 정부에 제출했지만 정부는 '한국 상황을 잘 모르는 처사'라며 반박했다. 한국 정부의 이러한 태도는 신자유주의적 '국가'의 성격을 잘 보여 준다. 글로벌 책무, 그린 테크놀로지, 글로벌 환경 문제, 세계 평화 등에 기여하겠다는 한국 정부의 선언은 일종의 '퍼포먼스'처럼 보인다. 이런 '퍼포먼스'는 이미지를 높이는 데는 기여할지 모르지만 정작 국내 영토 안에서 벌어지는 복잡하고 시급한 구조적 문제들을 회피하고 '미끄러지는 기술'을 통해 모든 사회적 책임에서 벗어나려는 전략이라는 데 문제가 있다. 이런 정부의 태도는 오히려 반이주자 정서를 확산시킴으로써 동질성의 신화를 강화하고, 이주자를 외부 희생양으로 삼는 효과를 낳는다.

이주자와 외국인의 인권과 사회권은 국제적이고 초국적인 사안이다. 따라서 국제 기준에 부합하는 기준을 통해 한국의 법제도를 정비하는 일이 시급하다. 그러나 한국 정부는 이주자와 외국인을 다루는 데 있어서 여전히 이데올로기적 · 법적 · 방법론적 내셔널리즘nationalism을 적용하고 있다. 이주자들은 '원치 않는 이방인'이 아니라 한국 국가의 필요에 의해 '유도된' 이주자이기 때문에 이들의 이주 방식, 체류 절차, 체류 시 사회권 보장, 통합 또는 귀환의 전 과정에서 이들의 권리와 인격을 보장하기 위한 사회적 책무를 다해야 한다.

## 6. '메틱'의 정치학

글로벌 경제로의 통합이 국민국가의 경계를 느슨하게 하고 국가 권력을 약화시킨다는 주장과는 달리 개별 국가는 여전히 재분배 정책, 보호 정책, 이주 정책을 관장하는 데서 엄격한 공적 권위를 발휘하고 있다. 이런 상황에서 국경을 넘나드는 이주자들은 신자유주의적 노동 유연화를 이뤄 내는 자원으로 활용되지만 이들의 인권, 체류권이나 노동권을 보호하는 다양한 규정들은 그 힘이 약화되고 있다. 신자유주의에 의해 유도되는 글로벌 이주 정책은 이주자들이 이주 전 과정에서 보장받아야 할 '안전한 이주'의 철학을 위협하고 있다. 전 지구화로 이동하는 인구가 급증하지만 이동의 자유가 엄격히 제한되는 시대에 이주자들이 지불해야 할 이주 통행세는 높아져만 간다.

각국이 펼치는 엄격한 이주 규제 정책 때문에 이주자들은 밀항이나 인

신매매, 또는 전문화된 브로커 등 비공식 통로를 통해 이주한다. 이 과정에서 이주자들은 이주하기 전부터 빚을 지게 되고 신변의 위험을 느끼거나 자유를 잃게 된다. 많은 국가들은 이주자에 대한 강력한 규제와 추방을 언명함과 동시에 이주자의 대규모 유입을 묵인함으로써 글로벌 노동 유연화를 만들어 내고 있다. 신자유주의 질서 이후 전 세계적으로 미등록 노동자들이 급증하고 있지만 이들은 인간으로서 최소한의 권리와 대우를 받지 못한 채 추방의 두려움 속에서 가장 열악한 노동자로 생활하고 있다. 또한 합법적 이주자라도 그 지위는 언제나 단기적이며 임시적이다. 이들이 이주지에서 더 나은 삶을 기획하여 정착할 수 있는 가능성은 점점 줄어들고 있다.

개별 국가는 여전히 '주권'이란 이름으로 이주자의 이주 '지위'를 만들어 내고 변화시킬 수 있는 공식적인 권력을 발휘한다. 이를 통해 이주자의 무권력 상태를 지속시키면서 동시에 이들을 적극적으로 이용하여 글로벌 노동 유연화라는 축적 체제를 관철시켜 왔다. 수많은 이주자들은 합법과 비합법이라는 애매한 경계를 끊임없이 오가며 법적으로 '예외적인' 존재로 살아가고 있다. 신자유주의 경제 논리는 '개인적 선택'이라는 이름하에 자유와 선택을 강조하지만 새로운 일자리를 찾아 초국적으로 이동하는 많은 이주자들의 자율권과 노동권을 약화시키는, 구조적으로 폭력적인 시스템이다. 그러나 이주자들 또한 폭력적 시스템과 대항하면서 새로운 정치 주체로 거듭나고 있음을 주목해야 한다.

킴리카Will Kymlicka는 유입 국가가 시민이 될 수 있는 권리를 지닌 이민자와 '메틱Metics'이라고 불리는, 소위 불법 이민자나 임시 이민자들을 차별적으로 관리하는 현실을 지적한다. 그러면서 '메틱'에게도 공정한 조건을 제시하는 다문화주의적 관점이 필요하다고 말한다. 국가가 임시 이민자나 '불법' 이민자들에게 추방, 또는 자발적 귀환만을 유일한 선택지로 제공할 경우 영구적으로 권리가 박탈되고 권리에서 소외되는 하위 계급이 만들어질 것이고 이는 궁극적으로 사회 불안과 갈등 요인이 되기 때문이다. 킴리카는 '불법' 이민자들을 위한 사면 프로그램을 채택하고 그들과 자녀에게 시민권을 부여함으로써 '통합' 대상으로 이들을 사유하는 것이 중요하다는 점을 강조한다. 따라서 우리는 미래의 꿈을 실현하기 위해 '희망'과 '의지'의 장소로 한국 사회를 선택한 사람들에게 체류할 권리를 보장해 주어야 한다. 그것이 글로벌 시민성을 실천하는 첫걸음이 될 것이다. 실제로 한국의 경우 '메틱'들이 만들어 내는 초국적이며 코스모폴리탄한 풍광, 실천과 관점들은 한국 사회의 뿌리 깊은 인종주의와 혈연 중심주의를 성찰하게 하는 데 기여해 왔다. 사회적 배제와 억압에도, '메틱'이라 불리는 수많은 미등록 이주자들은 마을을 만들고, 일을 하고, 아이를 키우며 '역량 있는 지역민'으로 활동해 왔다. 또한 수많은 종족적 · 문화적 · 종교적 · 사회적 연대체를 만들면서 한국 사회가 실제적인 글로벌 다문화 역량을 키우는 데 기여했다. 이들이 아래로부터 만들어 온 역사들은 초국적 연대를 상상하는 많은 인권 · 노동 활동가들에게 영감을 주고 있다.

2009년 10월에 추방된 네팔인 미노드 목탄(미누) 씨의 경우 또한 메틱 정치학의 예를 잘 보여 준다. 미누는 한국에 17년 이상 머물면서 이주 노동자에서 〈이주 노동자 방송국(MWTV)〉을 세운 활동가이자 사업가로, 이주 노동자 밴드 〈스탑크랙다운〉의 멤버인 문화 예술가로 자신의 입지를 변화시키면서 한국 사회와 이주민 간의 '소통'을 직극직으로 매개한 활동가였다. 미누는 구속에 대한 항소 재판 과정에도 참여하지 못하고 구속된 지 일주

일도 못 되어 추방당했다. 미누가 한국 내 '메틱'으로 열어 온 정치적 지평들은 미누가 추방당하면서 임시적으로 단절되었지만 신자유주의의 파괴적 비인간화와 고립화에 저항하는 메틱의 힘을 보여 준다. 전 세계 수많은 미등록 이주자들이 벌이는 메틱의 정치학은 궁극적으로 글로벌 자본에 맞서는 글로벌 노동 시민의 긍정적 형상들을 만들어 내고 있다.

## 3장 참고 문헌

김현미, 김기돈, 김민정, 김정선, 김철효, 「고용 허가제 시행 이후 몽골과 베트남의 이주 및 국제결혼 과정에 나타난 인권 침해 실태 조사」, <국가인권위원회>, 2007.

데이비드 하비, 구동회 · 박영민 역, 『포스트모더니티의 조건』, 한울, 1994.

윌 킴리카, 장동진 외 역, 『현대 정치철학의 이해』, 동명사, 2006.

조주현, 「지구화, 텅빈 생명, 페미니즘: 공공성의 변화와 여성운동의 대응」, 『시민사회와 NGO』, 2007년 상반기호, pp. 63~90.

킴 무디, 사회진보를 위한 민주연대 역, 『신자유주의와 세계의 노동자』, 문화과학사, 1999.

피터 스타커, 최수연 역, 『국경 없는 노동자』, 서울: 이화여자대학교 출판부, 2003(Stalker, Peter, *Workers Without Frontiers*, Lynne Rienner Publishers, 2000).

Barry, James, "Learner, Meaner OECD Rides the Global Waves" *International Herald Tribune*, 26. 05. 1997.

Castles, Stephen and Miller, Mark, *The Age of Migration*, The Guilford Press, 1998(2003).

Dreher, Sabine, *Neoliberalism and Migration: An Inquiry into the Politics of Globalization*, Lit Verlag Hamburg, 2007.

Hollifield, James F., "The Politics of International Migration", In Caroline B. Brettell and James F. Hollifield, eds, *Migration Theory*, New York and London: Routledge, 2000, pp. 137~186.

Kofman, et. al., *Gender and International Migration in Europe*, Routledge, 2000.

Martin, Philip L., *Promises to Keep: Collective Bargaining in California Agriculture*, Iowa State Press, 1996.

Ruhs, Martin and Martin, Philip, "Numbers vs. Rights: Trade-Offs and Guest Worker Programs", *International Migration Review* 42(1), 2008, pp. 249~265.

Salt, John and Stein, Jeremy, "Migration as a Business: The Case of Trafficking", *International Migration Review* 35(4), 1997, pp. 467~494.

김석훈, "<여수 외국인 보호소> 화재 참사 3년, 노동자 인권 개선 목소리 높아", 여수 『뉴시스Newsis』, 2010. 2. 11.

**4장**

# 탈냉전 자본주의: 전쟁도 상품이다!

강미연

"바야흐로 전쟁도 사고팔 수 있는 시대가 되었다. 시장의 '보이지 않는 손'이 국가 경계를 허물며 국가의 배타적 영역이었던 군사·안보 영역이 상품화되고 있다. 재난 자본주의 복합체는 전쟁뿐 아니라 모든 전 지구적 위기 상황을 관리·복구하며 거대한 이윤을 창출하고 있다."

* 주제어: 탈냉전 자본주의, 민간 군사 기업, 군산복합체, 포괄적 안보, 민영화, 재난 자본주의 복합체

# 1. 전쟁도 상품이 되는 탈냉전 자본주의

"이념의 시대에서 이윤의 시대로 바뀐 지금은 전쟁 기업의 시대다!"
—〈KBS 스페셜: 전쟁을 생산한다-민간 군사 기업〉(2편 "전쟁 비지니스의 시대", 2006. 3. 5. 방송)

"냉전의 종식은 거대한 공백을 남겨 놓았고, 나는 시장의 틈새를 확인했다. 우리는 생존 자체를 판매하고 있다."
—이번 발로Eben Barlow, 〈이그제큐티브 아웃컴즈〉(Executive Outcomes, 민간 군사 기업) 창립자

1991년, 시에라리온에서 〈혁명연합전선Revolutionary United Front〉이 일으킨 반란으로 내전이 시작됐다. 정부군과 〈혁명연합전선〉이 서로 엎치락뒤치락하며 교전을 벌이다 급기야 1995년에는 정부군이 전투에서 패배를 거듭하며 완전히 수세에 몰렸다. 그런데 상황이 갑자기 돌변했다. 현대적인 타격 부대가 정밀한 공중 공격과 폭격으로 반군을 강타한 것이다. 벼락같은 기습을 당한 반군은 2주 만에 수도에서 밀려나

고 정부군은 승리를 거뒀다. 승리의 주역은 남아공에 본부를 둔 〈이그제큐티브 아웃컴즈Executive Outcomes〉라는 민간 군사 기업이었다.

—피터 W. 싱어Peter W. Singer, 『전쟁 대행 주식회사Corporate Warriors』

위의 글은 가상 세계의 일도, 영화 시나리오도 아니다. 현재 탈냉전 시대의 현실을 단적으로 보여 주는 사례다. 냉전 체제의 해체는 많은 영역에서 새로운 경향과 국가 간 권력 지형의 변화를 이끌어 내고 있다. 특히 분쟁의 양상에서 직접적인 물리적 대결 양상을 띠었던 '열전hot war' 과는 뚜렷한 차이를 보인다. 피터 W. 싱어는 탈냉전 시대의 가장 큰 변화는 국제 정치와 전쟁 규칙이 바뀌고 있는 것이라고 지적한다. 『쇼크 독트린shock doctrine』에서 나오미 클라인Naomi Klein이 분석한 '충격 요법'을 통하여 새로운 지배 질서를 형성하는 현대 자본주의의 패러다임 또한 탈냉전 체제의 세계 변화와 맥을 같이 하고 있다. 충격 요법이란, 전쟁, 테러, 자연재해, 주식시장의 급격한 붕괴 등과 같은 '재난'을 겪게 되면 대중들은 쇼크 상태에 빠지게 되고, 그러한 대규모 충격으로 대중들이 방향 감각을 잃어버린 틈을 타 강력한 경제 조치 및 통치 규율을 발동해 자본주의적 지배 질서를 재형성·강화하는 방식이다. 충격 요법의 대표적인 경제 조치 중 하나가 바로 자유시장 원리에 입각한 '민영화' 였다. 이 글에서 중점적으로 논의할 군대 민영화도 이러한 맥락에서 이해될 수 있다. 피터 W. 싱어와 켄 실버스타인Ken Silverstein은 그들의 저서에서 군대가 민영화·산업화되는 경향을 적나라하게 파헤치고 있다. 기존의 국가 중심 체제에서는 감히 상상하기도 어려웠던 군대의 민영화가 탈냉전 시대에 현실이 되고 있는 것이다. 그렇다면 이러한 군사 체제의 변화 원인은 무엇일까? 그러한 변화가 탈냉전 자본주의와 어떠한 연관이 있는 것일까?

탈냉전 시대란 일반적으로 냉전 체제의 양극 중 하나였던 소련이 완전히 붕괴한 1992년 이후의 시기를 말한다. 1990년 10월 냉전의 상징이었던 베를린 장벽이 무너지고, 11월 21일 파리에서 열린 〈유럽 안보 협력 회의〉에 참석한 34개국 정상들이 "대결과 분열의 시대는 유럽에서 종말을 고했다"고 선언함으로써 냉전 체제는 종식되었다. 1992년 1월 소련의 붕괴는 결국 서방 자본주의 진영의 승리와 동방 사회주의 진영의 실패로 냉전이 막을 내리게 되었음을 의미한다(박창근, 2006). 그러므로 결국 우리는 자본주의의 승리로 시작된 탈냉전 시대, 즉 탈냉전 자본주의 세계에 살고 있는 셈이다. 물론 북한, 쿠바 등과 같이 사회주의 체제를 표방하는 국가들이 현존한다. 그러나 그들 역시 자본주의 세계 체제의 영향력에서 자유로울 수 없으므로 전 세계가 '탈냉전 자본주의' 체제에 편입되어 있다고 해도 과장은 아닐 것이다.

탈냉전 자본주의의 가장 두드러진 특징은 미·소 양국 대결에서 승리를 거둔 미국이 주도하는 시장 자율화(시장 개방)와 국가의 개념을 약화시키고 전 지구를 하나의 체제 속으로 편입시키려는 '세계화'라 할 수 있다. 미국의 패권주의를 바탕으로 탈냉전 자본주의를 분석하는 버거Mark Berger는 "'탈냉전 자본주의post cold war capitalism'란 미국 중심의 지배 질서에 도전할 대항 세력이 제도적·정치적으로 차단되어 있는 구조를 말한다(Berger, 2001)"고 정의한다. 버거에 따르면 탈냉전 자본주의는 세 가지 경향이 서로 교차하여 복잡하게 나타난다. 첫째, 탈냉전 자본주의는 급격한 기술 변화의 시대다. 정보 경제가 산업, 농업, 정치적 행동, 사회·문화적 삶을 결정한다. 미국이 첩보를 중요시하는 것도 이러한 이유에서다(렉 위타커, 1996).

둘째, 급속한 전 지구적 자유 경제 질서가 등장한다. 국경이 없는 전 지구적 경제 질서 속에서 정부와 지배 엘리트들은 민족주의 이념과 상징을 통해 국민들을 동원하고자 한다. 즉 전 지구적 경쟁 체제 속에서 자국의 경제적 생존을 위해 민족주의와 민족 담론을 확산시키는 것이다. 셋째, 전 지구적 시장이 펼쳐짐에 따라, 국민국가의 영토 구분이 점점 희석되고, 국민 주권은 재구성되고 약화된다(Berger, 2001). 전 지구적 시스템 속에서 민족주의와 민족 담론이 강화됨과 동시에 국민국가의 영토 구분이 약화되는 상반된 두 경향이 교차한다는 것은 아이러니다. 버거의 탈냉전 자본주의 정의가 미국 중심주의에 근거했다는 한계는 있으나, 버거의 분석은 탈냉전 자본주의의 전반적인 특징을 잘 보여 준다는 점에서 미국에만 국한된 해석이라고 볼 수 없을 것이다. 이 글에서는 탈냉전 자본주의의 이러한 특징들을 바탕으로, 탈냉전 자본주의가 작동하는 방식을 살펴보고자 한다. 특히 서두의 예에 나타난 것과 같이, 탈냉전기 군사 체제가 어떻게 변화되었는지, 그리고 그러한 군사 체제가 자본주의와 어떻게 결합했는지를 민간 군사 기업의 예를 통해 구체적으로 살펴볼 것이다.

다음 2절에서는 냉전·탈냉전의 기원 및 특징을 간략하게 살펴보고, 탈냉전기 세계가 어떻게 변화되었는지를 분석한다. 이 글에서 탈냉전 자본주의 작동 방식의 분석 사례가 되는 군대의 민간 군사 기업화는 냉전과 탈냉전으로 이어지는 세계 변화의 토대 위에서 작동하는 것이므로, 냉전·탈냉전이 구축되는 과정과 그 특징들을 살펴볼 필요가 있다. 3절에서는 탈냉전 군사 체제 변화의 단적인 예가 될 수 있는 군대 민영화·산업화(민간 군사 기업화)의 배경 및 그 원인을 분석한다. 4절과 5절에서는 민간 군사 기업화 때문에 기존의 군대 및 군인의 의미가 초국적 군대·군인으로 변화되는 양상을 보여 준다. 이러한 군대 민영화 · 산업화는 자본주의와 군사주의가 결합하는 방식을 보여 준다. 또한 군대 민영화 · 산업화를 통하여 '군산복합체military industrial complex'가 유지 · 확장되는 과정을 보여 줌으로써 탈냉전 자본주의의 작동 메커니즘을 분석 가능하게 한다. 지금까지의 탈냉전 논의는 주로 정치적 논리 중심이었다. 하지만 이 글은 냉전체제의 정치적 의미가 약화되고 상품화 논리가 개입하면서 탈냉전 체제가 군사 · 안보의 작동 메커니즘 뿐만 아니라 개인의 삶까지도 변화시켰다는 문화적 측면에서 탈냉전 자본주의를 해석하고자 한다.

## 2. 냉전 · 탈냉전의 특징과 세계 변화

### 1) 냉전 종식과 탈냉전 도래

냉전 · 탈냉전은 역사적 과정에 따라 시간적 연속성을 가지고 있을 뿐만 아니라 냉전 · 탈냉전기 국제 환경의 변화와 그 구조적 특징 또한 연속적이다. 그러한 점에서 탈냉전기 세계 현상을 알기 위해서는 냉전의 역사적 배경과 그 속성을 알아볼 필요가 있다.

'냉전cold war'이란, 제2차 세계대전 이후 미국과 소련 사이에 실제 전쟁인 '열전hot war'은 일어나지 않았지만 열전만큼이나 군사적이고 이념적인 측면에서 격렬하게 전개된 세계적 차원의 미 · 소 대결을 의미한다(김영호, 2001: 3). 1946년 4월 16일 미국의 B. 버루크B. Baruch 참의원이 도입한 '냉전' 개념을 1947년 평론가 W. 리프면W. Lippmann이 자기 글에 차용하면서, '냉전'은 미국을 비롯한 서방 자본주의 진영과 소련을 비롯한 동방 사회주의 진영이 정치 · 외교 · 군사 · 경제 · 이데올로기 등 여러 면에서 첨예하게 대립했던 상황을 표현하는 말로 자리 잡게 되었다(박창근, 2006). 박창근에 따르면, 1946년 3월 5일 영국 W. 처칠이 "철의 장막the iron curtain" 연설에서 제기한 반소련 · 반공산주의 주장이 사실상 '냉전의 서곡'이었다. 냉전시대의 본격적인 시작은 1947년 3월 12일 미국 트루먼 대통령이 소련과 사회주의 국가들에 대한 억제 정책인 '트루먼 독트린'*을 선언한 것이 그 동력이 되었다(박창근, 2006).

냉전 체제의 핵심은 미국으로 대표되는 자본주의와 소련으로 대표되는 사회주 두 강대국 간의 이데올로기적 대립 구도다. 이러한 이데올로기적 대립 구도하에서 양 진영이 세력을 확장하기 위해서는 국민국가에 기반을 둔 군사력이 중요한 요소가 되었으며, 군사력을 강화하기 위해서 국가의 틀이 더욱 강고해질 수밖에 없었다. 뿐만 아니라, 안보 개념 역시 외부 국가의 군사적 공격에 대응하는 국가 안보의 성격이 지배적이었다(김명섭, 2001).

일반적으로 1992년 소련이 완전히 붕괴한 시점을 기준으로 탈냉전기가 시작되었다고 하지만, 냉전의 종식을 서구 자본주의의 일방적인 승리라고는 할 수 없다. 이삼성에 따르면 1980년대 중반 이후부터 탈냉전이라는 구조적 변동의 기류가 있었다고 한다(이삼성, 2001). 1980년대 중반 이후, 이미 서방에서부터 미국 패권이 상대적으로 쇠퇴하였다. 또한 미국, 독일을 포

---

* 제2차 세계대전에 뒤이은 냉전 기간 중 미국과 소련이 세력균형을 이루기 위해 투쟁을 벌이고 있을 때, 영국이 터키 · 그리스 등의 지중해 국가들에게 더 이상 원조를 제공할 여력이 없다고 발표하자 서방국가들이 우려했던 바와 마찬가지로 이들 국가는 소련의 영향권 안에 놓일 위험에 처하게 되었다. 미국 의회는 트루먼 대통령의 요청에 따라 이들 국가를 원조하기 위한 기금으로 4억 달러를 책정했다.(『브리태니커 백과사전』 참고)

함한 서유럽, 그리고 일본 사이에 경쟁 구도가 자리잡히고 소련에 대한 이해관계의 차이가 증대됨에 따라 동서 관계가 다양성을 갖게 되었으며, 미국 패권의 쇠퇴와 함께 서방 내부 강대국들은 점점 다극화되었다. 즉 서방 내부에서는 미국과 다른 나라들과의 관계가 다극화되고 있었으며, 소련과 동방의 다른 나라들 사이에서는 경제적·이데올로기적 관계가 약화되고 이완되는 현상이 진행되고 있었던 것이다(이삼성, 2001). 이러한 탈냉전의 구조적 변동과 함께, 전후에 형성된 동서 양 진영의 국내 정치 제도와 이데올로기 쇠퇴, 새로운 사회운동들의 성장 등이 소련의 체제 전환과 함께 냉전 해체를 이끌어 낸 결정적 요인으로 작용했다(이삼성, 2001). 소련의 붕괴로 초래된 냉전적 이념의 공백은 평화운동과 같은 사회운동들이 메웠다. 고르바초프가 당시 상상할 수 없었던 창의와 결단으로 군축을 선도하여 탈냉전을 이끌어 낼 수 있었던 것도 바로 동서 양 진영에 형성된 평화와 변화를 향한 밑에서부터의 사회운동이라는 원동력이 있었기 때문이다. 즉 이념적 대결이라는 냉전적 사고에서 탈피하여 세계 평화와 번영을 추구했던 세계적 차원의 사회운동이 고르바초프가 대대적인 군축을 결단하는 데 적지 않은 영향을 미쳤다. 이러한 구조적 변동 덕분에 냉전은 평화적으로 종식될 수 있었다.

## 2) 탈냉전의 특징

냉전 체제가 종식되면서 국제 질서에도 많은 변화가 일어났다. 첫째, 미국과 소련이 중심이 되는 양극 체제에서 다극 체제로 전환되었다. 미·소 두 강대국의 대립과 경쟁 체제였던 냉전 시대와는 달리 이제 세계 질서는 어느 한두 나라가 절대적인 지배권을 행사하여 세계 문제를 해결할 수 없는 '다극 세력균형 체제'로 전환되었다. 둘째, 각 국가는 자주 국방 정책과 함께 어느 한 나라와만 체결하는 양국 동맹 관계보다는 〈유엔 안전보장이사회〉 같은 집단 안전보장 방식을 더 중시하게 된다. 셋째, 경제 블록화 현상과 같은 지역주의가 확산되고 있다. 국제 경제 질서는 자유무역, 통화 관리, 자원 개발, 환경보호 같은 지구촌의 공통 문제들을 해결하기 위한 범세계적인 노력과 조직들을 강화하고 있지만, 한편에서는 '유럽 공동 시장'과 같은 일정 지역을 중심으로 한 다소 배타성을 지닌 경제 공동체가 확산되고 있다. 실제로 탈냉전 이후, 〈유럽연합〉*과 〈아시아태평양경제협력체〉** 같은 기구에 가입하는 국가가 지속적으로 증가하고 있다.

이러한 변화 외에 주목할 만한 세계 변화로 국민국가 개념의 약화, 안보 패러다임의 변화, 군비 경쟁의 재강화 등을 들 수 있다. 이러한 변화들은 이후에 논의하게 될 민간 군사 기업화의 주요한 배경으로 작용한다.

냉전 종식 이후, 미소 양 진영 간의 군사적·이데올로기적 대결 구도가 와해되고 세계화가 급속도로 전파되면서 기존의 국민국가의 개념을 약화시켰다. 미소 두 강대국이 이념적으로 대립하던 냉전 체제에서는 정치, 군

---

* European Union, 대다수 서유럽 국가들이 공동 경제·사회·안보 정책의 실행을 위해 창설한 국제기구다. 현재 회원국은 그리스·네덜란드·덴마크·독일·룩셈부르크·벨기에·스웨덴·스페인·아일랜드·영국·오스트리아·이탈리아·포르투갈·프랑스·핀란드 등 27개국이다. 유럽의 정치적·경제적 통합을 강화하기 위해 유럽 단일 화폐, 공동 외교·안보 정책, 공동 시민권 제도를 도입하고 이민·난민·사법 분야의 협력을 증진할 것을 규정한 마스트리히트 조약(1992. 2. 7 체결, 1993. 11. 1 발효)에 따라 창설되었다.(『브리태니커 백과사전』 참고)
** APEC, 아시아·태평양 지역의 경제협력을 강화하기 위한 국제 협력 기구다. 아시아·태평양경제협력체는 세계경제의 지역주의와 보호주의 흐름에 효율적으로 대응하고 다자간 무역협상에서 공동의 이익을 추구하는 것이 그 목적이다. 현재 회원국은 한국을 포함해 태평양 연안에 자리잡은 18개국이다.(『브리태니커 백과사전』 참고)

사, 경제 등의 모든 영역에 있어서 국가 통제력의 강화가 각 국가의 핵심적인 사안이었다. 그러나 이념적 대결에서 '승리'를 거둔 자본주의는 세계화라는 이름으로 전 지구적으로 확장되었으며, 국가 간 경계를 허물고 전 세계를 하나의 자본주의 체제에 편입시켰다. 초국가적인 자본의 이동으로 시작된 세계화는 자본뿐만 아니라 안보 및 군사 영역의 국가 간 경계까지도 무너뜨리고 있다. 탈냉전기 국가의 의미가 약화되면서 안보 및 군사 영역의 국가 경계까지 허물어지게 된 것이다. 동시에 이러한 안보·군사 영역의 국가 간 이동은 국민국가의 의미를 더욱 약화시키는 요인으로 작용한다.

### 3) 안보 패러다임의 변화: 포괄적 안보와 안보의 계층화

냉전 체제에서 중심이 되었던 대외적·군사적 차원의 국가 안보가 탈냉전기에는 상대적으로 약화되고, 안보 환경이 변함에 따라 안보 패러다임 자체도 변하게 되었다(김명섭, 2001; 홍용표, 2002). 사회주의 체제의 붕괴로 냉전기 동서 진영 간의 군사적 대결 구도가 사라짐에 따라 군사적 위협이 약화되었고, 이러한 탈냉전기 사회 변화가 안보 패러다임의 변화를 유도한 것이다. 기존의 안보 개념은 국가 차원에서만 논의되었던 반면, 탈냉전기 안보 개념은 더 이상 국가 수준에만 한정되지 않는다(이규영, 2007). 국가 개념이 약화된 탈냉전 자본주의 체제에서는 전쟁이 국가 간 전쟁이라는 기존의 일반적인 양상만을 따르지 않기 때문이다. 예를 들면 9·11 테러 같은 초국가적인 국제 테러, 마약, 핵 확산, 국제 범죄 등의 사안이 국제 무대에 등장하면서 안보 위협 행위를 국내·국외로 구분하는 것이 무의미해졌다. 뿐만 아니라 탈냉전기 세계 변화는 군사력만으로는 국가 안보를 달성할 수 없다는 인식을 확산시켰다. 국가 안보의 범위가 식량 안보, 환경 안보, 경제 안보, 사회 안보, 개인 안보 등의 비군사적 차원으로 점차 확대되면서 이를 모두 포함할 수 있는 '포괄적 안보comprehensive security' 개념의 중요성이 대두되고 있다.

　냉전 이후 강화된 개인 안보는 안보의 패러다임을 공적인 영역에서 사적인 영역으로까지 확장시킨 대표적인 예다. 기존의 안보 개념은 국가 전체에 적용되는 것으로, 전 국민은 국가로부터 공평하게 개인의 안위를 보호 받을 권리를 보장받았다. 그러나 탈냉전기 안보 개념의 변화로 안보 영역이 계층화되기 시작했다. 즉 계층에 따라 의료 서비스가 달라지듯이, 안보 서비스 역시 주거 지역, 직장 등 개인의 경제적 배경에 따라 차별적으로 적용되는 것이다(나오미 클라인, 2008). 예를 들면 부유층은 개인의 안보 문제를 국가가 제공하는 안보 서비스에 의존하지 않고, 사설 경비 업체들을 통해 더 전문적이고 차별적인 안보 서비스를 향유함으로써 개인의 안전지대를 구축하게 된다.

　이러한 안보 서비스는 주로 민간 군사 기업에 의해 이루어진다. 민간 군사 기업이 관장하고 있는 업무는 민간 보안 업무에서 정보 수집, 전투 훈련, 전투 작전 및 수행 등에 이르기까지 아주 다양하다. 그중에서도 민간 보안 업무가 가장 광범위한 시장을 형성하고 있다. 요즘 한국에서도 일반화되어 있는 아파트 사설 경비 업무, 〈ADT캡스〉, 〈KT 텔레캅〉 등의 경비 회사들도 다 이러한 기업에 속한다. 국가의 공적 기능이 약화되고 개인의 안보 의식이 강화되면서 이런 사업이 호황을 맞게 된 것이다. 날로 급증하는 범죄와 갈수록 심각해지는 범죄 양상 앞에서 국가 스스로도 경찰력에 한계가 있음을 인정하고 있으며, 개인은 자신의 안전을 국가에만 의지하는 것에 불안함을 느낀다. 각국의 경찰 인력당 사설 보안 직원 비율이 이를 극명하게 보여 준다. 미국의 경우는 그 비율이 1 대 3이며, 남아프리카 공화국은 1 대 4, 영국과 오스트레일리아는 1 대 2로 나타났다. 아시아 지역에서도 민간 보안 산업이 해마다 20퍼센트에서 30퍼센트씩 성장하고 있다. 중국의 경우 1989년 이후 1만 개가 넘는 민간 경비 회사가 생겨났으며, 민간 보안 산업에 고용된 경비원 수가 25만 명이 넘는다고 한다(피터 W. 싱어, 2005). 뿐만 아니라, 이제는 아예 정부가 나서서 민간 보안 산업 활성화에 앞장서고 있다. 미국의 경우, 현재 활동하고 있는 사설 경비원의 3분의 1이 정부에 고용되었으며, 1990년 이래 미국이 민간 보안에 지출한 액수는 공공 영역에서 지출한 액수보다 73퍼센트나 많다고 한다(위의 글: 131~132). 이와 같이, 냉전 이후 국가 기능이 축소되고, 안보 개념이 확대되고, 개인 안보 의식이 강화되면서 국가 안보뿐만 아니라 개인의 치안·보안 문제까지도 거래될 수 있는 재화로 탈바꿈한 것이다.

이상에서 살펴본 냉전·탈냉전기 특성과 세계 변화에 대한 이해를 바탕으로, 다음 절에서는 탈냉전기 군사 시스템과 자본주의가 어떻게 결합되고 작동하는지를 민간 군사 기업을 통해 살펴보고자 한다.

## 3. 민간 군사 기업과 전쟁의 상품화

냉전기가 세계 자본주의의 팽창기라면, 탈냉전기는 미국이 중심이 되는 세계 자본주의의 체제가 견고해진 시기라 할 수 있다. 냉전 해체 이후, 자본주의는 '세계화'라는 이름으로 급속도로 팽창하면서 세계 각 지역을

'상호 의존의 세계'로 끌어들이고 있다. 이러한 자본주의 세계 체제는 '신자유주의화'라는 이름 아래 더욱 공고해지고 있다(권만학, 2000). 자본 이동의 자유, 자유 기업주의, 자유무역주의 등의 신자유주의 체제에서는 국가 권력이 약화되고, 공적 영역의 재화를 시장주의 논리에 입각해 민영화하는 추세가 강화된다. 이러한 민영화 대상에는 교육과 치안 업무, 수감 시설 운영, 심지어 군사 업무에 이르기까지, 당연히 정부가 수행해야 할 업무라고 여겨졌던 공공 분야의 많은 부분들이 포함되어 있다. 특히 국가 안보와 직결되어 있는 군사 업무가 시장에 맡겨져 민영화된다는 것은 실로 상상하기 어려운 일이었다. 켄 실버스타인(2007)은 민간 군사 업체가 전 세계적으로 급성장한 시점이 냉전이 막을 내린 1990년대 초반이라고 지적하면서 냉전의 종식과 신자유주의적 세계 자본주의 체제 때문에 민간 군사 산업이 급성장했다고 설명한다.

민간 군사 기업(Privatized Military Firms, PMFs)이란, 전쟁과 밀접하게 연관된 전문적인 서비스를 제공하는 사업체로, 교전, 전략 입안, 첩보 활동, 위험 평가, 작전 지원, 군사 훈련, 전문 기술 등의 군사 기술을 지원하여 이윤을 창출하는 법인체를 말한다. 이러한 민간 군사 기업은 시에라리온, 콩고 공화국, 인도네시아 같은 약소국에서부터 강대국에 이르는 전 세계 국가를 상대로 사업을 벌이고 있다. 마약 카르텔이나 반군 같은 문제 단체에서부터 다국적기업, 국내외 정부, 유엔이나 월드비전 등의 비정부기구까지 전 세계 모두가 사업 대상이 된다. 이들은 암시장에서 임시변통으로 전쟁에 투입되는 프리랜서 용병들과 달리, 세계 시장에서 공개적으로 거래하고 경쟁하는 기업이다. 다시 말해, 일반적으로 과거에는 정부의 배타적인 책임에 속했던 광범위한 군사 및 안보 서비스를 소비자에게 제공하는 사

기업 집단을 총칭하는 것이다(피터 W. 싱어, 2005). 민간 군사 기업의 활약은 전 세계 50여 개국에 이르며 사실상 '남극을 제외한' 전 세계 모든 대륙이 활동 무대가 될 만큼 이미 광범위하게 퍼져 있다(켄 실버스타인, 2007). 그렇다면 민간 군사 기업이 이토록 광범위하게 확장될 수 있었던 요인이 무엇일까?

피터 W. 싱어는 민간 군사 기업화의 요인을 크게 두 가지 측면에서 설명하고 있다. 첫째는 전쟁 자체의 성격이 변화하면서 민간 군사 기업에 대한 새로운 수요와 시장이 창출됐다는 것이다. 둘째 요인은 과거에는 국가 영역이었던 것에 시장 논리가 적용되면서 발생한 '민영화(사영화) 혁명'이다. 각 요인들의 구체적인 배경을 살펴보면 다음과 같다.

첫째, 냉전 종식 이후 세계대전과 같은 대규모 전쟁이 발생하지는 않았지만, 세계적 차원의 소규모 분쟁이 급증했다. 냉전 종식 이래 내전 발생이 두 배로 증가했으며, 1990년대 중반에는 거의 다섯 배로 급증했다. 또한 내전이 아닌 무력 분쟁 지역 역시 두 배로 증가했다. 뿐만 아니라, 탈냉전 이전의 세계 체제는 미국과 소련이라는 양대 축을 중심으로 이데올로기적 동맹 관계가 형성되어 국가적 차원의 안보 패러다임이 구축되었던 반면 냉전 종식 이후에는 세계 안보 패러다임이 급속한 변화를 겪게 된다. 세계 평화 유지와 분쟁 해결을 목적으로 하는 국제기구(유엔, 나토 등)의 영향력이 점차 약화되고, 제3세계에 대한 강대국들의 '전략적 이해관계'가 미미해지면서 기존의 초강대국들에 의해 유지되었던 안보 균형이 붕괴된 것이다(수전 조지, 2006). 즉 냉전 이전 동맹 체제의 안보 패러다임에서는 발생하지 않았던 안보 공백 문제, 특히 개발도상국의 군사력 및 안보 역량의 약화와 전쟁 양상의 변화가 민간 군사 기업이라는 새로운 수요와 시장의 창출을 가져왔다고 볼 수 있다.

둘째, 냉전이 끝나면서 촉발된 전 세계적인 군대 감축 결과가 '군 전문 인력'들의 공급 과잉을 초래했다. 냉전 종식 이후, 전 세계 군대 규모가 1989년에 비해 7백만 명가량 줄어들었다. 이는 민간 군사 기업이 군사기술을 가진 전문 인력을 손쉽게 구할 수 있다는 의미기도 하다. 민간 군사 기업은 군대 감축으로 '남아도는' 실업자 군인과 군사 전문가들을 자기들 산업에 용이하게 끌어들일 수 있었다. 통계에 따르면 전직 KGB 요원의 70퍼센트 정도가 민간 군사 산업에 진출한 것으로 추정된다고 한다(피터 W. 싱어, 2005). 뿐만 아니라 군 인력과 재래식 무기에 의존하던 냉전 이전의 전쟁 양상과 달리, 정보력과 최첨단 기술이 전쟁의 승패를 좌우하게 되는 '현대전'으로 전쟁 판도가 변화되면서 첩보 능력과 군 전문 기술을 가진 전직 군인들의 '시장성'이 높아졌다. 예를 들면 첨단 기술 업체인 〈사익(SAIC)〉은 미 〈국가안보국〉의 암호 해독 프로그램과 〈중앙정보국〉의 정보 자료 분석 소프트웨어 개발 사업은 물론, '우주 전쟁' 계획 및 미국의 핵 정책 분야와 관련된 각종 최첨단 기술 사업에 참여하고 있다. 이 회사는 198명의 퇴역 고위 장교나 〈국방부〉 고위 관계자를 고용했으며, 〈록히드마틴 Lockheed Martin〉사는 168명, 〈보잉Bieing〉 71명, 〈노스롭그러먼Northrop Grumman〉 62명, 〈레이시온Raytheon〉 56명 등(켄 실버스타인, 2007)으로 굴지의 민간 군사 기업들이 모두 전직 고위 군 인력을 고용하여 '현대전'에 대비한 새로운 '전쟁 상품'을 생산해 내고 있다.

셋째, 시장에서 손쉽게 무기를 구입할 수 있게 되면서 국가는 한때 자신이 독점하던 전쟁 수단에 대한 통제력을 상실하게 됐다. 아프리카에서는 최신형으로 개장한 T-55 탱크 가격이 4만 달러로 SUV 차량보다 싸고, 우간

다에서는 AK-47 소총이 닭 한 마리 값이며, 케냐에서는 염소 한 마리 값으로 구입할 수 있다(피터 W. 싱어, 2005). 20세기 후반까지만 해도 아무리 힘이 약한 국가의 군대라 할지라도 주요한 전쟁 무기를 모두 장악할 수 있었기 때문에 국내 질서를 유지할 수 있었다. 그러나 이제는 민간 전투 집단이 전투기, 첨단 대포 등 정교한 무기를 구입할 수 있을 뿐 아니라 심지어는 국가 군대의 화력을 압도할 수 있게 됨으로써 국가의 전쟁 수단에 대한 통제력이 약화·상실되었다. 자본만 있으면 전쟁 무기를 손쉽게 구입할 수 있게 돼 첨단 무기를 확보한 민간 군사 기업의 경쟁력이 더욱 강화되는 시대가 온 것이다.

넷째, 국가 통제에서 벗어난 외부 군사력이 다변화되고 있다. 탈냉전 시대에 확산된 테러 집단이 대표적인 예라 할 수 있다. 막대한 전쟁 비용과 인력을 동원할 수 있는 조직이 국가에만 국한되었던 시대에는 전쟁이 국가 고유의 영역이었다. 그러나 기술 및 금융 발달로 국가보다 작은 조직도 전쟁을 수행할 수 있는 시대가 되었다. 즉 군사 시장의 개방으로 자금 조달력이 안보 영역에서 가장 중요한 요소가 되면서, 민간의 불법적이고 상업적인 조직들이 국가 군사력에 상응하는 물리력을 갖출 수 있게 된 것이다. 또한 국가 간 동맹 체제의 공조 시스템이 지배적이었던 냉전기와는 달리, 개인이라도 막대한 자금력만 가졌다면 군사 원조 공여자가 될 수 있다. 위에서 예로 들었던 시에라리온 군사 작전 자금은 라케시 삭세나Rakesh Saxena라는 태국 사업가가 충당했다고 한다(위의 글: 316). 결국 사적 행위자일지라도 자금만 풍부하다면 최첨단 기술과 인력을 매수해서 국가보다 우위에 설 수 있게 된다. 기술과 금융이 고도로 발달한 탈냉전 자본주의 시대에서 군사력의 단위는 이제 더 이상 국가가 아니다. 기술과 자본만 획득할 수 있다면 소규모 집단이든 개인이든 상관없이 군사력을 발휘할 수 있는 시대인 것이다.

## 4. 글로벌 군사(군대) 산업의 등장

공산주의를 주적으로 삼았던 냉전기의 이데올로기적 편향이 탈냉전기를 거치면서 '국익'과 '인간 이익'을 목표로 하는 실용주의 방향으로 변하고 있다(권만학, 2000). 자본의 전 지구화를 가속화하는 탈냉전은 가능하면 모든 것을 시장에 개방하여 최대 이윤을 창출할 수 있는 시장 자율화의 실리주의를 견고히 했다. 시장에 개방한다는 것은 결국 민영화를 의미하는 것이고, 이러한 민영화 바람은 냉전 이후 불어 닥친 세계화 논리의 핵심 중 하나였다. 그 결과 세계 곳곳에서 공공 영역 서비스를 제공하는 다국적 기업들이 급성장했다. 그중, 냉전 이후 안보 개념과 군사 체제가 변화하며 발생한 안보 영역의 민간화는 특히 눈에 띈다. 탈냉전으로 군사비는 상대적으로 감축된 반면, 신무기 개발 등의 연구 개발비가 증가함에 따라, 많은 정부들이 비용에 대한 부담을 시장을 통해 해소하고자 했다. 프랑스의 〈톰슨-CSF(Thomson-CSF)〉, 〈아에로스파시알Aerospatiale〉, 〈브리티시 에어로스페이스British Aerospace〉, 〈롤스로이스Rolls-Royce〉 등이 시장화를 통해 국가의 핵심 방위산업을 보완하고 있는 민간 군사 기업의 대표적 예다(피터 W. 싱어, 2005).

이러한 민간화·시장화는 군사·안보의 영역을 정치 영역에서 경제 영역으로까지 확장시켰으며, 자본주의적 경제 원리에 따른 구조적 변동을 이끌었다. 9·11 이후 단행된 미국 군사 영역의 구조적 개편이 바로 그것이다. 2001년 9·11 사태 이후 '테러와의 전쟁'을 선포한 부시 정부는 테러 이후 사회에 만연한 위기의식을 이용해 군사 영역에서 완전히 새로운 구조를 만들어 냈다. 첫 번째 단계가 정책, 감시, 감금, 전투 수행에 있어서 고위 부서의 권력을 증가시키는 것이었다(나오미 클라인, 2008). 냉전 체제에서 공산주의와의 전쟁을 명목으로 군비 증강을 합리화했던 역할을 냉전 종식 이후 '테러와의 전쟁'이 대신하고 있다. 실제로 9·11 이후 부시는 2003년 국방 예산안으로 약 4천 억 달러를 신청했는데 20년 만의 최대치이자 지난해에 비해 480억 달러를 증액한 수치다. 이는 미국 연방정부 예산의 약 60퍼센트를 차지할 뿐만 아니라 전 세계 군비 지출의 약 40퍼센트 이상에 달하는 엄청난 규모다(정욱식, 2002). 9·11 테러는 안보 강화의 중요성을 다시금 확고히 하는 계기가 되었으며, 부시의 '군사 민영화·산업화' 전략에 상당한 정당성을 부여하는 호재가 되었다. 두 번째 단계에서 부시는 위기의식으로 충분히 확보된 자원을 바탕으로 안보, 침입, 점령, 재건 분야 등 각종 군사 업무의 많은 부분을 사기업에 아웃소싱하는 방식으로 군사 영역의 구조를 재편했다. 이러한 전략을 그대로 보여 주는 예가 부시 체제에 신설된 〈국토안보부〉와 〈방첩활동국(Counterintelligence Field Activity, CIFA)〉이다. 부시는 9·11 이후 부각된 안보 문제를 해결하기 위해 안보 관련 정보 수집과 최첨단 감시 기술 등에 필요한 장비와 프로그램을 사기업들이 개발하도록 장려한 뒤, 정부는 최상의 상품을 구입하는 방식을 취하였다. 즉 "미국 정부가 안보를 제공하는 것이 아니라 시장 가격으로 안보를 구매하는 것이다."(나오미 클라인, 2008: 383) 한마디로 부시에게는 '전쟁' 그 자체가 새로운 시장이 됐다.

뿐만 아니라 탈냉전기 변화된 전쟁 양상과 9·11 테러는 위기를 맞았던 미국 군산복합체에도 새로운 활로를 열어 주었다. 냉전 이후 미국의 군사 영역은 최첨단 무기 개발을 중심으로 하고 병력 감축에 따른 인력 공백을 민간 군사 기업에 의존하는 방향으로 재편되었다. 앞에서도 언급했듯이, 탈냉전은 최첨단 무기와 정보력에 의해 승패가 좌우되는 형태로 전쟁 판도를 변화시켰다. 이러한 양상은 전문 기술 역량을 갖춘 민간 군사 기업에 군사 업무를 의존할 수밖에 없는 구조를 만들었다. 그리고 이러한 구조 속에서 우후죽순이었던 미국의 민간 군사 기업은 합병과 인수를 통해 기존 군수 업체에 빠르게 흡수되어 군산복합체를 이루게 되었다. 군산복합체란, 일반적으로 거대한 군사 기구와 대형 방위 산업체가 결합된 형태를 말한다. 냉전 이전 엄청난 호황을 누렸던 미 군산복합체는 전 세계적인 국방비 감축과 군사 물자 소비 급감으로 타격을 입게 되었다. 엄청난 타격에도 군산복합체가 건재할 수 있었던 것은 로비 덕분이라고 해도 과언이 아니다. 미국 군수산업체의 로비는 이제 전 세계가 알고 있는 공공연한 사실이다. 1998년 당시 4대 군수산업체(〈보잉〉, 〈록히드마틴〉, 〈노스롭그러먼〉, 〈레이시온〉)는 약 2천2백만 달러의 정치자금을 정치인과 정당에 뿌렸으며, 4대 군수산업체 로비스트들도 250명이 넘었다고 한다(켄 실버스타인, 2007). 이들 로비스트들 대부분은 퇴역한 고위급 장교들이거나 전직 국방부 관계자들이었다. 대표적인 예로, 미 국방부 평가국 국장을 역임했던 앤드루 마셜 Andrew Marshall은 냉전 기간 동안 체계적으로 러시아의 군사력을 과장하여 군비 확대를 부추겼다. 또한 21세기 전장에 적합한 최첨단 전투 체계를 갖추기 위해서는 수십억 달러의 예산을 들여 미국의 군사력을 대폭 강화해야 한다는 '군사 기술 혁신론Revolution in Military Affairs'을 전파하기 위해 각고의 노력을 기울였다. 군수산업체는 마셜처럼 "군수산업체가 필요로

하는 자금을 끌어다 줄 수 있는 아이디어를 제공하는 국방 전문가"(위의 글: 44)를 영입해 이윤 창출을 꾀했다. 이들 국방 전문가들은 탈냉전기에도 국방 예산을 감축하지 않을 수 있는 '기발한 시나리오'를 생산해 내며 미 군수산업 전체에 활력을 불어넣었다. 결국 군사 민영화·기업화는 군산복합체의 성장을 도모하는 영양분이 되고, 군산복합체의 성장은 군사 민영화·기업화 구조를 더욱 견고히 하면서 동반 상승 효과를 가져왔다.

나오미 클라인(2008)은 전 지구적 불안의 상황(쇼크), 전쟁, 테러, 자연재해, 경제 위기 등의 '재난'을 이용하여 새로운 시장을 형성하고 경제적 패러다임의 변화를 이끌어 내는 현 시기의 경제 체제를 '재난 자본주의 복합체disaster capitalism complex'라고 규정했다. 그러면서 오늘날 세계는 군산복합체가 재난 자본주의 복합체로 확장된 형태라고 역설한다. 이러한 재난 자본주의 복합체는 군사·안보 영역의 민간화를 주요 동력으로 삼아 형성됐으며, 민간화 작업을 성공시키기 위해 재난과 위기를 이용했다는 것이 나오미 클라인의 분석이다. 전쟁, 자연재해 같은 재난이 발생하면 다국적 기업들은 이러한 '쇼크' 상황을 예견하고 기다리기라도 한 듯 재건·복구의 이름으로 앞다퉈 밀려온다. 하지만 재난 자본주의 체제는 재난 복구보다는 쇼크 상태를 유지·활용해 자본 축적을 도모하고자 하는 숨은 의도를 가지고 있다. 미국의 침공으로 발발한 이라크 전쟁 복구 사업에서 부시 정부의 지원을 받은 〈핼리버튼Halliburton〉, 〈벡텔Bechtel〉, 〈파슨스Parsons〉, 〈블랙워터Blackwater〉 등과 같은 미국의 민간 군사 기업들은 이라크 재건 사업을 명목으로 천문학적 이윤을 남겼다. 수만 명의 외국 노동자들을 재건 현장에 투입할 정도로 철저하게 이라크 사람들을 배제시켰던 다국적기업들의 행태는 재건의 가면을 쓴 파괴 행위에 지나지 않는다. 한마디로 전쟁이라는 재난을 유발하고 그것을 강화·유지하여 더 많은 이윤을 창출할 수 있는 거대 시장을 형성하는 재난 자본주의 복합체의 전형이라 할 수 있다. 뿐만 아니라, 쓰나미로 폐허가 된 해변을 복구하겠다던 다국적기업들은 해변을 복구하는 것이 아니라 고수익을 올릴 수 있는 휴양지로 탈바꿈시켰다. 역시나 복구된 고향으로 돌아가고자 했던 재해민들의 의지와는 무관하게 재난 자본주의 복합체에 엄청난 이윤을 안겨 줄 수 있는 또 하나의 시장을 형성한 것이다.

이와 같이 오늘날 세계의 불안정(위기 상황)은 소수 무기 거래상뿐 아니라 최첨단 안보 분야, 재건·복구 회사, 부상당한 군인들을 치료하는 의료 서비스 회사, 석유·가스 회사 등 다양한 분야의 기업에 막대한 이윤을 안겨 주었으며 그러한 시장은 더욱 확대되고 있다. 즉 기존의 군산복합체가 무기 거래, 전쟁 물자 등 군수산업에 국한된 것이었다면, 재난 자본주의 복합체는 전쟁뿐만 아니라 모든 전 지구적 위기 상황을 관리·복구하는 작업과 연관되어 있다. 그리고 이 모든 작업은 철저하게 자본주의적 경제 시스템하에서 수행되고 있으며, 그 중심에 민간 군사 기업이 위치하고 있다.

공적 영역에서 국민국가의 핵심적 '의무이자 공공 서비스'였던 군사·안보 영역이 민간화되면서 '국방' 개념도 점차 위기 관리와 복구, 개인 안보 등의 문제에 초점을 맞추게 됐다. 또한 그러한 문제에 대처하고 문제를 해결해야 하는 주체가 국민 개개인이 되었으며, 개인의 경제 능력만이 민간 군사 기업이 제공하는 '재난'으로부터의 보호·복구 서비스를 구매할 수 있는 유일한 동력이 되는 시대가 왔다. 즉 공공 재화였던 군사 안보 영역이 자본주의 경제 시스템에 편입되어 상품화·산업화되는 전 지구적 군사 산업 시대가 등장한 것이다.

## 5. 초국적 노동자로서의 군인

탈냉전기 전 지구적 군사 산업 등장과 함께 군인의 개념 또한 변화했다. 국가 중심의 군사 안보가 중요한 시기였던 냉전기와 달리, 국가 의미가 희석되고 안보·군사 영역이 민간화·초국가화된 탈냉전 체제는 군인의 지위와 역할 등에 변화를 가져왔다. 민간 군사 기업화를 가능케 한 탈냉전 체제에서 군인의 의미는 국가의 안보와 방위를 위해 충성하며 희생하는 국민국가의 군인이 아니다. 이윤을 따져 전쟁 기술을 파는, 기업에 고용된 '초국적 노동자international labour'로 그 성격이 바뀌었다. 민간 군사 기업의 이러한 '군인 노동자military labour'는 극소수의 특수한 사례에 해당하는 것이 아니다. 전 세계 민간 군사 기업의 규모와 시장성이 그것을 잘 대변해 준다.

냉전 종식 이후, 민간 군사 산업은 지속적으로 성장하여 현재 전 세계에서 활동하는 기업 수가 대략 5백 개 내외로 추산되고, 연간 시장 수익이 1천억 달러 정도로 추정되며 2010년에 이르면 수익이 적어도 두 배로 증가할 것으로 예상된다(피터 W. 싱어, 2005). 또한 '전쟁 상품'으로 대표되는 이라크 전쟁의 경우, 계약 업자들이 거의 미군과 맞먹는 규모인 12만 명 정도로 추정되며, 그 규모 면에서는 이미 유엔을 능가했다고 한다. 2006년에서 2007년까지 유엔의 평화유지군 예산이 52억 5천만 달러인 것에 비해, 이라크 전쟁의 민간 군사 기업인 〈핼리버튼〉이 따낸 예산은 평화유지군 예산보다 약 네 배 많은 2백억 달러에 이른다(나오미 클라인, 2008).

또한 민간 군사 산업은 일정 정도의 금융 자본과 지적 자본만 있으면 시장에 참여할 수 있고, 국내외를 막론하고 '전쟁 능력'을 갖춘 전문 노동력을 비교적 저렴하고 쉽게 구할 수 있다는 점에서 진입 장벽이 낮은 산업에 속한다(피터 W. 싱어, 2005). 국민국가의 군사 시스템하에서 이미 '전쟁 기술'을 터득한 잠재적인 노동력(전직 군인)이 세계 도처에 깔려 있기 때문에 민간 군사 기업은 '질적인 노동력'을 확보하기 위해 기술 전수 및 재훈련 등의 비용을 따로 들일 필요가 없다. 뿐만 아니라, 국가 체제에서는 군인을 선발·훈련하고 군대를 지휘·관리하는 데 수십만 달러를 투자하지만, 민간 군사 기업은 동일한 서비스를 공개 시장에서 훨씬 적은 비용으로 제공할 수 있다는 점에서 경쟁력이 높다. 민간 군사 산업의 이러한 구조적 특징은 민간 군사 산업의 전 지구적 확장을 더욱 용이하게 한다.

한 국가가 독점 관리하던 군인이 초국적 노동자로 변모하게 된 또 다른 주요한 배경에는 다국적기업이 있다. 민간 군사 기업이 다국적기업의 안보를 담당하게 된 것이다. 이윤을 쫓아 움직이는 다국적기업은 정치적 위험이 있는 곳일지라도 투자 가치가 있고 수익이 존재한다면 어디든 진출하고자 한다. 오히려 정치적 위험이 높은 지역 대부분이 미개척 영역으로 시장성이 더 높기 때문에 투자 가치도 그만큼 높아진다. 실질적으로 많은 다국적기업들이 격렬한 분쟁 지역임에도 석유, 천연가스, 다이아몬드, 금 등과 같은 천연자원이 풍부한 나라에 진출하여 엄청난 이윤을 거둬들이고 있다(위의 글). 이러한 정치적 위험과 안보의 위협을 무릅쓰고 다국적기업이 전 세계로 진출할 수 있기까지 민간 군사 기업의 역할이 아주 컸다. 시장성 높은 천연자원이 풍부한 곳에서는 대부분 내전이나 반란이 빈번히 발생하고 있고, 다국적기업의 시설 대부분이 그 충돌의 중심부에 자리 잡고 있다. 예를 들면 콜롬비아에 진출한 다국적기업의 송유관 및 석유 산업 생산 시설은 1986년에서 1996년 사이에만 985차례에 이르는 반군의 공격을 받았다. 2001년 한 해에만 송유관이 170차례나 폭파되었다고 한다(위의 글). 결국 외국 정부에게 안보를 의존할 수 없는 다국적기업들은 반군 및 테러리스트들의 공격에 대비하기 위해 민간 군사 기업에게서 안전을 구매하게 된다. 〈핼리버튼〉은 반군이 장악한 앙골라의 유정 시설을 개발하는 사업에서 안전 업무를 담당하는 대가로 2억 달러 이상의 금액을 받았으며, 콜롬비아의 다국적기업들은 좌익 게릴라, 마약 테러리스트, 우익 준군사 조직 등을 격퇴하기 위한 보안 비용으로 전체 운영 예산의 6퍼센트 정도를 민간 군사 기업에 지출하고 있다(위의 글). 이와 같이 민간 군사 산업은 탈냉전 자본주의 시대의 고부가가치 산업으로 자리 잡게 되었다. 뿐만 아니라, 자국의 안보 강화와 국가 방위 임무를 맡았던 군인은 자본의 흐름에 따라 군사 기술 및 안보 서비스를 판매하는 고수익[*]의 '초국적 노동자로서의 군인'으로 변모하게 된다.

다국적기업이 존재하는 한 기업의 안보 문제를 담당할 민간 군사 기업은 그 명맥을 유지하게 될 것이며, 다국적기업의 팽창과 함께 초국적 군인 노동자의 수도 지속적으로 증가할 것이다.

## 6. 평화로운 신자유주의 이후의 세상을 위하여!

냉전기에는 자본주의와 공산주의의 이데올로기적 대항 구조 때문에 군사적 우위를 차지하는 것이 주요한 국가 목표였다. 그러나 탈냉전기에는

---

[*] 민간 군사 기업의 군인 노동자들은 전투 부대에서 하루만 일해도 일반 군대 징집 사병 한 달 월급 정도를 벌 수 있으며, 실제로 영국의 많은 병사들이 군인 급여의 두 배가 넘는 연봉을 제시한 민간 군사 기업으로 넘어가 군대를 떠나는 바람에 영국 특수 부대들은 신병 모집에 어려움을 겪고 있다고 한다(피터 W. 싱어, 2005).

이데올로기보다는 시장 논리에 입각한 '실리' 추구의 실용주의가 더 큰 힘을 발휘하고 있다. 즉 군사적 우위보다는 경제적 우위를 차지하는 것이 더욱 중요한 국가 이념이 된 것이다. 그러나 냉전기의 군사적 우위 또한 경제력을 기반으로 형성되었으며 냉전기·탈냉전기가 모두 미국 주도의 세계 자본주의 체제를 형성·강화하기 위한 역사적 과정이었다는 점을 고려한다면 냉전과 탈냉전은 연속선상에 있는 것으로 이해해야 한다.

세계화, 시장화, 민영화로 대표되는 신자유주의는 자본주의의 본질을 압축적으로 보여 준다. 신자유주의는 국가의 모든 영역을 시장에 내놓아 공급과 수요의 시장 원리에 따라 이윤을 창출하는 경제 시스템을 요구한다. 즉 시장의 '보이지 않는 손'이 국가 경계를 허물기도 하고, 국가의 배타적 영역이었던 군사·안보 영역까지 시장에 의해 상품이 되어 상품 가치로 조절·평가되는 시대가 된 것이다. 뿐만 아니라 민간 군사 기업화는 기존의 군인 개념 또한 바꾸어 놓았다. 군인이 될 수 있는 기본 요건은 한 국가의 시민이어야 하고, 상부 통제와 관리의 단위가 국가였기 때문에 국가 영역에 속하는 개념이었다. 그러나 군대의 민영화·시장화는 군인의 상부 단위를 국가가 아닌 기업으로 바꾸어 놓았다. 군인이 한 국가에 속하는 '자국 군인'이 아닌, 자유로이 국경을 넘어 기업과 개인의 이윤 창출을 위해 움직이는 '초국가적 노동력'이 된 것이다.

바야흐로 전쟁도 사고팔 수 있는 시대가 되었다. 국가의 공적 영역으로 영원할 것 같았던 군사 영역이 이제는 시장에서 거래되는 상품이 되는 시대다. 남북 분단으로 여전히 냉전 시대를 살고 있는 한반도에서 민간 군사 기업의 '전쟁 대행'은 우리와는 상관없는 일처럼 보인다. 그러나 아직은 보안 업무에 제한적이기는 하나, 한국에서도 민간 군사 산업이 성행하고 있으며 군사 분야 전문 기업인 〈켈로그 브라운 앤드 루트Kellogg, Brown&Root〉가 2005년 3월, 이미 한국에 지사를 설립했다. 또한 2005년 9월 13일 국방부가 발표한 '국방 개혁 2020' 안은 보급, 정비, 인쇄, 복지단 등 총 28개 지원 부대를 아웃소싱한다는 계획을 포함하고 있다(『매일경제』, 2007. 10. 1.). 안보가 구매할 수 있는 상품이 되고, 손익 계산을 따져 민간 군사 기업에 전쟁을 흥정하는 탈냉전 자본주의 시대의 거대한 흐름을 한국이라고 비껴가기란 쉽지 않아 보인다. 이라크 전쟁과 같이 시장성과 이윤이 존재하는 곳이라 면 어디든지 '상품'이 될 수 있고, 한국도 '매력적인' 상품 중 하나가 될 것이라는 나오미 클라인(2008:486)의 예언이 빗나가기만을 바랄 뿐이다.

　군사 영역에서의 포스트신자유주의적 세계를 상상하기는 쉽지 않다. '군사', '안보' 영역이 각 국가의 가장 강력한 핵심 가치로 자리잡아 왔기 때문이기도 하고, 앞으로도 그 가치가 크게 변하지 않을 것이기 때문이다. 하지만 깁슨-그래험이 『포스트자본주의 정치학A Postcapitalist Politics』에서 비 자본주의 경제적 삶의 실천 사례*을 보여 주었듯이, 사고의 전환과 실천 만 뒤따른다면 군사 · 안보 영역의 비자본주의적 실천도 전혀 불가능한 것 은 아니다. 앞에서 설명했듯이 전적으로 국가 영역으로만 여겨지던 군 사 · 안보 영역이 이제는 민간 군사 기업에 의해 구매할 수 있는 상품으로 거래되고 있다. 이것은 탈영토화, 탈국가화하는 신자유주의 체제의 특성

---

* 깁슨-그래험Gibson-Graham, J.K.은 경쟁과 개발 중심의 자본주의 지배 담론에서 탈피해 협력, 상생, 공존의 비자본주의 경제 실천의 가능성을 역설한다. 노동자들이 잉여 생산부터 재분배까지의 모든 과정에 직접 참여 하여 지역 경제를 활성화하고 복지 시스템을 구축한 스페인의 〈몬드라곤 협동조합〉, 이주 노동자들 송금의 일 부를 공동체 자산으로 형성하여 지역의 복지 기금으로 전환하는 필리핀 자그나 지역의 경제 공동체, 저축 공 동체를 통해 극빈자들의 고용을 창출한 인도의 사례, 이윤의 일부를 일자리 재창출에 활용하는 매사추세츠의 기업 등 다양한 사례들이 있다(더 자세한 설명은 이 책의 에필로그 참고).

이 그대로 반영된 결과다. 어떻게 보면 신자유주의의 이러한 특징이 군사 · 안보 영역의 비자본주의적 실천을 더욱 쉽게 하는 요인이 될 수도 있다. 군축론자들의 주장과 같이, 안보의 주체가 탈국가화되어야 안보 딜레마와 군비 경쟁을 막을 수 있기 때문이다. 그들이 주장하는 안보의 탈국가화는 국가의 안보 책무와 역할을 부정하는 의미는 아니다. 기존의 국가 안보 개념에서 탈피한 '인간 안보', '공동 안보'로의 담론적 전환의 필요성을 역설하는 것이다(구갑우, 2008). 즉 국가로 제한되었던 안보 대상을 개인에서 전 인류로 확장해야 한다. '위협의 부재'에만 초점을 맞추는 소극적 개념에서 개인과 집단의 자유와 해방을 담보하는 적극적 개념인 '인간 안보'로 안보 개념을 전환해야 한다. 그리고 안보 관계의 상호의존성을 고려하는 '공동 안보'로의 담론 전환 또한 필요하다. 이러한 안보 담론의 전환을 위해서는 '평화'를 추구하고 실천하는 초국가적 합의가 선행되어야 한다.

평화란 단순히 전쟁과 폭력 등의 물리적 억압이 없는 상태가 아니다. 성, 계급, 인종 등 모든 차원에서 전쟁이나 폭력, 빈곤과 같은 갈등이 없는 상태, 그리고 그 갈등을 민주적 · 평화적 방법으로 해결할 수 있는 상태로 넓게 이해되어야 한다. 국가 간 군비 경쟁과 군사 영역에 국한된 안보에서 탈피해야 '평화' 실현의 초석을 마련할 수 있다. 이러한 평화 지향적인 인간 안보, 공동 안보는 전 지구적 차원의 제도와 정책, 그리고 개개인의 실천적 지향이 결합되었을 때 실현 가능하다. 안보의 궁극적 대상이 사람이라는 인식의 전환과 국가 이익과 국제사회 규범을 조화시키려는 노력이 필요하다. 이러한 인식 전환과 함께, 국가 안보에 치중하여 과도한 군비 경쟁을 일으켰던 군사 비용을 복지 비용으로 전환하여 양극화의 간극을 좁힐 수 있는 체제로 탈바꿈하기 위한 노력이 지속적으로 이루어져야 한다. 군축을 통해 복지 비용을 확대하자는 제안은 냉전기부터 있어 왔고 그 정당성에 폭넓은 동의를 이끌어 내는 데까지는 어느 정도 성공했다. 그러나 기존의 국가 중심, 군사 중심의 안보에서 인간 중심, 탈국가적 안보 패러다임으로 전환하지 않는다면 이러한 실천은 불가능하다. 이것은 냉전적 군사 대치 상황에 있는 남북한만의 노력과 합의로 가능한 것이 아니다. 특정 국가가 아닌 전 지구적인 동의와 구체적인 실천이 있어야 가능하다.

군사 · 안보 영역에서 신자유주의 이후의 변화를 상상하는 것은 단순히 전쟁과 폭력에서 안전한 세상을 상상하는 것으로 그치지 않는다. 개인의 의지와 자유가 보장되는 사람 중심의 안보가 실현되는 세상, 이러한 평화 지향적인 안보를 실현하기 위해 탈국가적이고 전 지구적인 실천이 당연시되는 그런 세상을 상상해 본다. 지나친 낙관일지는 모르겠지만 새로운 안보 패러다임에 걸맞게 사고를 전환하고 전 지구적인 제도적 차원의 실천이 뒷받침된다면, 그런 세상이 전혀 실현 불가능한 이상으로만 남아 있지는 않을 것이다.

# 4장 참고 문헌

구갑우, 「평화 국가와 평화운동」, 『평화백서 2008: 시민 안보를 말하다』, <참여연대평화군축 센터> 엮음, 서울: 아르케, 2008.

권만학, 『분단과 통일의 변증법-모란인가 국화인가』, 서울: 양지, 2000.

김승국, 「미국 군산복합체의 동향」, 『경제와 사회』, 20권, 1993년 겨울호.

_____, 「미국 군산복합체의 동향」, <평화네트워크 http://www.peacekorea.org/main/board>, 미간행물.

김영호, 『한국전쟁의 기원과 전개 과정: 스탈린과 미국의 롤백』, 서울: 두레, 1998.

_____, 「탈냉전기 냉전 기원의 새로운 해석에 관한 연구」, 『한국정치학회보』 제35집 제2호, 2001.

김정배, 『미국과 냉전의 기원: 공존과 지배의 전략』, 서울: 혜안, 2001.

나오미 클라인, 김소희 역, 『쇼크 독트린』, 서울: 살림, 2008.

노암 촘스키, 「냉전과 세계자본주의」, 『탈냉전과 미국의 신세계 질서』, 서재정 외 엮음, 서울: 역사비평사, 1996.

렉 위타커, 「탈냉전 이후 미국의 안보와 첩보」, 『탈냉전과 미국의 신세계 질서』, 서재정 외 엮음, 서울:역사비평사, 1996.

마이클 클레어, 「탈냉전 이후 미국의 군사 정책」, 『탈냉전과 미국의 신세계 질서』, 서재정 외 엮음, 서울:역사비평사, 1996.

박창근, 「급변하는 동북아, 표류하는 한국」, <국제한민족재단 http://www.koreanglobalfoundation.org /english/06summer-05.htm>, 미간행물.

브루스 커밍스, 「1970년 위기의 종언: 삼각 구상과 신세계 질서」, 『탈냉전과 미국의 신세계 질 서』, 서재정 외 엮음, 서울: 역사비평사, 1996.

서재정, 「한반도 군비 경쟁 배후 미국 매파와 군산복합체」, 『월간말』, 1999년 3월호(통권 153호).

_____, 「미국의 군사 전략 변화와 한미 동맹」, 『창작과 비평』, 2004년 가을호.

송대성, 「한국의 선택, 국력에 상응하는 군사력 증강과 한미 동맹 강화를 통한 안보 역량 확 보」, 『북한』, 5월호, 2005.

수전 조지, 이대훈 역, 『루가노 리포트: 21세기 자본주의의 유지 방안』, 서울: 당대, 2006.

앤드류 글린 · 밥 셧클리프, 「지도자 없는 범세계화와 새로운 자본주의 질서」, 『탈냉전과 미 국의 신세계 질서』, 서재정 외 엮음, 서울:역사비평사, 1996.

윌든 벨로 · 에릭 브란츠, 「위험과 가능성: 태평양 지역에서 대안적 질서의 모색」, 『탈냉전과 미국의 신세계 질서』, 서재정 외 엮음, 서울:역사비평사, 1996.

이규영, 「탈냉전기 유럽 정보 환경과 정보 공동체」, 『국가전략』 제13권 1호, 2007.

이삼성, 『세계와 미국: 20세기의 반성과 21세기의 전망』, 서울: 한길사, 2001.

전재성, 「부시 행정부의 변환 외교: 정보화 시대 제국적 지식 외교의 등장」, 『국가전략』 제12 권 4호, 2006.

정욱식, 「9 · 11 테러 이후 1년, 테러와의 전쟁과 미국의 군산복합체」, 『문화과학』 31호, 2002.

켄 실버스타인, 정인환 역,『전쟁을 팝니다』, 서울: 이후, 2007.

피터 W. 싱어, 유강은 역,『전쟁 대행 주식회사』, 서울: 지식의 풍경, 2005.

해리 맥도프,「자본의 지구화와 그 지향점」,『탈냉전과 미국의 신세계 질서』, 서재정 외 엮음,
서울:역사비평사, 1996.

홀리 스클라,『신세계질서와 미국』,『탈냉전과 미국의 신세계 질서』, 서재정 외 엮음, 서울:역
사비평사, 1996.

홍규덕,『국제 체제의 변화와 자본주의의 미래 탈냉전 시대: 미국 외교 정책의 좌표와 과제」,
『사회비평』7권, pp. 59~88, 서울: 나남출판사, 1992.


Berger, Mark T., "The Rise and Demise of National Development and the Origins of
Post-Cold War Capitalism", *Millennium: Journal of International Studies*, Vol. 3o, No.
2, pp. 211~234, 2001.

Gibson-Graham,J.K., *A Postcapitalist Politics*, the University of Minesota Press. 2006.

Goldstein, Joshua, *Long Cycles: Prosperity and War in the Modern Age*, New Haven:
Yale University Press, 1988.

Gilpin, Rober, *War and Change in World Politics*, Cambridge: Cambridge University
Press, 1981.

Lebow, Richard Ned., "The Long Peace, the End of the Cold War, and the Failure of
Realism", *International Organization*, Vol. 48, No. 2(Spring), 1994.

Thompson, Kenneth W., *Cold War Theories: World Polarization*, 1943~1953, Vol. 1,
Baton Rouge: Louisiana University Press, 1981.


『브리태니커 백과사전』 https://www.britannica.co.kr

『매일경제신문』 http://www.mk.co.kr

『이코노미스트』 http://www.economist.com, "Military-industrial complexities", Vol.
366호, 2003. 3. 29.

# '나 주식회사' 와 외모 관리

김고연주

"외모는 한 개인의 가치관, 시간 사용, 다이어트, 감정의 관리, 자기 통제, 자기 확신 등 신자유주의 시대가 요구하는 삶의 방식이 응축적으로 드러나는 핵심적인 상징 기호로 기능한다. 따라서 오늘날 '나 주식회사' 의 최고 경영자인 개인은 외모를 통해 상품 가치를 지닌 인적 자원으로서 자신을 만들어 내고 홍보한다."

* 주제어: 나 주식회사, 브랜드 유, 삶의 방식, 상품 페미니즘, 나르시시즘적 소비, 성애화 문화

## 1. '외모＝경쟁력'이 양산한 '루저'

"일단 키 작은 남자는 싫어요. 키 큰 분이 많고 외모가 중요해진 시대에서 키는 경쟁력이라고 생각하거든요. 키 작은 남자는 루저라고 생각합니다. (…) 내 키가 170센티미터니까 최소 180센티미터는 돼야 한다고 생각합니다, 깔창 빼고."

2009년 말 〈미녀들의 수다〉라는 텔레비전 프로그램에서 거침없이 전파를 탄 이 발언은 키가 180센티미터 이하인 남성을 루저로 규정함으로써 평균 신장 173센티미터인 대한민국 남성들의 공분을 샀다. 방송 후 프로그램의 홈페이지는 1만여 건의 항의 글로 도배가 됐고, 방송사를 상대로 78건의 손해배상 소송이 〈언론중재위원회〉에 접수됐으며,[*] 발언자의 미니홈피는 악플이 쇄도하여 폐쇄되기에 이르렀다. 또한 네티즌들은 각종 영화 포스터와 드라마 장면을 패러디한 영상물을 쏟아내며 '루저의 난'을 일으켰고, 키가 170센티미터인 톰 크루즈를 '톰크 루저'로, 웨인 루니를 '웨인 루

---

[*] "남자들의 여성 외모 비하 발언과 다를 게 뭐 있나", 『여성신문』, 2009. 11. 20.

저' 로 바꿔 부르기도 했다. 결국 방송사가 사과를 하고 프로그램 제작진이 전원 하차했다. 하지만 남성들의 분노는 쉽게 가라앉지 않고 프로그램을 폐지해야 한다고 목소리를 높였다.

나 또한 이 발언에 문제가 있다는 데 동의한다. 하지만 외모 지상주의 사회에서 외모에 대한 남성들의 평가와 비방에 익숙해 있는 여성들은 남성들의 공분에 냉담한 반응을 보이기도 했다. 지금까지 여성의 외모를 평가해 오던 남성들이 여성에 의해 자신의 외모를 평가받는 낯선 경험에 분개하고 있다는 것이다. 그러나 일부 남성들은 이 발언이 여성들에 대한 일반적인 외모 차별과는 다른 특징을 지니고 있다고 주장한다. 얼굴이나 몸매 같은 다른 외모와 달리 남성들에게 '키'는 매우 민감한 문제인데 이는 키가 화장이나 성형, 운동 등으로 개선될 수 없는 것이기 때문이다. 또한 '예쁘다', '날씬하다'는 어느 정도 주관적인 개념이므로 개인의 자신감 등에 따라 수용 정도가 다를 수 있지만, 180센티미터는 구체적인 수치이기 때문에 그 수치에 이르지 못하는 '루저'와 그 수치를 넘는 '승자' 간의 구분이 너무 확연하다는 것이다. 그리고 문제가 된 발언이 키가 큰 사람을 '선호한다'는 식의 표현이 아니라 키가 작은 사람을 싸잡아 '루저'라고 규정함으로써 가뜩이나 취업 등으로 자신감을 잃어버린 남성들 가슴에 비수를 꽂았다는 것이다.

남성들은 이처럼 날을 세우면서 발언의 폭력성과 자신들의 분노를 설명하고 있다. 남성들의 반응에 대해서는 논쟁이 있을 수 있지만 이 발언이 외모 지상주의의 폐해를 극명하게 보여 주는 사례인 것은 분명하다. 이 사건은 오랫동안 가해자였거나 방관자였던 남성들이 일순간에 집단적 피해자로 전락함으로써 외모 지상주의의 가해자와 피해자가 더 이상 성별에 의해 고정되지 않는 현실을 잘 보여 준다. 이는 외모가 유일한 자원인 대부분의 여성들뿐 아니라 다른 여러 자원을 가지고 있었던 남성들에게도 오늘날 외모가 중요한 능력 및 경쟁력이 되었음을 의미하는 것이다. 외모 가꾸기는 자신의 능력을 상대방에게 어필할 수 있는 가장 빠르고 확실한 방법으로 자리 잡았다. 다른 조건이 비슷할 때 외모가 더 나은 사람을 선택하는 것이 아니라 다른 조건들과 외모가 비슷한 비중을 차지하거나 오히려 외모가 우선시되는 경향이 점차 심화되고 있다. 바야흐로 외모 가꾸기는 곧 자기 계발과 같은 의미가 되었다.

이처럼 신자유주의 시대에 경영의 주체, 자기 계발의 주체가 된 사람들은 자신이 어떤 사람인지를 외모를 통해 보여 준다. 오늘날 경쟁력 있는 외모를 갖추려면 여성과 남성 모두 매끈한 피부, 잘 다져진 몸매, 세련된 스타일 등을 지녀야 한다. 이를 위해 개인들은 값비싼 화장품을 구입하고, 피부 관리실에서 정기적으로 관리를 받고, 하루 동안 자신이 섭취한 칼로리를 계산하고, 헬스클럽에서 근육 보조제를 먹으며 운동에 매진하고, 최신 유행하는 옷과 명품 가방을 구입하고, 인터넷에서 성형 수술 정보를 교환한다. 이러한 노력은 자신을 위한 '투자'로 개념화되어, 힘들고 지리한 과정이 아니라 투자한 만큼, 또는 그 이상의 대가를 보장하는 즐거운 자기 관리 행위로 간주된다.

이 장에서는 신자유주의 시대에 차별적인 경쟁력을 지녀야 하는 개인에게 외모 가꾸기가 어떻게 중요한 자기 관리 전략이 되었는지를 분석하고자 한다. 이를 위해 먼저 신자유주의 시대 원자화된 개인들이 치열한 경쟁 속에서 살아남기 위해 자신을 하나의 '상품'으로 간주하게 되는 인식의 변화를 논의할 것이다. 이제 개인은 상품으로서 자신의 브랜드를 구축하기 위해 삶의 방식까지 상품으로 상징하고 있다. 자기 관리로서의 외모 가꾸기는 패션 뷰티 산업과 연동해 상품의 소비를 통해 구현되고 있으며, 패션 뷰티 산업은 페미니즘을 차용하여 여성들을 대상으로 산업을 확장시켜 나갔다. 그러나 오늘날 외모 가꾸기는 여성들의 능력 및 경제력이 상승하고 외모가 자기 계발에서 차지하는 비중이 증가하면서 남성들에게도 중요한 자기 관리 영역이 되고 있다. 이러한 변화는 성애화의 성별 구분이 붕괴되고 여성과 남성 모두가 자기 계발이라는 목적 하에 자기를 감시하고 통제하는 자아로 구성되는 현실을 드러낸다.

## 2. '나 주식회사' 와 '브랜드 유'

신자유주의는 자유무역 활성화, 기업 이익 극대화, 노동시장 유연화, 공기업의 사유화, 복지에 대한 도전 등의 경제정책에만 머무는 것이 아니라 신자유주의적 가치를 모든 사회 제도와 개인에게 전파하는 것을 목표로 한다. 신자유주의는 사회, 문화, 정치의 모든 국면을 상업적인 것으로 간주하고, 인간의 모든 영역들을 상품화하고 있으며, 이러한 가치를 실천할 수 있는 제도를 만들어 내 모든 영역에 시장성이라는 가치를 부과한다. 이처럼 모든 정책과 제도와 담론이 시장성을 기준으로 재구성되고 신자유주의적 합리성이라는 가치를 개발하고 보급하며 제도화시킨다는 점에서 신자유주의는 '구성주의적인 프로젝트constructivist project' 다(Brown, 2003).

'개인'은 기존에 비경제적인 영역이었다가 경제적인 영역으로 이동한 대표적인 예다. 신자유주의는 개인을 합리적이고 계산적인 존재로서 '스스로를 책임지는' 능력을 지닌 사업가적 자아로 규정한다(서동진, 2010). 즉 자신의 필요와 야망을 스스로 충족시키고 자신에게 책임을 다하는 자아인 것이다. 신자유주의는 개인은 합리적이기 때문에 스스로 노력만 한다면 누구나 경제적 · 사회적 · 개인적으로 성공할 수 있다고 선전한다. 그러나 누구나 노력하면 성공할 수 있고, 자신에게 일어나는 일들을 자신이 통제할 수 있다는 믿음은 사회 · 경제 · 구조적 문제들과 개인의 관계를 고려하지 않은 신화에 불과하다. 개인의 삶은 전적으로 개인이 책임진다는 주장은 결과에 대한 책임을 개인에게 돌리려는 의도다. 이는 곧 성공하지 못한 삶은 '잘못 경영된 삶'이라는 결론으로 이어진다(위의 글). 따라서 노동시장 유연화, 높은 실업률, 정리 해고 등 고용은 더욱 불안정해지고, 교육 · 의료 · 주거 등의 복지가 감소하고 있는 오늘날 개인의 불안감은 가중되고 있다. 개인은 '유연한 자본주의flexible capitalism' 시스템하에서 예측 불가능한 삶을 살게 되었으며 자신의 미래에 대한 통제력을 상실하게 되었다(세넷, 2001). 이제 언제 어떤 일이 생길지 알 수 없게 된 개인은 자신과 가족의 생계를 위해 언제든지 다음 직장을 구할 준비가 되어 있어야 하며, 이를 위해 더 열심히 일해야 할 뿐 아니라 자신에게 투자하고 자신을 관리하는 동시에 끊임없이 개선시켜야 한다.

현대 기업 경영의 창시자이며 세계 3대 경영학자 중 한 명으로 꼽히는 톰 피터스Tom Peters는 개인이 '나 주식회사의 최고경영자(CEO of Me Inc.)'가 되어야 한다고 권고한다(Peters, 1997). 직장에 다니고 있더라도 스스로 독립 계약자처럼 생각하고 행동해야 한다는 것이다. 피터스는 이러한 정신적 독립 계약자를 '브랜드 유Brand You'라고 명명한다. 자신의 성공과 삶을 책임지는 것은 바로 '나 자신'이라는 것이 '브랜드 유'의 기본자세다. '브랜드 유'는 곧 '나 주식회사'를 의미하며 '나 주식회사'는 다른 사람들과는 차별적인 '나라는 상품'을 제공함으로써 이익을 내야 한다. 따라서 '나 주식회사'는 차별적인 상품인 '나'를 머리끝부터 발끝까지 팔기 위한 신용 증명서로서의 브랜드를 가져야 한다. 이것이 '나 주식회사'의 마케팅이다(Peters, 1999).[*]

이처럼 개인이 하나의 주식회사가 되고 자기 회사의 브랜드를 만들어 내야 된다는 피터스의 주장은 기업들의 생존 전략을 벤치마킹한 것이다. 나오미 클라인Naomi Klein은 대량 생산으로 비슷한 제품들이 시장에 넘쳐 나면서 제품의 차별성을 구축하기 위해 브랜드가 등장했다고 설명한다(클라인, 2002 : 28). 브랜드가 생겨나면서 브랜드가 제품을 대변하게 되었고, 이를 통해 기업은 자신의 이미지를 구현함으로써 고유한 '특성'을 확보할 수 있었다. 이러한 브랜드의 의미는 1988년에 〈필립 모리스Philip Morris〉가 〈크라프트Kraft〉를 서류상 가치의 여섯 배에 달하는 126억 달러에 인수하면서 본격화되었다. 실제 가격과 인수 가격의 차이는 '크라프트'라는 브랜드 가치 때문에 발생했다. 이는 이전까지 불분명하고 수치화할 수 없었던 것으로 여겨졌던 브랜드 이름을 구체적으로 환산한 대표적인 사례였다. 이후 기업들의 브랜드에 대한 투자는 가속화되었고 기업들은 투자한 만큼 기업의 가치가 상승하는 현상을 경험했다. 기업이 자사의 특성과 이미지라는 브랜드 정체성, 곧 '기업 정신'을 가지고 브랜드의 본질을 추구하면서 브

---

[*] 원문은 다음과 같다. "당신을 머리끝부터 발끝까지 팔아라. 이것은 〈아서 앤더슨〉의 회계사, 〈오라클〉의 프로그래머들에게 절대적 진리다. 물론 마사 스튜어트에게도 마찬가지다. 팔아라. 팔아라. 팔아라. 팔아라. 팔아라. 팔아라. 팔아라. 만약 '팔아라'라는 말이 소름 끼치거나 고통스럽더라도, 글쎄... 걱정스럽기는 하지만. 21세기잖아. 정신 차려야지.(가혹하게 말해서 미안. 지금은 솔직해져야 할 때야.) Tom Peters, *Reinventing work: the brand you 50: fifty Ways to Transform yourself form an "Employee" into a Brand that shouts distinction, commitment, and passion!*, Alfred A. Knope. Inc. New York, 1999.(pp.192~193)

랜드는 태도, 곧 '삶의 방식life style'으로 확장되었다. 각각의 기업은 이지적인 모습, 미래 지향적인 모습, 자신만만한 모습 등을 내세우면서 자기 기업의 브랜드 개념을 만들고 그 개념을 다양한 방식으로 문화에 침투시킴으로써 강력한 기업 정체성을 만들어 냈다. 이제 기업들은 스스로를 상품 생산자가 아니라 '의미 중개자'로 정체화하고 제품에 대한 직접적인 광고보다 브랜드 홍보에 열을 올리게 됐다. 또한 단순히 제품뿐 아니라 외부 문화도 브랜드로 만들어 냄으로써[*] 브랜드는 아이디어와 태도, 가치, 경험 등 삶의 방식을 상징하는 기호가 되었다(클라인, 2002: 30~42).

이렇게 기업이 자사 제품의 가치를 브랜드로 상징해 내는 것과 마찬가지로 자신이 기업이자 상품인 '나 주식회사'의 상품 가치는 '브랜드 유'가 상징하게 되고 이는 곧 자기 삶의 방식으로 표현된다. 삶의 방식을 브랜드로 표현하는 오늘날, '브랜드 유'라는 개념은 다른 상품 브랜드에 자기 재현을 의존하는 닫힌 관계 속에 갇히게 된다. 자신의 취향, 계급, 배경, 문화 정체성 등 '브랜드 유'가 증명해야 하는 삶의 방식은 여러 제품 중 특정한 제품을 선택함으로써 드러난다. 즉 자신이 누구인지를 보여 주는 것은 매일의 소비 행위와 직접적인 연관성을 지닌다(Paterson, 2005: 37).

특히 이러한 소비 행위는 자신을 타인과 구별짓는 방법이기 때문에 '나 주식회사'의 경쟁력인 '브랜드 유'는 자신의 개성을 통해 정체성을 만들어 내고, 자신이 보여지는 모습과 자신이 보여지기를 원하는 모습 사이의 간극을 파악하고 조정해야 한다. 이러한 간극은 사람들이 자신을 어떻게

---

[*] 예를 들어 이탈리아 의류 회사 베네통은 'united colors of benetton'이라는 브랜드 문구를 통해 인종차별에 저항하는 문화를 브랜드 이미지로 구축했다.

인식하느냐에 달린 것으로, 타인에게 무관심하고 다른 사람들과의 만남이 피상적인 오늘날 '브랜드 유'의 시각성visibility은 다른 어떤 요소들보다 우선시된다(Peters, 1997). 이러한 시각성은 외모로 구체화되므로 개인은 짧은 시간 안에 자신을 기억시키고 자신의 매력을 보여 줄 수 있는 외모를 만드는 데 주력하게 된다. 외모는 한 개인의 가치관, 시간 사용, 다이어트, 감정의 관리, 자기 통제, 자기 확신 등 신자유주의 시대가 요구하는 삶의 방식이 응축적으로 드러나는 핵심적인 상징 기호로 기능한다. 따라서 오늘날 '나 주식회사'의 최고 경영자인 개인은 외모를 통해 상품 가치를 지닌 인적 자원으로서 자신을 만들어 내고 홍보한다.

## 3. 패션 뷰티 산업과 자기 관리

오늘날에는 여성과 남성 모두 외모가 인적 자원으로서 개인의 상품 가치를 드러내는 상징 기호가 되고 있는 현상을 동일하게 경험한다. 이는 여성의 사회 진출이 활발해지면서 여성은 외모에 관심을 가지고 남성은 성공에 관심을 갖는다는 기존의 성별화된 구분이 와해되었기 때문이다. 이 장에서는 이러한 변화 과정을 간략하게 살펴보고 오늘날 외모 관리가 여성과 남성에게 의미화되는 방식과 구현되는 양상을 살펴볼 것이다.

### 1) 페미니즘과 패션 뷰티 산업의 융합

신자유주의 시대가 새로운 삶의 방식을 요구하면서 소비 유형에도 변화가 일어났다. 오늘날에는 무엇보다 자신을 신자유주의 시대가 요구하는 삶의 방식을 체화한 몸으로 상징해 내는 것이 중요하다. 따라서 외모 관리를 위해서는 다양한 상품들이 필요하다. 개인은 상품 물신주의에 젖어 있는 천박한 소비자가 아니라 끝없이 쏟아지는 상품, 곧 이미지와 상징의 홍수 속에서 그것들을 해석하여 자신에게 필요한 상품을 선택하는 능동적 행위자가 되어야 한다. 상품의 사용 가치보다 기호 가치가 더 중요해지면서 외모로 자신을 표현하는 개인들은 자신이 소비한 상품을 통해 사람들에게 자신을 알리고 또한 상대방을 이해한다. 개인은 상품이 내포하고 있는 의미를 통해 다른 사람들과 소통하는 것이다. 상품으로 자신을 표현하는 개인은 자신의 현실과 자신이 지향하는 이상향과의 간극을 상품으로 메우기 때문에 끊임없이 상품을 소비하게 된다(Paterson, 2005: 34~35). 그러나 개인에게 필요한 것은 상품의 소비를 통해 자신이 추구하는 상징을 소유하는 것에 그치지 않는다. 예를 들어 오늘날 명품은 누구나 소유할 수 있는 상징이 되어 버렸기 때문에 사람들은 단순한 명품 소비를 넘어 명품에 어울리는 신체적·정신적 자아를 구축하는 일을 더 중요하게 여기게 됐다. 개인들은 명품 소비의 범람 속에서 특별한 자아를 통해 자신을 다른 사람과 구별 짓는다. 이러한 구별 짓기는 주관적인 것이기 때문에 자신이 원하는 자아상에 도달하기 위해서는 부단히 자기 관리를 해야 한다. 이제는 명품 가방을 들고 다니기 위해 그 가방에 어울리는 명품 코트나 명품 구두를 갖추는 일이 중요한 게 아니다. 돈만 내면 한순간에 소유할 수 있는 기성품들을 넘어 명품 몸매, 명품 피부 등 철저하게 관리된 몸을 갖추는 일이 더 중요해졌다. 따라서 오늘날 외모 가꾸기는 옷, 가방, 신발, 화장품 등의 물건뿐 아니라 헤어, 네일 아트, 헬스, 마사지, 요가, 성형, 그리고 타로와 명상에 이르기까지 그 범위가 지속적으로 확장되고 있다. 이 상품들은 소비가 외모뿐 아니라 건강과 자신감, 치유 등 내면으로도 향하면서 개인이 몸을 넘어 마음까지 관리하고 있음을 보여 준다(Attwood, 2005: 400). 이처럼 자기 계발 담론과 패션 뷰티 산업이 연동되면서 개인에게 필요한 상품의 범주가 끊임없이 확장되고 패션 뷰티 상품의 소비가 자기 계발을 위한 필수적인 투자로 간주된다. 자기 계발은 결코 완료되지 않는 일생의 과제가 되어 개인은 자아를 관리하는 하나의 수단인 패션 뷰티 상품을 소비하면서 그 과제를 완수하기 위해 지속적으로 노력해야 한다.

안젤라 맥로비Angela McRobbie는 이처럼 자기 계발 담론과 패션 뷰티 산업이 연동되고 있는 현상을 패션 뷰티 산업이 페미니즘을 차용하여 여성들을 대상으로 산업을 확장해 온 궤적의 연장선으로 설명한다(McRobbie, 2004). 페미니즘 운동으로 여성의 사회 진출이 가능해지고 여성의 경제적 능력이 증가하자 패션 뷰티 산업이 여성들을 대상으로 새로운 마케팅을 전개하며 다양한 소비재를 개발했다는 것이다. 페미니즘의 가치가 제도· 법·교육·고용·미디어 등에 채택되면서 사회적 차별이 감소했고, 가정 내에서 남성의 성공을 위한 보조자 역할을 하던 여성들은 더 이상 남성의 성공을 자신의 성공으로 간주하지 않고 독립적인 자아 정체감과 사회적 성공이라는 성취를 지향하게 되었다. 여성들이 가족이 아닌 자신을 위해 소비할 수 있는 돈을 갖게 되면서 새로운 소비력을 지닌 집단으로 부상하자 1970년대 초반부터 패션 뷰티 산업은 여성들이 '스스로에 대해 듣고 싶어하는 것'이 무엇인가를 살피기 시작했다. 여성들은 아내, 또는 어머니가 아니라 사회에서 성공한 여성, 자신감 있는 여성 등 새로운 현실을 반영하는 여성의 이미지를 원했다. 패션 뷰티 산업은 이러한 변화를 인식하고 여성을 "여성해방을 상징하는 대상, 즉 자유롭게 쓸 수 있는 소득, 전문적이면서도 독자적인 역할, 외모와 여행에 대한 관심 등을 지닌 인물로 표상"
하기 시작했다(골드만, 1992: 186~195). 여성의 힘과 독립을 전면에 내세우면서
그것을 상징하는 상품 소비를 통해 여성이 자신이 원하는 이미지로 스스
로를 재현할 수 있다고 선전하기 시작한 것이다.

이러한 패션 뷰티 산업은 미디어를 통해 대중의 삶에 깊이 침투했는데,
그 대표적인 것이 1998년부터 2004년까지 총 여섯 시즌으로 제작된 미국
드라마 〈섹스 앤 더 시티Sex and the City〉다. 세계적 여성지『보그』의 고정
칼럼니스트이며『뉴욕타임스』,『엘르』등에서 프리랜서 작가로 활동하고
있는 캔디스 부쉬넬Candace Bushnell의 1997년 동명 소설을 원작으로 한 이
드라마는 전 세계 여성들의 열광적인 호응을 받으며 여성들에게 '뉴요커
워너비New Yoker Wannabe'라는 꿈을 꾸게 했다. 〈섹스 앤 더 시티〉는 2008
년에 영화로 제작되었고, 맨해튼에서는 드라마 촬영 장소 투어 상품도 등
장했다.*

〈섹스 앤 더 시티〉는 능력 있는 전문직 여성 네 명의 삶을 통해 여성들의
평생 이슈인 패션, 성과 사랑, 우정 등을 그렸다. 이들은 진정한 사랑을 찾
느라 끊임없이 헤매지만 남자에게 연연하기보다 친구들을 소중히 생각하
고 무엇보다 자신을 사랑한다. 이 드라마의 주인공인 캐리는 뛰어난 패셔
니스타인데, 그중에서도 구두에 열광하는 '슈 홀릭shoe-holic'으로 그려진
다. 캐리는 끊임없이 고가의 명품 구두에 넋을 빼앗기며 경제적으로 무리

---

* 투어 상품을 판매하는 한 여행사의 홈페이지에서는 'Sex and the City Hot Spots'라는 제목하에 샬롯이 자위
기계를 샀던 가게, 에이든이 운영했던 술집, 캐리와 미란다가 컵케익을 먹었던 카페, 캐리와 빅의 결혼 피로연
이 열렸던 음식점, 캐리가 즐겨 찾던 디자이너 숍 등을 버스를 타고 직접 방문할 수 있다고 선전한다. 가격은
45달러 정도이고 소요 시간은 약 세 시간 반이다(www.screentours.com).

를 해서라도 구두를 산다. 캐리에게 하이힐은 자신의 작은 키를 보완해 주며 패션을 완성시켜 주는 아이템이기 때문이다. 하이힐은 곧 자신감 있고 적극적이며 능력 있고 아름다움을 아는 여성인 캐리의 캐릭터를 상징한다. 여기서 하이힐은 성적인 의미를 띠면서 현대판 전족으로 여성들의 활동을 제약하는 가부장적인 패션 아이템이라는 비판과는 완전히 다른 측면을 드러낸다(Gill, 2008: 37).

이처럼 〈섹스 앤 더 시티〉에서 보여 주는 여성의 능력, 자신감, 성적인 주체성과 패션의 융합은 패션 뷰티 산업의 마케팅 기법이다. 이러한 현상에 대해 골드만은 기업들이 페미니즘의 가치는 차용하면서 정치성은 탈각시키는 대중적인 '상품 페미니즘commodity feminism'을 초래했다고 분석한다. 상품 페미니즘은 독립적인 자아, 사회적 성공 등 페미니즘의 목표가 상품으로 구현되면서 상품을 구매하는 것이 곧 그 성취로 간주되는 현상을 의미한다. 이는 사회적인 문제들을 개인적인 생활양식으로 바꿔 버림으로써 페미니즘의 탈정치화를 초래하며 신자유주의 시대의 가치와도 일맥상통한다. 개인주의 또는 개인의 자유로운 선택이라는 신자유주의 이데올로기에 의해 사회적·경제적·정치적 문제들에 대한 비판을 망각하고 상품 형태에 포섭되어 버리는 것이다(골드만, 2006: 185~188).

특히 이러한 정치성의 탈각은 여성도 노력하면 성공할 수 있다는 신자유주적 적자생존의 논리 및 페미니스트는 피해 의식에 젖어 있거나 자기밖에 모르는 이기적인 여성들이라는 페미니즘에 대한 반발과 맞물려 있다. 신자유주의 시대 개인의 정치성 소멸과 페미니즘에 부착된 부정적인 이미지는 직장과 가정에서 남성과 동등한 대우를 받을 권리 등 페미니즘에 의해서 획득된 가치를 당연시하지만 페미니스트라는 명칭과 거리를 두고 싶어하는 여성들을 대거 양산했다(위의 책: 185).

2) 나르시시즘적 소비

상품 페미니즘 또는 신자유주의 이데올로기하에서 정치적 자아의 상실
은 개인에게 몰입하는 나르시시즘적 자아를 등장시켰다. 여성의 부정적인
자존감과 자기애의 결여는 페미니즘의 중요한 정치적인 이슈였다. 남성이
부여한 정체성이 아니라 여성 자신들이 긍정적인 자아 정체감을 만들어
내는 것이 중요했기 때문이다. 그러나 자신을 사랑하고 자존감을 지닌 새
로운 나르시시즘적 자아는 부담스러운 정치성은 배제한 채 자유롭고 해방
된 여성 개인을 지향한다(Tyler, 2005: 31~32).

패션 뷰티 산업은 이러한 자아 이미지를 상품 기호에 등치시킴으로써
상품 구매를 통한 자기 계발을 가능하게 했다. 그 대표적인 예가 전 세계
화장품 시장의 15퍼센트를 점유하면서 수년간 화장품 업계 1위를 지키고
있는 〈로레알L'OREAL〉이다. 현재 〈랑콤〉, 〈비오템〉, 〈슈에무라〉, 〈메이블
린〉, 〈랠프 로렌〉, 〈조르지오 아르마니〉, 〈바디샵〉 등의 계열사를 지니고
있는 〈로레알〉* 그룹 중 로레알 파리는 로레알 그룹의 창립 브랜드이자 상
징으로 1909년에 창립되어 백 년의 역사를 지니고 있다.** 〈로레알 파리〉가
이 거대 그룹의 상징으로 자리매김할 수 있었던 것은 전 세계적으로 유명
한 "전 소중하니까요Because I'm worth it."라는 광고 카피를 통해서였다. 이

---

* "화려한 로레알의 추악한 진실", 『르몽드 디플로마티크』, 2009. 06. 12 제764호.
** "로레알 프로페셔널 파리 '탄생 백주년'", *CMN*, 2009. 6. 16.

카피에 대해 〈로레알 파리〉는 다음과 같이 설명하고 있다.

> 이 문구는 사회적 해방과 페미니즘이라는 새로운 사상이 거대한 날개짓을 하던 1973
> 년에 탄생했습니다. 여성만이 이 문구를 쓸 수 있었다는 사실은 명백해 보입니다.
> 이 문구를 만들어 낸 일론 스펙트Ilon Specht는 독창적이고 색다르며, 창의적이고 독
> 립적인 여성이었습니다. 그녀는 철저한 여성의 시각으로 겨우 스물세 살 때 이 문구
> 를 만들어 냈습니다. (…) 이 문구는 처음으로 여성이 생각하는 것만을 담고 있었습
> 니다. 즉, 여성의 자신감, 여성의 선택, 여성의 스타일에 대해 표현했습니다.[*]

이 카피는 여성 소비자들에게 조금 비싸더라도 자신을 위해 좋은 화장
품을 사용할 것을 권유하면서 여성이 그럴 만한 가치가 있는 소중한 존재
임을 부각시킨다. 여기서 내세우고 있는 '가치'는 여성들의 소중함뿐만이
아니라, 자사 상품이 자신을 사랑하고 자신의 스타일을 중시하는 여성들
이 선택하는 상품이라는 의미를 내포하고 있다. "Because I'm worth it"의
주어인 'I'는 '여성 소비자'인 동시에 '로레알 파리 상품'인 것이다. 이러
한 여성 자아와 상품의 상호 등가적인 가치 교환으로 여성들은 패션 뷰티
상품을 자신의 상징 기호로 채택하게 된다. 패션 뷰티 상품을 구매함으로
써 자기 정체성 및 자기애를 구현할 수 있게 된 것이다. 여성이 선택하는
제품들이 바로 그녀 자신을 말해 주기 때문에 멋있고, 고급스러운 제품으
로 치장한 여성들의 몸은 자신감과 자기애의 상징이 된다. 여성들은 이제
남성의 시선을 의식하기보다는 자신이 원하는 것을 적극적으로 욕망하고

---

[*] lorealparis.ca/the-brand/history.aspx

그 욕망을 충족시키기 위해 자신에게 몰두하는 나르시시즘적 자아를 지니게 된다(Attwood, 2005: 398~399).

패션 뷰티 산업은 이러한 여성들의 자신감과 자기애를 이용해 여성들을 성적인 소비자로 구성하면서 여성 스스로 자기 몸과 성적인 매력을 드러내게 한다. 오랫동안 금지되고 억압되었던 성적인 즐거움을 누리는 여성의 몸은 자유의 현장으로 재구성된다(골드만, 2006: 189). 섹시한 속옷, 노출이 심한 옷, 색조 화장 등의 상품은 여성들에게 자신이 지니고 있는 매력을 드러냄으로써 당당하고 자유로워질 수 있다고 선전한다. 또한 섹시함의 범주가 확장되어 청순, 우아, 시크, 고혹, 큐트, 도도, 지적, 터프 등 기존에 섹시함과 반대되는 성질로 간주되던 것들이 섹시함과 결합되어 변이된 섹시함들이 무한대로 등장하고 있다. 이제 여성들은 자기 기분에 따라 또는 시간, 상황, 장소(T.O.P: time, occasion, place)에 따라 다양한 이미지로 자신을 재현하면서 궁극적으로 섹시함을 드러내는 것이 가능하다는 말을 듣고 있다. 따라서 여성들은 어제와는 전혀 다른 이미지로, 머리부터 발끝까지 자신을 새롭게 연출하기 위해 패션 뷰티 상품을 끊임없이 구비해야 한다. 여성들은 패션 뷰티 상품을 통해 자기 안에 내재하고 있던 다양한 섹시함을 발견하고 자신의 만족을 위해 섹시함을 계발하며 자신의 아름다움과 매력에 도취된다. 이러한 여성들에게 보내는 남성들의 찬사는 자신의 섹시함을 드러내는 여성들의 목적이 아니라 부수적이면서 필연적인 결과로 간주된다. 남성들의 시선은 여성들의 만족감과 성취감을 배가시키지만 궁극적인 목적은 여성의 자기만족이다.

## 3) 남성의 외모 관리

이처럼 패션 뷰티 산업에 의해 가속화된 성의 상업화 때문에 성애화 sexualization가 우리 사회의 중요한 현상으로 자리매김했다. 성애화는 "모든 미디어에서 성과 섹슈얼리티 담론이 유례없이 번성하고 공적 영역에서 여성과 남성 몸이 빈번하게 성적으로 재현되는 현상"을 지칭한다(Gill, 2007: 150). 성애화는 가수나 배우 등 기존의 대표적인 성애화 대상에만 그치는 것이 아니라 정치인, 운동 선수, 범죄자 등 모든 여성과 남성의 몸을 성적으로 코드화한다. 버락 오바마 미 대통령은 취임 전 수영복 차림이 공개되면서 몸짱 대통령으로 화제가 되었으며,[*] 오바마가 텔레비전 토론에서 승리할 수 있었던 중요한 요인으로 섹시한 목소리가 꼽히기도 했다.[**] 또한 미셸 오바마는 세계적인 남성 잡지 『맥심』이 매년 발표하는 세계에서 가장 섹시한 여성 100인 명단에 93위로 이름을 올렸다.[***] 우리 사회에서는 2004년에 특수 강도 수배자로 현상금 5천만 원이 걸렸던 스물두 살 여성이 '얼짱'이라는 이유로 인터넷 검색 키워드 '톱 10'에 오르고 각종 팬 카페가 생기기도 했다.[****]

이처럼 오늘날 성애화는 여성에게만 한정되는 것이 아니라 남성에게도 해당된다. 여성들의 소비력이 증가하고 여성들이 자신의 성적인 욕망을 거리낌 없이 드러내면서 남성 역시 성애화 대상이 된 것이다. 여성은 남성

---

[*] "'오바마는 한여름'…하와이 휴가, 몸짱 대통령 눈길", 『스포츠서울』, 2008. 12. 23.
[**] "청중을 사로잡는 오바마의 매력", 『세계일보』, 2009. 3. 3.
[***] "미셸 '섹시 여성 100인'에 이름 올라", 『연합뉴스』, 2009. 5. 15.
[****] "피해자는 눈물 흘리는데… '블레임록' 현상이 기가 막혀", 『헤럴드경제』, 2009. 2. 5.

의 성적 대상인 반면 남성은 성적 대상화에서 자유로웠던 성별 이분법이 어느 정도 붕괴했다고 볼 수 있다. 더욱이 오늘날 외모 가꾸기가 중요한 능력이자 성취로 간주되면서 여성과 남성 모두 자기 관리에 열중하고 있다. 이러한 상황에서 여성과 남성이 성애화되는 정도의 차이는 줄어들고 있다.

대표적인 예로, 여성의 몸을 부분으로 절개하여 관찰하고 전시했던 것과 마찬가지로 남성의 몸도 절개되어 평가되고 있다. 이제 절개된 몸은 알파벳에 빗대어 '명품 라인'과 '하자 라인'으로 구별되고, 여성과 남성들은 지금까지 알지 못했던 몸의 라인들을 인지하고 그 라인을 몸에 새기는 데 몰두하고 있다. 여성 몸의 라인은 얼굴 V라인, 뒤태 U라인, 가슴 Y라인, 전신 S라인, 가슴-허리-엉덩이로 이어지는 X라인 등이 있다면, 남성 몸의 라인은 전신 T라인, 어깨-쇄골-가슴 M라인, 엉덩이 W라인 등이 있다. 이러한 명품 라인을 갖지 못하더라도 여성은 H나 B라인에서, 남성은 O나 D라인에서 탈피하는 것이 최소한의 과제가 되고 있다.[*] 특히 남성들의 매력적인 몸매는 복근으로 대표된다. 초콜릿 모양으로 선이 선명한 복근이 매력적인 남성 몸의 상징이 되면서 남성들은 복근을 만들기 위해 자신의 여가와 돈을 헬스클럽에 쏟아 부으며 인고의 시간을 버텨 내고 있다. 탄수화물은 입에 대지 않고 닭가슴살과 두부만 먹으며 매일 몇 시간씩 운동에 전념했다는 성공담은 철저한 자기 관리의 사례로 칭송받는다.

이처럼 신사유수의 시대에 외모 관리가 남성에게도 중요해지면서 패션 뷰티 산업에서 남성 소비자가 차지하는 비중이 급속도로 신장하고 있다.

---

[*] "노출의 계절 여름, 알파벳으로 보는 '명품 라인'", 『CNB 뉴스』, 2009. 7. 25.

화장하는 남성들이 증가하면서 2003년 3천2백억 원이던 남성 화장품 매출
은 2007년에는 5천3백억 원으로 증가했고,[*] 패션 아이템도 옷, 신발, 가방,
모자, 장갑, 머플러, 넥타이, 속옷 등을 아우르면서 남성 시장이 전문화·
세분화되고 있다. 패션 뷰티 업체들은 남성 소비자를 대상으로 하는 옴므
라인을 런칭하고, 인터넷 쇼핑몰들은 남성 전용 온라인 쇼핑몰을 오픈하
고 있다. 또한 피부나 뱃살 등 여러 가지 이유로 성형외과를 찾는 남성들
이 꾸준히 증가하고 있어서 남성 성형을 전문으로 하는 성형 외과도 등장
하고 있다.

이렇게 패션과 미용에 아낌없이 투자하는 그루밍족은 최근 10년간 메트
로 섹슈얼, 크로스 섹슈얼을 거쳐 오늘날 초식남으로 그 계보가 이어지고
있다. 외모 가꾸기는 오랫동안 여성의 전유물이었기 때문에 자신의 외모
를 위해 많은 시간과 돈을 투자하는 남성들의 등장은 매우 큰 변화로 여겨
졌다. 그 변화는 '메트로 섹슈얼metro sexual'의 등장으로 가시화되었는데
이 단어는 영국의 기자이자 작가인 마크 심슨Mark Simpson이 1994년 일간
지『인디펜던트』에서 처음 사용했다. 심슨은 메트로 섹슈얼을 "자신의 외
관과 생활양식에 막대한 시간과 돈을 지출하는 아주 강한 미적 감각을 가
진 도시 남성"이라고 정의를 내렸다.[**] 이후 우리 사회에서는 2005년 천만
관객을 넘어서며 역대 흥행 1위를 차지했던 〈왕의 남자〉의 영향으로 여성
스러운 외모를 지닌 '크로스 섹슈얼'이 대두하기도 했다.[***] 이처럼 외모
를 가꾸는 남성들은 외모뿐 아니라 타인에 대한 배려, 부드러운 매너, 문

* "거울 보는 남자-화장하는 남자 '그루밍족' 뜬다", 『스포츠조선』, 2008. 3. 30.
** "'황금알' 블루슈머 시장을 잡아라", 『북데일리』, 2009. 12. 31.

화적 소양 등 기존의 남성들에게 부족했던 점들을 보완하면서 여성들이 좋아하는 남성상으로 자리 잡은 듯했다.

이러한 그루밍족 중에서 자신의 관심 분야나 취미 활동에는 적극적이지만 여성과의 연애에는 소극적인 '초식남'의 등장은 큰 사회적 관심을 끌었다. 초식남은 2006년 일본 칼럼니스트 후카사와 마키가 처음 사용한 말로 기존의 전통적인 남성의 역할을 거부하고 자신을 위해 살고 싶어하는 자기애가 강한 남성들을 지칭한다. 여러 언론에서 앞다투어 보도한 기사에 의하면 초식남은 남편, 아버지, 남자친구가 되는 것보다는 시간과 돈과 에너지를 자신에게 투자하며 사는 삶을 지향하는 남자다. 이들이 여성과의 연애에 관심이 없는 이유는 연애를 하면서 타인을 알아 가고, 자신을 타인에게 맞추기 위한 노력들을 감정 노동이자 돈과 시간의 낭비라고 생각하기 때문이다.[****] 이러한 초식남의 등장 배경으로 전통적인 성 역할의 변화, 희생을 거부하는 개인주의의 만연, 사랑과 분리된 성의 증가, 경제 위기로 인한 남성의 경제력 감소 등 여러 이유들이 제시되고 있다. 초식남이 등장한 데는 복합적인 원인이 있겠지만 무엇보다 자기에 몰입하는 만큼 타인에 대한 관심이 줄어들고 관계가 상실되어 가는 신자유주의 시대 개인의 원자화 징후로 볼 수 있을 것이다. 초식남에 대한 반감으로 등장한 '짐승남'이 여성과 남성 모두에게 환영받고 있지만, 짐승남 역시 관계에 대한 성찰보다는 다른 방식의 외모 가꾸기를 보여 주는 데 불과하다는 점

---

[***] 크로스 섹슈얼은 한국뿐 아니라 아시아의 꽃미남 열풍을 반영했다. 요코 카미오 원작의 일본 만화 『꽃보다 남자』가 2001년에 대만에서 〈유성화원〉이라는 제목의 드라마로 제작되어 대만뿐 아니라 아시아 전역에서 큰 인기를 끌었고 2005년에 일본, 2009년 한국과 중국에서 잇따라 제작되었다.
[****] "연애에 관심 없는 '초식남-건어물녀'가 뜬다", 『스포츠서울』, 2009. 7. 10.

에서 대안적인 남성상으로 볼 수는 없을 것이다.

## 4. '외모 결정론'의 출구 찾기

오늘날 자신을 상품으로 간주하고 차별적인 상품 가치를 만들어 내야 한다는 요청은 신자유주의 시대에 살아남기 위한 전략이자 적극적인 자기계발의 원동력으로 작동하고 있다. 자신이 누구인지, 어떤 가치를 지니고 있는 사람인지를 삶의 방식을 통해 전달하게 되면서 패션 뷰티 산업은 인적 자본으로서의 몸을 빚어내는 역할을 자처한다. 노동할 수 있는 건강한 몸과 자신감을 지닌 섹시한 몸은 그만큼 시간과 감정의 관리를 필요로 한다. 패션 뷰티 산업은 누구나 잘 관리된 몸을 가질 수 있다는 믿음을 준다. 기업과 상품은 소비자들에게 자신들이 욕망하는 바대로 변할 수 있으며 이를 위해 필요한 것은 그 가능성을 믿고 노력하는 개인의 의지라고 이야기한다. 개인의 자신감과 능력은 패션 뷰티 상품의 소비를 통해 성취 가능하다는 점에서 패션 뷰티 산업은 그 자신감과 능력을 획득할 수 있는 수단이자 조력자인 것이다(Lazar, 2006). 이제 개인들은 패션 뷰티 브랜드들 중에서 자신이 원하는 이미지를 선택하고 소비하면서 '상품 자아', 즉 제품을 매개로 구성된 자아(Ewen, 1976, 골드만, 2006: 162에서 재인용)를 가지게 된다. 관리하고 구축해야 하는 개인의 몸과 이미지는 패션 뷰티 산업의 확장에 비례하여 증가하고 개인은 이를 위해 더욱더 자기 가꾸기에 자발적으로 몰두하게 된다. 또한 외모를 가꾸는 데서 더 나아가 그 외모를 유지하는 일도 중요하다. 아름다운 외모를 유지하는 데 실패한다면 자신의 가치와 사회적 힘도 외모와 함께 사라질 것이기 때문이다. 이에 따라 몸과 음식에 대한 신경질적인 강박관념에서 비롯되는 운동 중독, 거식증, 우울증, 성형 중독 등이 점차 증가하고 있다(골드만, 2006: 175). 외모 가꾸기에는 언제나 실패의 위험이 따르기 때문에 외모에 몰입하는 만큼 개인이 감당해야 하는 몫은 증가하고, 능력과 무능력, 성공과 실패, 자기애와 자기혐오라는 틀 안에 갇히고 마는 것이다.

그러나 신자유주의 시대의 자기 관리는 몸에 대한 관리뿐 아니라 거기에서 수반되는 감정적인 문제들을 통제하고 내면을 규율하는 것까지 포함한다. 잘 관리된 몸은 잘 관리된 감정, 나아가 삶의 방식을 포괄하는 총체적인 상징인 것이다. 이제는 생존 전략이 된 자기 관리를 위해 개인들은 자신에 몰입하고, 노력하고 투자한 만큼 아름다워지는 자기 몸에 도취되면서 나르시시즘적인 자기만족에 심취하고 있다. "내 몸 하나 건사하기 어렵다"는 푸념은 자신의 시간과 돈과 감정과 노력을 모두 자신에게 쓰는 행위를 합리화하는 말이지만 그 말을 반박하기란 쉽지 않고 개인은 더욱더 원자화되고 있다.

원자화된 개인들은 체념적으로, 또는 자조적으로 혼자가 편하다고 말한다. 상대방을 상품 가치로 평가해서 자신에게 도움이 될 만한 사람들을 선택해 자신에게 피해를 주지 않을 정도의 적당한 거리를 유지하는 도구적 관계가 만연하고 있기 때문이다. 특히 외모가 중요한 평가 기준이 되면서 외모가 훌륭한 사람들과의 인맥은 자신의 가치를 높여 주는 자원이 되기 때문에 내면보다 외모를 보고 인간관계를 맺는 성향이 더욱 심화되고 있다. 이제 외모가 훌륭한 사람은 '훈남', '훈녀'가 되면서 사람의 내면까지도 외모에 비례한다는 '외모 결정론'이 득세하고 있는 실정이다. 미디어에서는 뚱뚱하거나 못생긴 여성과 남성들을 성격 파탄자로 그리거나 비하하고 조롱하는 내용이 단골 소재로 등장한다. 개인은 이러한 인물들을 웃음의 소재로 소비하는 동시에 미디어가 만든 이미지에 자신이 투영되는 씁쓸한 경험을 하게 된다. 그러면서 '착한 얼굴'과 '착한 몸매'를 지니기 위해 더욱 외모 관리에 몰입하게 되는 것이다.

이처럼 인간성마저 외모에 의해 압도되고 결정되는 오늘날, 외모 관리는 출구 없는 시대적 요청이 된 것 같다. 자존감을 고양시키려는 행위가 오히려 자기혐오로 이어지고 개인들은 어렵게 계발한 자신의 아름다움을 잃어버릴까 봐 전전긍긍하면서 스스로를 자신과 타인에게서 소외시키고 있다. 인간관계의 질적 변환이 가속화되고 인간다움이라는 가치가 상실되고 있는 시대에 관계의 회복과 가치의 전환을 이루지 못한다면 '아름다운 괴물'들의 출현은 더 이상 공상 영화의 소재에 그치지 않을 것이다.

# 5장 참고 문헌

골드만, 로버트, 박주하 · 신태섭 역, 『광고에서 사회를 읽는다』, 커뮤니케이션북스,
2006(Goldman, Robert, *Reading Ads Socially*, Routledge, 1992.).

장 보드리야르, 이상률 역, 『소비와 사회』, 문예출판사, 1991.

서동진, 「자기계발하는 주체의 해부학 혹은 그로부터 무엇을 배울 것인가」, 『문화과학』, 61
호, 2010.

리처드 세넷, 조용 역, 『신자유주의와 인간성의 파괴』, 문예출판사, 2002(Sennet, Richard,
*The Corrosion of Character*, Norton Company, 1999.).

톰 피터스, 김연성, 서진영 역, 『Wow 프로젝트 1: 내 이름은 브랜드다』, Book21,
2002(Peters, Tom, *The Brand You 50*, Knopf, 1999.).

나오미 클라인, 정현경, 김효명 역, 『브랜드파워의 진실 No Logo』, 중앙M&B, 2002(Klein,
Naomi, *No Logo: Taking Aim at the Brand Bullies*, Picador, 1999.).

Attwood, Feona, "Fashion and Passion: Marketing Sex to Women", *Sexualities*, Oct
2005; vol. 8: pp. 392~406.

Brown, Wendy, "Neo-Liberalism and the End of Liberal Democracy", *Theory and
Event*, vol. 7(1), 2003.

Gill, Rosalind, "Postfenimist media culture", *European Journal of Cultural Studies*,
May2007, vol. 10, Issue 2, pp. 147~166.

Gill, Rosalind, "Empowerment/Sexism: Figuring Female Sexual Agency in
Contemporary Advertising", *Feminism Psychology*, Feb 2008; vol. 18, pp. 35~60.

Lazar, Michelle M, "Discover The Power Of Femininity!", *Feminist Media Studies*,
Dec2006, vol. 6, Issue 4, pp. 505~517.

McRobbie, Angela, 'Post-Feminism and Popular Culture", *Feminist Media Studies*,
Nov2004, vol. 4, Issue 3, pp. 255~264.

Paterson, Mark, *Consumption and Everyday Life*, Routledge, 2005.

Peters, Tom, "The Brand Called You.", *Fast Company*, August 1997.

Tyler, Imogen, "Who put the 'Me' in feminism?: The sexual politics of narcissism",
*Feminist Theory*, 2005, Vol. 6, pp. 25~44.

6장

# 감정 자본주의와 치유 문화

정승화

"신자유주의 시대는 행복, 성공, 웃음, 친절과 같은 긍정적 정서가 시장에서 기대되는 상품이 되고 슬픔, 우울, 무기력, 나태, 절망 등 부정적 정서를 가진 사람들을 치료, 돌봄, 정서 관리 산업의 주요한 소비자로 호명한다. 감정 자본주의는 경쟁에 지친 우울한 사람들이 가진 자아 해방에의 염원을 자양분 삼아 자기 치유와 자기 계발이라는 상품 시장을 확대하고 있다. 그러나 치유 문화는 사회적 개선의 필요성을 고민하기보다는 자기 개선에만 몰두하게 함으로써 위험하고 불확실한 사회에 대한 거짓 안전감을 제공할 뿐이다."

* 주제어: 감정 자본주의, 자조 산업, 치유 문화, 자아, 감정, 신자유주의적 주체

## 1. 긍정적 정서의 독재

과거 사교적이고 명랑한 태도는 일부 사람들의 성격적 특성에 불과했다. 그러나 요즘 사회는 적극적이고 사교적이며 유쾌한 사람이 되라고 모두에게 요구한다. 눈물과 우수, 고독의 시대는 저물고 바야흐로 유머와 농담, 남을 웃기는 개인기가 '예능'이 되는 '쿨'한 감성의 시대가 된 것이다. 하지만 한편으로 많은 사람들이 우울증이나 마음의 상처 때문에 여러 가지 치료와 안식을 필요로 하고 있다. '미술 치료', '음악 치료', '무용 치료', '치유로서의 문학', '치유적 글쓰기' 등 모든 문화예술 활동에 치유의 의미가 덧붙여지고 있는 현상을 어떻게 이해해야 할까? "행복하면 웃는 것이 아니라 웃으면 행복해진다"는 웃음 치료사의 주장이 일리 있게 느껴지는 것을 보면 현대인이 자기 내면과 행복을 바라보는 태도에 어떤 변화가 일어난 것은 아닌가 한다.

최근 명상, 마음 수련, 자기 치유, 테라피, 우울증 관리 등 정서 관리와 관련된 치유 산업therapy industry이 급성장하고 긍정적인 태도가 중요하다는 목소리가 커지고 있다. 학업과 승진에서부터 가족 관계에 이르기까지

적극적이고 긍정적인 태도를 가진 사람들이 사회적으로 성공하고 행복한 삶을 살 수 있다고 주장된다. 이러한 흐름을 주도하고 있는 담론 중의 하나가 긍정 심리학positive psychology이다. 우리에게 『무기력의 심리Helplessness: On Depression, Delvelopment, and Death』로 잘 알려진 마틴 셀리그먼Martin Seligman과 『몰입Flow: The Psychology of Optimal Experience』의 저자 미하이 칙센트미하이 Mihaly Csikszentmihalyi가 바로 이 긍정 심리학 운동을 주도하고 있다. 긍정 심리학 운동을 전개한 이들은 지금까지의 심리학이 신경증, 사회 부적응 등을 진단하고 치료하는 부정 심리학에만 치중했다고 비판한다. 그러면서 21세기 심리학은 인간의 행복에 기여할 수 있는 긍정 심리학의 방향으로 나아가야 한다고 주장한다. 2000년 『아메리칸 사이콜로지스트American Psychologist』는 긍정 심리학을 특집으로 다루었는데, 여기에서는 긍정 심리학을 "삶의 질을 높이고 질병을 예방하기 위해 개인의 긍정적이고 주관적인 경험, 긍정적인 개인적 특성, 그리고 긍정적인 제도적 장치를 연구하는 과학"이라고 소개했다. 또한 행복, 낙관성, 몰입, 사랑, 창의성, 정신 건강, 그리고 역경을 이겨 내는 회복 능력 등을 중점 연구 분야로 제안했다 (Seligman & Csikszentmihalyi, 2000: 5).

긍정적인 인성을 지닌 이들이 사회적으로도 성공한다는 식의 자기 계발 문화는 능력주의 신화를 퍼트렸다. 성공하면 행복해진다는 인식 때문에 대다수 사람들은 사회적 실패와 좌절이 개인의 능력이 부족하거나 선택이 적절치 못했거나 자기 계발을 위한 노력이 충분하지 않았기 때문에 발생한 것이라고 생각하게 됐다. 실패와 좌절이 개별화되고 개인화된 것이다.

승자독식의 신자유주의 체계에서는 다수의 낙오자가 양산될 수밖에 없다. 낙오자들은 자기계발서를 읽으면서 희망 없는 현실에서 벗어나 잠시

위안을 얻기도 하고 자신이 실패한 것은 우울증 때문이라고 스스로 진단한 뒤 치료법을 찾아 헤매기도 한다. 실패 속에서 절망하고 좌절하는 사람들의 심리 상태에 손쉽게 '우울증'이라는 이름이 붙게 되고, 사회 문제로 인식되어야 할 일이 의료 문제로 인식되어 치료 대상이 되고 만다. 바바라 헬드Babara S. Held는 미국 사회에서 긍정 심리학이 유행하는 현상을 비판적으로 바라보고 사회적으로 긍정적인 태도가 독재적인 것이 되고 있다고 진단했다. 최근 미국에서 "행복해져라", "낙관적으로 되라"는 압력이 사회를 지배하고 있음을 지적하고 이러한 압력이 오히려 사람들을 불행하게 만들고 있지는 않는지 질문하면서 미국 심리학회의 성찰을 촉구했다(Held, 2002). '긍정적 태도의 독재'는 세상에 대한 염증과 비관적 세계관, 그리고 비관적 태도 모두를 질병의 증후로 생각하게 만들고 있다.

치유 문화therapy culture가 유행하는 것은 정서의 전달과 돌봄, 관리가 경제 가치를 창출하는 주요 요소로 부상하고 있는 신자유주의적 경제구조 변동과 관련된다. 정서가 점점 더 시장에서의 가치와 연관되는 세계에서 행복, 성공, 웃음, 친절 등의 긍정적 정서는 시장에서 거래되는 상품이 되고 있으며 슬픔, 우울, 무기력, 나태, 절망 등 부정적인 정서를 가진 사람들은 치료, 돌봄, 정서 관리 산업의 주요한 소비자로 부각되고 있다. 이러한 변화 속에서 사적 인간관계의 불화에서부터 경제적 삶의 불안정에 이르기까지 사회적 삶의 여러 문제와 관련된 개인들의 정서적 반응은 점점 더 우울증과 연관되어 논의되고 있다. 가정불화나 가정 폭력, 아동이나 청소년의 학업 부진이나 주의력 산만, 가출이나 비행, 비만에 이르기까지 다양한 개인적·사회적 문제의 원인이자 결과로 우울증이 거론되고 있는 것이다. 정신적 고통에 대한 사회적 관심이 증가하면서 개인의 감정과 심리는 전문가의 치료가 필요한 대상으로 인식되고, 꾸준한 자가 검진과 관리가 필요한 일로 취급되는 경향이 점차 강화되고 있다.

이 글에서는 감정의 관리와 조절이 새로운 자본이자 노동자 역량으로 부상하고 있는 현대 자본주의의 특성을 '감정 자본주의'로 규정하고 치유 문화의 확산 속에서 전개되는 감정 자본주의의 문화 논리가 우리의 일상생활과 자아에 대한 인식을 어떻게 변화시키고 있는지 살펴볼 것이다.

에바 일루즈는 『감정 자본주의Cold Intimacies』에서 정서가 경제적 행위의 본질적인 측면으로 변모하고, 친밀성의 영역에서 거래·협상과 같은 경제적 교환의 논리가 관철되는 현대 문화의 특성을 설명하기 위해 '감정 자본주의emotional capitalism'라는 개념을 제시했다(Illouz, 2007: 5). 일루즈는 '차가운 친밀성'이라는 제목이 암시하듯이 경제 영역과 친밀성의 영역에서 감정적 상호작용과 경제 논리가 상호 침투하는 현상에 주목했다. 그리고 이러한 감정 자본주의 문화가 우리의 자아의식과 친밀한 관계맺기에 어떻게 영향을 미치는지 인터넷 데이트 문화를 중심으로 논의했다(위의 글).

경제적 영역에서 전개되고 있는 감정 자본주의의 양상은 다음 세 가지 특징으로 요약할 수 있다. 첫째, 감정이 중요한 노동 요소이자 서비스 상품으로 거래되는 정서의 상품화 경향, 둘째, 노동자에 대한 관리와 통제가 친밀성과 감정에 대한 관리를 통해 이루어지는 새로운 기업 문화의 형성, 셋째, 새로운 소비 시장을 형성하는 치유 산업의 성장이다. 다음 장에서는 콜센터를 중심으로 감정과 자본의 상호작용이 기업 활동과 개인들의 삶에 어떤 영향을 미치고 있는지 살펴보고 치유 문화와 결합된 신자유주의적 감정 관리의 특성에 대해 논의하도록 하겠다. 그 과정에서 감정이 생산과 소비, 새로운 노동자 정체성의 형성에서 핵심적인 요소로 부각되고 있는 현실이 드러날 것이다.

## 2. 경영의 대상이 된 감정

행복한 삶, 웰빙well-being에 대한 요구와 친밀하고 풍요로운 정서적 삶에 대한 갈망이 증대하면서 시장에서 거래되고 교환되는 감정의 영역은 점점 더 확대되고 있다. 서비스 사회가 진전되면서 정서적 충족과 만족감은 시장에서 제공되고 소비되는 상품이 되었다. 또한 개인 감정의 통제와 관리는 노동시장에서 중요한 인적 자원 요소이자 기업 노동 관리의 주요 대상으로 부상하고 있다.

### 1) 감성 지능(EQ)

감성 지능emotional intelligence은 기업과 조직의 생산성 향상과 개인들의 사회적 성취를 위해 조절되고 관리되는 인적 자본의 중요 요소로 여겨지고 있다. 세계적으로 베스트셀러가 된 대니얼 골먼Daniel Goleman의 『감성 지능Emotional intelligence』(1996)은 사회적인 성취에서 이제는 지능지수(IQ)보다 감성 지능(EQ)이 더 중요해졌다고 주장한다. 감성 지능에 관한 논의는 한국에서도 활발하게 이루어지고 있다. 〈LG경제연구소〉는 직장인들이 가장 바라는 리더십으로 '감성 리더십'을 꼽았다고 보고했다(『동아일보』, 2008. 2. 23.). 아무리 실력이 뛰어난 상사라도 조직원의 헌신과 공감을 끌어내는 감성 리더십이 없다면 훌륭한 리더로 평가받지 못한다는 것이다. 이와 같이 감성과 커뮤니케이션 능력을 두루 갖춘 감성형 인재는 21세기 새로운 인

재상으로 주목받고 있다.

감성 지능은 개인들의 감정 조절과 감정적 안정성을 수치화하고 위계화한다. 그리고 기업은 이 위계화된 수치로 개인의 노동 능력을 평가한다. 타인과의 의사소통 능력과 감성적 공감 능력을 조직의 생산성과 개인의 유능함에 대한 평가 항목으로 도입하여 생산성 있는 노동자와 그렇지 못한 노동자를 구분하고 평가하는 도구로 사용하고 있는 것이다.

대인 관계에서의 설득과 공감의 기술이 사회생활에서 성공을 가져다주는 핵심 역량으로 강조되면서 가정과 학교에서도 아이의 감성을 개발하고 양성하기 위한 교육법과 육아 지침서 등이 대중적인 인기를 얻고 있다. 2006년 텔레비전 방송을 통해 감성 육아법에 관한 프로그램이 방영된 이후 방송을 본 부모들의 문의가 쇄도했고, 방송 이후 소개된 책은 15만 부 가까이 팔리는 베스트셀러가 되기도 했다(『한겨레신문』, 2007. 6. 16.).

일반적으로 감정 관리와 감정 교육은 아이에게 스스로 문제를 해결할 수 있는 능력을 키워 주고 정서적으로 안정된 아이로 키울 수 있는 교육 방법이라고 알려져 있다. 또한 부부 갈등을 해소하거나 부모와 자녀 간의 소통을 원활히 하고 친밀감을 높일 수 있는 대인 관계 기술로도 알려져 있다. 이제 정서적 유능함은 사회생활에서의 성공을 위해서 뿐만 아니라 보통의 중산층 사람들이 '보통의' 행복에 이르는 데 도움을 주는 친밀성의 기술이자 삶의 능력으로도 논의되고 있는 것이다. 자신의 감정을 제대로 인식하고 상황에 맞춰 조절하는 능력, 그리고 타인의 감정에 공감하는 능력을 포괄하는 감성 지능은 사회적 성공과 행복한 삶을 위한 중요한 자질로 평가되고 있다.

## 2) 감정 노동

최근 기업들은 소비자에게 단지 상품을 파는 것이 아니라 '감동과 친밀감'을 판매한다. 예를 들어 콜 센터는 고객의 불편 사항을 해소하는 것만을 목표하는 것이 아니라 고객과의 관계를 지속적으로 관리하는 고객 관계 관리customer relationship management의 차원에서 운영되고 있다. 즉 고객의 성향과 욕구, 라이프스타일 등 고객 정보를 데이터화하여 이를 분석하고 각 고객의 특성에 맞는 맞춤형 서비스를 제공해 고객들이 고유하고 개별적인 개인으로 대우받고 있다는 느낌을 갖게 하는 방향으로 바뀌고 있다. 고객의 감성을 자극하고 마음이 담긴 서비스를 제공하는 것이 기업의 이윤과 가치 창출에 중요한 요소로 인식되면서 서비스 노동에서 노동자의 감정 관리는 중요한 기업의 관리 대상이 되고 있다.

항공사 승무원, 호텔과 음식점 종업원, 콜 센터 상담원, 간호사 등 서비스 노동에 종사하는 사람들이 육체노동과 정신노동 이외에도 특유의 감정 관리와 정서적 친밀감을 표현하기 위한 '감정 노동'을 한다는 것에 처음으로 주목한 학자는 앨리 러셀 혹실드Arlie Russell Hochschild였다. 혹실드는 항공사 승무원과 채권 추심원의 노동 과정을 분석한 『감정 노동The Managed Heart』이라는 책에서 감정 노동이라는 용어를 처음으로 고안해 냈다(Hochschild, 1983). 감정 노동이란 대인 서비스 노동에서 외적으로 표현되는 표정과 몸짓을 연출하기 위해 감정 조절을 요하는 노동을 의미한다(위의 글: 7). 즉 판매직 여직원의 미소나 상냥한 목소리 등은 육체노동자의 손이니 팔처럼 상품화된 노동 요소로서 교환가치를 갖는다는 의미다.

많은 서비스 노동은 그 특성상 노동과정에서 고객과의 상호작용이 중요하다. 노동자들은 고객이 원하는 분위기를 연출하거나 특정한 감정을 표현하고 전달해야 한다. 감정 노동을 요구하는 직종에서는 명랑하고 사교적인 성격과 태도가 유능한 감정 노동자의 자질로 평가된다. 기업의 관리자들은 노동자를 선발할 때부터 조직 규범에 적합한 인성과 감정 태도를 가진 사람을 고르려 한다. 기업은 고객의 기대를 충족시키기 위해 노동자에게 감정에 관한 표현 규칙display rule을 부과한다. 이러한 감정 표현 규칙은 표정과 몸짓을 포함해 매우 세부적인 내용의 매뉴얼로 작성된다. 노동자들은 매우 엄격하게 규정된 감정 표현에 관한 규범을 익히고 반복 훈련을 하게 된다.

콜 센터에서는 모니터링과 상담원의 업무를 평가하는 구체적인 지침을 마련해 감정 노동을 표준화하려고 한다. 콜 센터 노동자들은 고객에게 호감을 주고 집중력이 있는 목소리라는 소위 '솔 톤'의 약간 높고 명랑한 직업적 목소리를 가지고 있다. 이러한 목소리 톤은 선발 과정에도 반영되지만 직무 교육과 모니터링을 통한 업무 능력 평가, 모범적인 상담 사례 청취 등을 통해서도 표준적인 음성과 어투를 학습하게 된다.

상담원과 고객의 통화는 녹음되거나 감청된다. 상담원의 언어는 첫 인사에서 마무리 인사까지 세세한 서비스 규범과 감정 표현 규칙이 매뉴얼로 정해져 있다. 통화 내용 중 불필요한 말을 덧붙이거나 주어와 서술어, 목적어 등의 표현 순서가 틀렸을 경우, 존칭 어미를 잘못 사용했을 경우, 비전문적인 표현을 썼을 경우 모두 감점 요인이 된다. 목적 전달이 명확하지 않고 리듬감과 친근감이 부족한 음성, 사무적인 억양이나 자신감 없는 음성도 감점 요인이 된다. 말이 너무 빠르거나 느려서도 안 되고 개인적인 감정을 드러내서도 안 된다.

직무 교육에서 감정 노동에 필요한 규칙을 학습한 노동자는 업무에서 기대되는 감정 표현을 익히고 반복적으로 수행함으로써 조직의 감정 규칙을 내면화하게 된다. 이와 같은 과정을 거쳐 감정 노동은 표준화된 서비스 상품이 된다. 기업의 감정 표현에 관한 규범은 감정 노동자에 대한 업무 평가의 중요한 항목이자 새로운 노동 통제의 기제가 되고 있다.

### 3) 기업의 정서 자본

유연 자본주의는 권위주의적이고 수직적인 조직보다 수평적이고 네트워크적인 팀체제로 연결된 조직이 더 우수하다고 선전한다. 유연하고 소통이 원활한 조직은 경직된 조직보다 생산성이 더 높고 변화에 더 신속하게 반응할 수 있다는 것이다. 노동 유연성에 대한 강조는 기업이 노동자를 쉽게 해고할 수 있는 여건을 마련했지만 한편으로 노동자들도 직장을 쉽게 옮길 수 있게 만들었다. 아웃소싱이 증가하고 기업 조직의 성격이 변하면서 기업은 예전과 같은 노동자의 헌신을 기대할 수 없게 되었다. 노동자들의 기업에 대한 감정도 기업이 관리해야 할 중요한 항목이 된 것이다. 최근 기업에서 직원 연수와 재교육 프로그램, 웃음 테라피, 개인 코칭 등의 상담 프로그램을 도입하고 열정, 칭찬, 웃음, 유머, 임파워링 등을 실시하고 있는 것은 이러한 경향을 반영하고 있다. 이런 다양한 경영 기법은 노동자의 정서를 긍정적이고 적극적으로 만들어 조직에 헌신하게 만들기 위해서 도입된 것이다.

조직원들의 헌신과 몰입, 직무 만족도 등은 기업에 대해 고객들이 갖는 '브랜드 가치' 못지않게 중요한 기업의 비물질적 자산으로 평가되면서 기업들은 상품과 서비스 구매자인 소비자뿐만 아니라 기업 구성원 역시 '내부 고객'으로 인식하기 시작했다. 기업 관리 마케팅 전문가인 케빈 톰슨 Kevin M. Thomson은 정서 자본을 기업의 브랜드 가치인 '외적 정서 자본'과 조직 구성원들이 조직에 대해 가지는 정서적 몰입인 '내적 정서 자본'으로 나누고 21세기에는 기업의 정서 자본emotional capital이 모든 주요 사업의 대차대조표에서 자산의 요소로 자리 잡게 될 것이라고 전망했다(톰슨, 2000: 19).

대부분이 아웃소싱으로 운영되는 콜 센터 상담원의 예를 들어 보자. 다양한 직무 교육을 통해 철저하게 감정 규범을 익히더라도 고객과의 관계에서 경험하는 불쾌감이나 언짢음 등을 참아내는 것은 힘겨운 일이다. 고객 센터로 전화를 한 고객들은 불만에 차 있기 마련이며 상담원에게 흥분과 분노, 욕설과 모욕 등을 퍼붓기 십상이다. 시종일관 친절한 태도로 들어주어야 하는 상담원은 자기 감정을 표현할 수 없다. 이런 상황에서 감정 노동자들은 조직의 감정 표현 규범과 내면의 감정 간의 불일치라는 '감정적 부조화emotive dissonance'를 경험하게 된다(Hochschild, 1983). 이러한 부조화가 오랫동안 지속되면 방전된 건전지와 같이 정신적으로 고갈되는 '감정 소진burn out'에 이르게 된다. 이러한 감정 소진은 노동자를 무기력하게 하고 우울증에 빠지게 만든다. 노동자들의 감정적 소진은 노동 생산성을 하락시키고 이직률 또한 높이기 때문에 기업의 관리자들은 노동자의 감정적 소진을 막고 부정적 정서를 해소하기 위한 다양한 노력을 하고 있다. 콜 센터 상담원은 특히 이직률이 높아서 이들이 직장에 안정적으로 정착하도록 하는 '정착 관리'는 중간 관리자의 중요 업무다. 〈콘택트 센터〉(Contact Center, 기업들의 고객 센터 업무와 텔레마케팅 업무를 아웃소싱하여 위탁 운영하는 것을 주요 사업으로 하는 콜 센터 운영 회사) 경영자 저널에서는 "기업들이 요즘 신규 고객도 중요하지만 기존 고객의 만족도를 높여 이탈률을 줄이려고 노력하는 것처럼, 〈콘택트 센터〉에서도 열심히 뽑은 인재들이 잘 정착할 수 있도록 하는 것이 중요하다"고 강조하면서 한 보험회사의 상담사 재직자 정착 관리 프로그램의 '감정 관리' 사례를 소개하고 있다.[*]

〈콘택트 센터〉는 달마다 상담사에게 맞는 마인드 교육과 기술 교육을 하는 한편 각 사원마다 맞춤 관리를 도입했다. 이 회사가 감정 관리에서 가장 중요하게 여기는 것이 이벤트 관리다. 멘토링 제도, 동기들의 마음과 추억을 담은 롤링 페이퍼 전달, 교육실장의 '자필 관심 편지 지급', '매주 주말 관심', '응원 MMS 발송' 등이 '감동 관리'의 항목으로 소개되고 있다. 또한 연인들이 기념일을 챙기는 것에서 아이디어를 얻어 입사 100일에 회사가 상담사를 만난 것을 기억하고 소중하게 간직하고 있다는 마음을 표현하는 선물과 카드를 전달하고 입사한 지 2년 된 날에는 순금 배지를 전달하고 있다. 이와 같이 감정 노동 영역에서 노동자의 감정 관리는 고객에게 제공하는 서비스의 표준화를 위해서 뿐만 아니라 노동자의 기업 만족도 향상을 위한 인사 관리에서도 중요한 경영 대상이 되고 있다.

여기서 주목할 점은 기업의 이러한 '소통'과 '배려'가 작업장의 민주화를 위해서가 아니라 노동생산성을 향상하고 이윤을 확대하기 위한 '인사 관리' 차원에서 이루어지고 있다는 점이다. 노동자에 대한 감정 관리를 통해 기업은 저임금과 열악한 노동환경에서 기인한 문제를 '감정적'으로 해

---

[*] 〈한국 컨택 센터 협회〉, 「동양생명 재직자 정착관리 : 감성 관리」, 『컨택 저널』Vol. 104, 2008년 11월 pp. 15~17.

소하고 있는 것이다.

　서비스 노동자의 감정 노동을 포착한 혹실드는 감정 관리가 비단 감정
노동을 수행하는 사람들만의 문제가 아님을 예감했다. 1980년대 초반 혹실
드는 감정 관리에 관한 정보와 기술이 멀지 않은 미래에 전사회의 모든 개
인을 통제하는 수단으로 확대될 것이라 전망했다(Hochschild, 1983). 이러한
전망은 신자유주의의 세계화와 함께 뚜렷이 현실화되고 있다. 감정의 조
절과 관리가 사회 전반에서 중요한 노동자 역량의 일부가 되면서 개인들
은 스스로 자기 감정을 조절하는 관리자가 되고 있다.

## 3. 치유 문화와 일상생활의 심리화

　행복, 웃음, 친절, 열정 등의 긍정적 정서가 중요한 감정 자원으로 논의
되면서 불안, 슬픔, 우울, 무기력, 나태, 절망, 고통 등의 부정적인 정서는
각종 치유 산업과 의료 산업의 주요한 마케팅 대상으로 부상하고 있다. 성
공을 바라는 개인들은 다양한 자기 계발 활동의 일환으로 대중적 자기계
발서를 읽거나 몇 주간의 명상 프로그램에 참여하기도 하고 카운슬링을
받기도 한다. 우울과 불안, 정서적 상처와 분노를 치료하기 위해 항우울제
인 프로작prozac을 복용하기도 한다. 시간과 돈의 여유가 있는 사람들은 수
개월 동안 상담 치료를 받기도 한다. 이러한 치유 산업은 최근 웰빙에 대
한 사람들의 관심과 함께 대두하고 있는 긍정 심리학과 결합하여 '행복 산
업Happiness Industry'이라 불리며 거대한 이익을 산출하고 있다. 20세기 후
반 미국에서 자기계발서와 세미나, 개인 코칭 등을 포함한 자기 계발 산업
의 규모는 한 해 24억 8천만 달러에 달하는 것으로 조사되었고 2003년까지

매년 두 자리 수 성장률을 기록할 것으로 전망되었다.[*]

〈넥스트〉그룹은 1996년 〈AT&T〉, 〈머크〉, 〈디아지오〉, 〈P&G〉, 〈로레알〉, 〈유니레버〉 등 대기업의 지원을 받아 21세기 소비자 행동을 분석하기 위해 '인간 욕망 프로젝트'라는 연구를 수행했다. 이 연구에는 인문학자와 예술가를 비롯한 광범위한 사회경제계 전문가가 참여했다. 연구에 따르면 음식, 섹스, 권력에 대한 기존의 원초적 욕망이 인류 역사 제1부에서 우리를 움직이는 핵심 욕망들이었다면, 인류 역사 제2부에서는 최적의 마음 상태를 추구하는 새로운 원초적 욕망이 동기 부여와 설득, 그리고 행동의 역학을 지배할 것이라고 한다(데이비스, 2003: 122). 즉 현대인들은 섹스보다 마음의 평화를 더 추구하게 된다는 것이다. 이들 경제 전문가들은 "현대의 마케팅 산업은 인간의 감정과 마음에 대한 실질적이고 진정한 통찰"에 바탕을 두어야 한다고 강조한다(데이비스, 2003: 20). 그리고 고객을 잠재적인 우울증 환자나 정신적인 문제를 가진 사람으로 바라보고 상품 구매의 전 과정에서 정서적인 만족을 얻을 수 있도록 마케팅 전략을 새롭게 재조정하라는 제안을 통해 '치유자로서의 마케터' 상을 제시하고 있다. '마음의 평화', '웰빙', '치유'는 21세기에 가장 뜨는 산업인 것이다.

최근 미국발 금융 위기로 유례없는 경기 침체를 겪고 있는 한국 사회에서도 『시크릿』(론다 번 외), 『네가 어떤 삶을 살든 나는 너를 응원할 것이다』(공지영), 『하악하악』(이외수), 『개밥바라기별』(황석영), 『완득이』(김려령), 『리버보이』(팀 보울러) 등 섬세하게 인간의 마음을 위로하는 서적이 베스트

---

[*] McGinn Daniel(2000), Self-Helf U.S.A., *Newsweek Magazine*, 2000. 1. 10.

셀러가 되고 있다. 〈한국출판마케팅연구소〉 연구소장인 한기호는 2008년 출판 시장 동향 분석에서 자기 치유를 2008년의 상징 키워드로 제시하고 있다. 당장 오늘 하루를 버텨 내기 힘든 우울한 사람들은 꿈꾸기 어려운 내일의 희망이나 성공보다는 자기 내면의 상처에 집중하고 스스로 위안을 받는 자기 치유에 몰두하게 된다는 것이다.

'자기 치유' 열풍을 만들어 내는 치유 산업의 성장은 현대인의 경쟁적인 삶의 조건과 불안한 현실감을 반영하고 있다. 다른 한편으로는 치유가 일상이 된 문화 속에서 스스로 고통 받고 있다고 생각하는 사람들은 오히려 증가하고 있다. 왜, 어떻게, 심리적 · 정신적 고통을 극복하고 진정한 자아를 발견하려는 치유적 서사가 우리 시대 자아를 성찰하는 주된 표상이 된 것일까?

현대 사회에서 개인들의 일상과 감정 생활은 점점 더 정신분석학과 심리 치유의 언어로 물들고 있다. 정신분석학 전문가들은 인간관계의 여러 갈등을 어린 시절 부모와의 관계에서 빚어진 감정 문제와 연관시켜 설명하고 해석한다. 정신분석학적 심리 분석에서 핵가족은 자아 위치의 핵심 장소다. 대중화된 심리학 지식을 통해 심리학 전문가만이 아니라 일반 사람들도 자신들의 인간관계의 많은 문제들, 정의감이나 예민함 등과 같은 인성과 성격을 유아기 부모와의 애정 관계에서 형성된 문제로 인식하고 해석한다. '어린 시절의 애정 결핍이나 폭력', '내면의 죄의식', '아버지의 대리 형상', '방어 기제', '투사된 감정' 등 자아를 해석하고 인식하는 데 이러한 심리학 용어가 지배적인 인식 틀이 되고 있다.

일루즈는 개인들이 자기실현의 욕구를 표현하고 심리적 고통을 주장하는 고통의 서사가 대단히 제도화된 형태라고 설명하고 있다. 즉 '고통 받고 있는 자아'라는 관념 자체가 현대 치유 문화의 발달 속에서 형성된 제도화된 자아감이라는 것이다(Illouz, 2007:57). 고통 받고 있는 자아를 전문가에게 호소하면서 자신의 자아와 감정을 관찰하고 치유적 언어로 해석하는 경향을 일루즈는 '치유적 서사'로 설명하고 있다. '치유적 서사'는 자아에 대한 정신분석학적 설명 방식이라 할 수 있는데, 자신의 상처나 모순된 감정을 응시하고 이를 정신분석적 치료를 통해 치유하여 진정한 자아를 찾게 된다는 서사 구조다. 치유적 서사는 감정들, 지나친 사랑, 죄의식, 불안 등을 노출하고 토론하고 논쟁하는 공적 대상으로 변형시켰다. 이러한 치유적 서사는 개인들의 정서적 안정과 행복을 심리적이고 내면적인 문제로 바꾼다. 그리고 진정한 자아는 건강하고 바람직한 것으로 정의된 감정 상태와 동의어가 된다. 고통 받는 타자에 대한 사회적 관심과 자아실현의 사회적 의미는 실종된 채 자아 성찰은 내면으로 떠나는 여행과 같은 의미가 되어 버렸다(위의 글: 45~46). 개인들의 성격적 결함이나 악덕은 수양하거나 반성해야 하는 인격의 문제가 아니라 치유해야 할 질병으로 인식되고 있다. 일루즈는 치유적 서사가 현대 사회에서 개인들의 자아 정체감을 형성하는 핵심적인 서사가 되고 있다고 진단한다.

심각한 정신적 질병을 다루던 심리학은 치유 산업이 성장하고 심리학이 대중화되면서 훨씬 더 넓은 범위의 사회적 영역을 신경증의 문제로 포괄하게 됐다. 부부 갈등, 양육, 실연, 이혼, 채무, 사업 실패, 실직 등 일상의 모든 일이 '치료 가능한 문제'가 되고 있다. 치유는 성적 취향, 불안, 결단력 부족 등에 내한 치료와 자기 통제력이 증대되기를 바라는 소망을 포함하고 있으며 자신의 라이프스타일에 대한 재평가, 문제 해결 능력의 발달,

전체적으로 인지된 자기 효율성 증대로까지 그 목적을 확장하고 있다(Rose, 1992). 치유 문화는 자아의 해방과 개인적 성공을 이어 주는 다리가 되고 있고 일, 경력 등은 이제 경제적 개념보다는 자기 계발과 치유 담론 안에서 표현된다.

## 4. 감정 자본주의와 경영적 자아

취업 준비생들 사이에서는 '스펙'이라는 용어가 일상적으로 사용된다. 본래 제품 설명서, 명세서라는 뜻을 지닌 스페서피케이션specification이라는 낱말이 학력, 학점, 어학 시험 점수, 자격증 등 취업 시장에서 "개인의 상품 가치로 환산될 수 있는 각종 자격과 조건"을 뜻하는 용어로 사용되고 있는 것이다. 스펙에는 자격증뿐만 아니라 자원 봉사 활동, 다양한 사회 활동과 인맥, 외모, 긍정적 정서 능력 등이 포함된다. 즉, 개인의 경험과 사회생활 전반이 노동시장에서 고용 가능성의 수치로 환산될 수 있다는 관념을 내포하고 있는 것이다. 개개인을 브랜드 가치를 갖는 상품처럼 이해하는 '개인 브랜딩persoanl branding'과 같은 담론 속에도 자아를 투자와 계발을 통해 가치가 증식하는 자본으로 사유하는 관념이 스며들어 있다. 우리는 흔히 옷이나 가방을 구입하거나 어학 학원에 등록하거나, 심지어 성형 수술을 하는 등의 각종 소비 활동을 하면서 "스스로에게 투자한다"는 표현을 자주 쓴다. 개인의 소비 활동을 자기 투자로 이해하는 이런 인식은 어떻게 형성된 것일까?

앤서니 기든스Anthony Giddens는 현대 사회의 특성으로 '성찰성reflectivity'을 꼽는다. 전통이나 관습이 권위를 상실하면서 사회적 활동의 많은 부분이 가변적이고 언제라도 수정 가능한 '성찰적'인 것이 되었다는 의미다. 기든스는 현대 사회에서 자아 역시도 자신이 존재하고 있는 더 넓은 제도적 맥락과 마찬가지로 성찰적으로 창조할 수 있는 기획이 되고 있다고 진단한다(기든스, 1997:82). 기든스는 현대의 성찰성은 전문가 체계가 기술적 전문지식 영역을 넘어 사회 관계 자체와 내밀한 자아에까지 확대되고 있는 현상과 관련이 있다고 보았다. 즉, 현대 전문가 체계에서 의사, 카운슬러, 치유사는 과학자, 기술자, 공학자만큼이나 중심적 위치를 차지하게 되었다는 것이다. 각종 실용서와 '삶의 지침서', 심리 치료에 관한 전문 서적과 자조(自助, self-help)를 위한 각종 안내서 등은 개인들로 하여금 자아를 반성하고 판단하고 새로운 자아를 기획하게 하는 기술, 즉 푸코가 말한 자기를 스스로 돌보고 훈육하는 '자아의 테크놀로지'인 것이다.

기든스의 자아 성찰성 개념을 치유 산업에 대한 비판 속에서 정교화시킨 미키 맥기Micki McGee는 '개조되는 자아belabored self'라는 개념을 제시했다. 의상 코디나 미용술, 성형 등을 통해 새로운 자아로 변신하는 '메이크오버makeover 문화'를 분석하면서 맥기는 치유 산업이 확산되면서 자아실현을 위한 개인들의 관리와 수행적 노동 역시 증대하는 측면을 강조한다(McGee, 2007). 맥기에 따르면, 개조되는 자아 개념은 근대 초기 자율적인 개인들에게 적극적인 자기실현을 위한 노력을 강조한 '자조self-help' 개념에서 유래했다. 19세기 후반 자수성가한 위인들의 전기적인 성공담을 통해 전 세계적으로 자조 담론을 유행시킨 새뮤얼 스마일즈Samuel Smiles는 『자조론Self-Help』(1859)에서 "국가와 문명의 성쇠는 전체적으로 국민 하나하나의 자조에 의한다"고 주장했다(스마일즈, 2006). 우리에게 익숙한 새마

을운동의 구호 '근면, 자조, 협동'도 국가 주도의 근대화 프로젝트에 주체를 동원하기 위한 담론이었다. 하지만 현대에 이르러, 특히 미국 문화 속에서 자조는 더 이상 국가에 의해 부과된 규범이나 도덕적 표준, 종교적 명령이 아니다. 자조는 이제 다양한 전문가 담론과 개인의 욕망이 결합하면서 개인적인 행복과 삶의 질 향상을 희망하는 개인들 사이의 상호 협력으로 이루어지는 개인적인 치유 활동으로 그 정의가 바뀌었다.

치유서나 자기 계발 담론에서 개인들의 정신과 감정, 인성과 삶을 마치 경영의 대상처럼 사유하여 자본처럼 축적할 수 있는 것으로 여기거나, 관리하고 조절할 수 있는 기술로 생각하는 이러한 새로운 형태의 사회성은 '신자유주의적 주체성'의 중요한 구성 요소다. 신자유주의 주체성은 '자신을 돌보고 향상시키려는 개인의 의지, 즉 자기 계발의 의지를 통해 작동하는 권력'이라고 할 수 있기 때문이다(서동진, 2009). 신자유주의가 만들어 내는 이 새로운 사회성은 니콜라스 로즈Nikolas Rose가 '기업가적인 자아 entrepreneur self'라고 부른 자아 관념, 즉 개인들이 자신의 삶과 자아 자체를 마치 기업과 같이 경영하고 관리할 수 있는 객체로 바라보는 관념을 만들어 낸다(Rose, 1992). 이러한 문화 속에서 개인들은 자신의 경험과 경력, 정서 상태, 외모, 육체, 교우 관계 전반을 기업의 재무제표와 같이 계량화하여 시장 가치로 환산해 인식하게 되는 것이다.

후기 근대, 혹은 탈근대 개념을 통해 변화된 자본주의 사회를 분석하고자 하는 사회·문화 이론들은 자아와 자기 정체성에 많은 관심을 보여 왔다. 기든스의 '자아 성찰성', 푸코의 '자기 테크놀로지', 맥기의 '개조되는 자아', 로즈의 '기업가적 자아', 일루즈의 '치유적 자아' 등 이론가들마다 사용하는 용어는 다르지만, 이들 모두는 최근의 자기 계발 담론과 치유 문화의 확산 속에서 자아에 대한 우리의 인식에 어떠한 변화가 일어나고 있는지 탐색하고 있다.

베버가 논의했듯, 근대 자본주의 발달의 토대가 되었던 자본주의 정신은 부를 축적하려는 사람들의 열망에 '근면함'과 '신의 소명', '자수성가'라는 도덕적 우월성을 부여했다(베버, 1990). 동시에 빈곤과 불행을 개인들의 나태와 게으름의 결과라는 도덕적 비난의 대상으로 만들었다. 감정 자본주의의 새로운 점은 경쟁과 자본주의 물질문명에 지친 개인들의 자아 해방에의 염원을 새로운 치유와 자기 계발 상품에 대한 소비 욕구로 변형시키고 있다는 점이다.

감정 자본주의에서 미디어와 전문가들은 개인의 사생활에 관해 점점 더 많이 이야기하고 있는 반면, 사회생활의 여러 문제들은 개인적인 자아와 심리 문제로 취급되고 있다. 정서적 웰빙과 사회적 성공을 개인들의 노력과 의지의 문제에만 국한시키는 이러한 논의들은 사회적 성공과 실패를 개인의 자기 관리 문제로만 바라본다. 성공이 단지 개인 노력의 결과일 뿐이라면, 실패에 대한 책임 역시 온전히 개인 몫이 된다(McGee, 2007: 13). 감정 자본주의에서 권력관계와 경쟁 구조, 사회생활에서의 성공과 실패, 사회적 배제와 불평등의 문제는 모두 개인의 자아나 인간관계의 갈등과 관련된 문제로만 제시된다. 그럼으로써 사회제도와 구조적으로 조건 지워진 삶의 불행들에 대해 사회적 책임을 묻거나 비판할 수 없게 된다.

## 5. 상처 홀릭의 나르시시즘을 넘어서

치유 문화에 대한 가장 일반적인 비판은 심리학이 치료한다고 주장하는 바로 그 병을 창조하거나 최소한 부양시키는 원자화된 개인주의를 반영한다는 데 있다. 심리 치유적 논의들은 우리에게 있는 그대로의 자아를 인준하도록 설득한다. 이와 같은 논의의 틀은 우리로 하여금 시민권이나 정치 같은 더 큰 영역을 포기하도록 만들고 사적 자아와 공적 영역을 연결시킬 인지적인 사유의 길에 베일을 씌운다. 치유 문화가 제시하는 자아상에는 공적인 내용과 정치적 내용이 텅 비어 있고 자기애적인 자아에 대한 관심만이 그 자리를 차지하고 있기 때문이다(Illouz: 2008: 2). 그래서 심리학은 인간관계의 갈등과 친밀성의 문제에 존재하는 어려움을 다루고 문제 해결을 돕는 듯하지만 실제로는 타자들에 대한 헌신이나 공통 관심, 유대보다는 우리의 요구와 선호, 자아에 몰입하고 집중하게 만든다. 긍정 심리학은 더 노골적으로 개인주의적 행복과 성공, 사회와 동떨어진 자아의 주관적 안녕과 평화에 관심을 집중시키고 있다.

기든스는 심리 치료를 "단순히 적응 장치가 아니라, 일반화된 성찰성의 표현 일부로서 현대성이 초래한 탈구와 불확실성을 드러내는 것"으로 보았다. 심리 치료는 의존성과 수동성을 조장할 수도 있지만, 한편으로는 새로운 해방의 정치적 기획 속에 개인을 참여하게 하는 테크닉으로 전유하는 것이 불가능한 일은 아니다. 하지만 기든스는 현재의 심리 치료 문화는 자아의 성찰적 기획을 자기 결정이라는 측면에서만 해석하여 사회적이고 공적인 고려사항들에서 개인의 일상생활을 분리시키는 통제적인 기능을 하고 있다고 비판한다(기든스, 1997: 291).

현재의 치유 문화는 사회적 개선의 필요성을 고민하기보다는 자기 개선에 몰두함으로써 위험하고 불확실한 사회에 대한 거짓 안전감을 제공한다. 자조 산업의 성장 속에 만연하고 있는 치유 담론은 개인들에게 사회적 관계와 제도에 대한 관심이나, 사회 구성원으로서의 책임이나 고민 없이 자기애적이고 피상적인 정체성에 안주할 알리바이를 제공해 준다. 자기 상처에 몰두하는 것은 고통 받는 타자에 대한 무관심을 부추기고 사회 모순에 대한 비판적 사유를 회피하는, 손쉬운 "희생자 정체성"을 제공하기 때문이다.

한 문학 평론가는 치유 문화의 유행이 "우리가 열광적으로 상처를 소비하는 시대에 살고 있음"을 암시한다고 보았다(김은하, 2009: 560). '상처 홀릭의 나르시시즘'에서 벗어나는 길은 자기의 상처와 고통이 어떻게 우리 시대 삶의 조건과 관련된 것인지 인식하는 것에서 시작될 수 있다. 심리 치료나 상품화된 치유 문화에 의지할 것이 아니라 자신의 상처와 우울, 고통을 새로운 질서를 상상하는 저항과 비판의 출발점으로 사유할 수 있어야 한다.

# 6장 참고 문헌


김은하, 「상처의 글쓰기와 애도의 씻김굿」, 『자음과 모음』 2009년 여름호, pp. 560~589.

대니얼 골먼, 황태호 역, 『감성지능』 상, 하, 비전비엔피, 1996(Goleman, Daniel, *Emotional Intelligence: Why it can matter more than IQ*, Bloomsbury, 1996).

서동진, 『자유의 의지 자기계발의 의지: 신자유주의 한국사회에서 자기계발하는 주체의 탄생』, 돌베개, 2009.

앤소니 기든스, 권기돈 역, 『현대성과 자아 정체성: 후기 현대의 자아와 사회』, 서울: 새물결, 1997(Giddens, Anthony, *Modernity and Self-Identity: Self and society in the late modern age*, Stanford University Press. 1991).

멜린다 데이비스, 박윤식 역, 『욕망의 진화』, 21세기북스, 2003(Davis, Melinda, *The New Culture of Desire*, Free Press, 2001).

새뮤얼 스마일즈, 김유신 역, 『자조론』, 21세기북스, 2006.

앨리 러셀 혹실드, 이가람 역, 『감정노동』, 서울: 이매진, 2009(Hochschild, Arlie Russell, *The Managed Heart: Commercialization of human feeling*, Berkeley: University of California Press, 1983).

에바 일루즈, 김정아 역, 『감정 자본주의』, 돌베개, 2010(Illouz, Eva, *Cold Intimacies: the making of emotional capitalism in late capitalism*, Cambridge & Malden: Polity Press, 2007)

막스 베버, 박성수 역, 『프로테스탄티즘의 윤리와 자본주의 정신』, 문예출판사, 1990.

캐빈 톰슨, 이주일 · 오승훈 역, 『기업의 숨겨진 핵심자산: 정서자본』, 서울: 새로운 제안, 2000(Kevin M. Thomson, *Emotional Capital: Capturing hearts and minds to create lasting business success*, Capstone, 1998.).


Held, S. Babara, "The tyranny of the positive attitude in America: observation and speculation", *Journal of Clinical Psychology* Vol. 58(9), 2002, pp. 965~992.

Illouz, Eva, *Saving the Modern Soul: Therapy, emotions, and the culture of self-help*, Berkeley, Los Angeles, & London: University of California Press, 2008.

McGee, Micki, *Self-Help, Inc.: Makeover culture in American life*, Oxford University Press, 2007.

Rose, Nikolas, "Governing the enterprising self", *The Values of the Enterprise Culture : the moral debate*, Paul Heelas and Paul Morris eds. London : Routledge, 1992.

Seligman, M. E. P. & Csikszentmihalyi, M., "Positive psychology: Introduction", *American Psychologist* 55(1), 2000, pp. 5~14.

7장

# 돌진하는 생명 자본

김고연주

"부유할수록 더 많은 의료 혜택과 더 좋은 치료를 받을 수 있다. 이제 불임이나 질병 치료 같은 건
강권은 사회적으로 보호받아야 할 권리가 아니라 개인의 경제력에 따라 차별적으로 누리게 되는
소비재의 영역으로 편입되고 있다. 인간의 삶의 질을 높이기 위해 시작된 생명공학이 인간과 생
명을 차별하는 결과를 초래하고 있다."

* 주제어: 생명 자본, 인체 분리, 생명의 상품화, 가상 가치 투자, 생명 가치의 계층화

## 1. 황우석 사태

"한국인들은 모두 생명공학의 전문가"라는 우스갯소리가 있을 정도로 한국인들은 황우석 사태를 통해 생명공학에 큰 관심을 가지게 됐다. 1999년 2월 19일 영롱이*를 복제했다고 밝혀 국민 영웅으로 부상했고, 2005년 3월 세계 최초로 배아줄기세포 복제에 성공함으로써 한국은 생명공학 분야의 선진 국가로 발돋움하는 듯했다. 그러나 황우석 박사가 연구를 진행할 때 심각한 윤리 문제가 있었고 논문도 조작되었음이 드러나 한국인들은 자부심에 치명적인 손상을 입었다.

생명공학의 선진 국가에서 전 세계를 상대로 사기를 친 국가라는 오명을 입게 되면서 대부분의 한국인들이 황우석 박사에게 배신감을 느끼고 분노했다. 그러나 믿고 싶지 않은 사실 앞에서 미국의 음모론 등을 운운하며 현실을 부정하는 사람들도 적지 않았다. 황우석 박사의 잘못이 크게 난

---

* young-long, 체세포 복제를 통해 태어났다고 '주장'된 젖소. 1999년 2월 12일 영롱이의 출생 직후 황우석 교수 팀은 세계 최초로 젖소를 복제하는 데 성공했다고 언론에 발표했으며 황우석 교수의 명성이 높아진 계기가 되었다.

자 매매와 논문 조작 두 가지*라고 할 때, 황우석 박사의 연구를 지지하는 사람들은 난자에 대한 걱정 없이 연구에만 전념할 수 있는 환경을 만들기 위해 '난자 기증 운동'을 벌였고(김한선혜,2006), 원천 기술을 보유하고 있다는 황우석 박사의 해명을 믿으며 연구를 재개해야 한다고 주장했다.**

이처럼 황우석 박사를 필두로 온 국민이 염원했던 배아줄기세포 개발의 의미는 단순히 세계 최초라는 국가적 자부심에 그치지 않는다. 〈과학기술정책연구원〉의 보고서는 황우석의 줄기세포 연구가 가져올 경제적 이득이 향후 10년간 33조에 이를 것이라 추정했고(김환석,2006: 277), 언론 보도에 의하면 줄기세포로 치료 가능한 전 세계 환자 수는 약 1억 3천만 명이며 이들이 창출할 줄기세포 치료 시장은 연간 3천억 달러나 된다고 한다.*** 오늘날 경제력이 곧 국력인 상황에서 배아줄기세포를 개발해 특허를 얻었을 때 거기서 창출되는 이익은 실로 상상하기 어려운 액수다.

생명공학은 불임과 불치병 치료, 질병 예방, 생명 연장 등 인간의 기본 욕망에 기반하여 추동되는 것으로, 이러한 욕망을 실현시킬 수만 있다면 비용이 얼마든 지불할 의사가 있는 사람들이 전 세계에 넘쳐난다. 따라서 기술을 개발해 상용화된다면 엄청난 고부가가치가 보장되는 생명공학은 과학자, 자본가, 그리고 국가의 이해관계가 중첩된 사업으로 부상했다. 황

---

* 2005년 1월 발효된 "생명윤리법"은 난자 매매를 불법으로 규정하고 있다. 그러나 황우석 박사는 122명에게 난자 2,236개를 제공받았고, "생명윤리법" 시행 후에도 〈한나 산부인과〉를 통해 25명에게 총 3천8백여만 원의 재산상 이익을 제공했다.(『경향신문』, 2008. 8. 6) 또한 황우석 박사가 논문 조작을 통해 받은 연구 지원금은 정부, 민간 기업, 민간 모금 금액 등 공개된 액수만 총 383억 8천5백만 원이었다.(『연합신문, 2006. 5.12) 난자는 높은 가격에 거래되고, 국가와 기업은 생명공학에 엄청난 자본을 투자하고 있는 것이다.

** 2006년 2월 4일 오전 5시 51분께 서울 종로구 세종로 이순신 동상 앞에서 정 모(59) 씨가 '황우석 박사 줄기세포 연구재개'를 요구하는 유인물 30여 장을 뿌린 뒤 자신의 몸에 기름을 끼얹고 불을 질러 스스로 목숨을 끊었다.("'줄기세포 연구 재개' 광화문 분신자살",『연합뉴스』, 2006. 2. 4.)

*** "부자의 과학과 빈자의 과학",『한겨레신문』, 2005. 6. 7.

우석 사태는 생명공학에 얽혀 있는 여러 욕망이 총체적으로 결합되어 나타난 중요한 사례다.

이처럼 자본주의의 새로운 총아로 부상한 생명공학이 생명을 통해 이윤을 창출하는 방식을 카우식 선더 라잔은 '생명 자본biocapital' 이라고 명명했다. 생명공학은 중립적인 과학이 아니라 자본과 결합해 이윤이 창출되는 거대한 사업이라는 의미다. 이 글에서는 생명 자본의 메커니즘을 밝히고 있는 라잔의 『생명 자본Biocapital』을 중심으로 "생명을 다루는 생명공학은 신자유주의적 축적 방식과 어떤 연관성을 지니고 있는가"와 "생명이 상품이 될 수 있다는 문화적 합의를 생명공학이 어떻게 도출해 내고 있는가" 라는 문제를 살펴볼 것이다. 이를 위해 먼저 라잔의 생명 자본 개념을 설명하고, 생명 자본의 구체적인 현장으로 신약 개발, 여성 난자 매매, 의료 관광을 분석할 것이다. 이 세 현장에서 생명과 몸은 자본의 영역으로 편입되고, 질병 치유, 출산, 생명 연장 등 인간의 기본 욕망의 실현을 상품으로 구현한다. 또한 이 세 가지 사례는 가상 가치에 대한 투자, 윤리를 희생하는 결과 중심주의, 전 지구적 자본 이동 등 신자유주의의 속성을 잘 보여 준다.

## 2. 생명 자본

자본주의가 자연스러운 정치경제 형태로 인식되고 있는 오늘날, 현재의 자본주의와 뗄 수 없는 '사업' 으로 부상한 생명공학은 자본주의의 새로운 국면을 반영하고 있다. 라잔은 생명공학과 자본이 결합하여 거대한 이윤을 창출하면서 자본주의의 핵심 분야가 되고 있는 현상을 '생명 자본' 으로 개념화한다. 라잔은 생명공학의 급격한 사업화는 발달된 과학 기술과 사회가 상호 구성한 공동 산물이라는 분석을 통해 자본주의가 특정한 기술 과학 사업이 출현할 수 있는 토대를 형성했을 뿐 아니라 생명을 상품화하고 사적으로 소유해 막대한 이윤을 창출할 수 있다는 새로운 '인식론'을 만들어 냈다는 것을 강조한다.

이러한 라잔의 진단은, 1930년대 로버트 킹 머턴Robert King Merton이 개척해 수십 년 동안 중요한 가치로 자리매김했던 과학에 대한 과학사회학의 인식론에 비추어 설명할 수 있다. 머턴은 과학이 합리적이고 객관적인 지식을 창출할 수 있는 것은 보편주의(universalism, 과학적 성과만으로 평가), 공유주의(communalism, 데이터와 결과 공유), 탈이해성(disinterestedness, 개인적 · 정치적 이해관계와 무관), 제도화된 회의주의(organised scepticism, 명확한 근거 없이는 어떤 이론도 받아들이지 않는 태도)라는 규범이 존재하기 때문이라고 주장했다(김경만, 2006: 19~20). 이러한 규범하에서는 연구실 간에 자본의 거래나 소유권 확인 없이 생체 물질biological material이나 정보 등을 공유하는 일은 매우 흔했다. 그러나 오늘날 과학에 대한 인식이 변화하면서 대부분의 학계와 과학자들은 과학 정보와 생체 물질을 소유하고 그것에 가격을 매겨 판매하고 있다. 예를 들어 염기 서열이 특허를 받고 있는 현실은 '염기 서열 생성the generation of DNA sequences'을 '발명' 행위로 보는 것이며, 그것들의 법적 지위가 공공의 영역이 아니라 합법적이고 사적인 재산으로 간주되고 있다는 것을 의미한다.

생명 자본은 생명공학이 신자유주의 논리에 복속되면서 새로운 인식론으로 등장하게 된다. 신자유주의 메커니즘의 징후적인 현장으로 볼 수 있는 생명 자본은 다음과 같은 특성을 갖는다.

첫째, 생명공학의 발전으로 기존에 상품으로 존재하지 않았던 것들이 새롭게 상품으로 등장했다. 생명 자본이 생체 물질과 정보 같은 새롭고 특별한 형태의 '화폐currency'를 등장시킨 것이다. 오늘날 정자, 난자, 배(수정란), 여성의 출산 기능, 세포, 유전자 등 인체가 부분으로 파편화되어 판매 가능한 상품이 되고 있다. 또한 생명공학은 '생명=정보'라는 메타포를 상품이 될 수 있는 물질적 실재로 만들었다. 이제 생명을 정보라고 생각하는 데 그치지 않고 생명을 정보 용어로 재현해 상품으로 만들어 데이터베이스로 팔 수 있다. 이렇게 몸이 정보로 번역되는 과정을 통해 우리 몸은 우리가 모르는 정보 형태로 우리 바깥으로 분리된다. 자신의 몸이라 믿었던 것이 자신도 모르게 정보로 번역되고 조작, 해체되었다가 다시 다른 몸들과 합체되거나 팔려 나간다(박소영, 2006).

둘째, 생명 자본은 눈에 보이는 구체적인 사물이나 현재가 아닌, 생명 연장과 질병 치유 등 인간의 본성적인 욕망의 실현 가능성이라는 '미래'에 투자하고 있다. 생명공학의 발전으로 인간은 "인류가 지금까지와는 전혀 다른 새로운 역할을 할 수 있으리라는 기대를 품게 되었고, 생명 그 자체의 창조자, 그리고 진화의 공동 감독자가 될 수 있는 가능성"(킴브렐, 1995:189)을 갖게 되었다. 에이즈, 암 같은 불치병과 각종 유전병 치유, 유전자 검사와 조작을 통한 완벽한 인간의 탄생, 장기 복제와 이식을 통한 생명 연장, 인간 전체의 복제를 통한 불로와 영생이라는 인간의 꿈이 실현 가능해 질 것이라는 기대는 곧 시장의 영역으로 편입되었다. 기업과 국가는 이러한 가능성이 실현되었을 경우 얻을 수 있는 막대한 이윤을 기대하면서 엄청난 자본을 투자하고 있다.

셋째, 생명 자본은 상품화된 생체 물질의 판매와 구매에 있어서 계층,

지역, 성별 불평등을 조장하고 있으며 인간과 자본의 전 지구적 이동을 추동하고 있다. 과거에 타인에 대한 동정심과 애정 등에 기반해 기증되던 장기, 난자 등의 생체 물질이 고가의 상품이 되면서 경제적 필요 때문에 자신의 신체 일부를 판매하는 사람들이 대거 등장했다. 이 현상은 비단 일국 내 계층 문제에 그치지 않는다. 전 세계의 불균등 발전에 의해 부국의 국민은 구매자, 빈국의 국민은 판매자가 되고 있으며, 더 저렴하고 풍부한 생체 물질을 찾아 부국의 국민과 자본이 빈국으로 이동하고 있다. 또한 생명공학 분야에 종사하는 과학자와 의사, 그리고 이를 승인하는 정치인 대부분이 남성이기 때문에 불임 치료나 줄기세포 연구 등에 필수적인 난자와 여성 몸을 대상화하고 침해하는 현실이 심각한 실정이다(구인회, 2005). 여성의 몸은 파편화되어 생체 물질을 만들어 내는 공장, 컨테이너, 숙주로 간주되고 있다(킴브렐, 1995).

이처럼 생명공학이 생명 자본으로 자리매김하기까지 과학자, 기업, 국가의 상호 긴밀한 연계가 결정적인 역할을 했다. 과학자는 기업에게 막대한 자금을 투자받아 새로운 치료법과 치료제를 개발하고, 국가는 그것에 특허를 부여해 개인 재산으로 보호한다. 과학자와 기업과 국가가 이처럼 긴밀한 관계를 형성할 수 있었던 이유는 생체 물질과 정보 선점을 통해 막대한 이윤을 창출할 수 있다는 공통 이익이 있기 때문이다. 물론 가치중립적이고 객관적인 진리 탐구라는 과학의 순수한 목적에 헌신하려는 과학자도 있다. 그러나 이러한 과학자의 신념과 무관하게, 기업과 국가가 생명공학을 경제발전의 주요 산업으로 부상시키면서 생명공학의 순수성과 윤리성은 퇴색되고 있다. 따라서 생명 자본 개념을 통해 생명이 어떻게 가치를 생산하고 이윤을 남기는가를 규명하는 작업은 생명 기술이나 제약 산업같이 생명을 살리는 사업에 기대되는 윤리의 의미와 실천이 자본 논리에 복속되고 있는 현실을 드러내 보여 줄 것이다. 자본이 깊숙히 개입하면서 생명공학은 급속한 발전의 동력을 얻었지만 과학자의 중립성과 의료의 공공성, 그리고 생명 윤리 등의 가치마저 거대한 이윤 추구의 장으로 휩쓸리는 결과를 낳고 있다.

## 3. 생명 자본의 현장들

### 1)생명 기술 산업의 태동

인류의 안녕과 복지를 지향하는 생명공학이 이윤 창출 영역으로 편입될 수 있었던 것은 발전하는 생명공학 기술에서 상업성이 발견되었기 때문이다. 이러한 상업성에 눈을 뜬 기업과 국가는 자본 투자, 규제 해지, 법안 제정 등 여러 장치들을 동원해 생명공학을 산업으로 급격하게 성장시켰다. 1970년대 말과 1980년대 초, 생명 기술 산업의 태동은 과학, 기술, 법과 규제의 변화, 시장의 공동 산물이다.

이러한 생명 기술 산업은 19세기 말 DNA 발견으로 싹트기 시작했다. 1869년 독일의 화학자 프리드리히 미셔Friedrich Miescher가 박테리아에서 DNA라는 물질을 처음 발견한 이래, 1910년에 DNA가 유전에 관여한다는 사실이 밝혀졌고, 1953년에 DNA가 이중나선 구조임이 발견되었다. 이 DNA 구조의 발견은 20세기 가장 중요한 사건의 하나로 꼽으며, 이를 통해 거의 혁명에 가까운 발전이 있었다. 생명공학은 DNA 조작으로 가능해졌는데, 재조합형 DNA 기술인 유전자 재조합 기술(Recombinant DNA

Technology, RDT)은 DNA 분자들을 자르거나 연결하는 일련의 기술이다. 1972년 미국의 폴 버그Paul Berg는 바이러스와 대장균의 DNA를 연결해 최초의 재조합 DNA를 만드는 데 성공했고,* 다음 해 미국의 스탠리 코헨Stanley Cohen과 허버트 보이어Herbert Boyer는 특정 DNA를 삽입한 생명체를 만드는 데 성공했다. 인간이 자기 의도에 따라 DNA를 마음대로 재단하는 재조합 기술은 도입 초기에 엄청난 논란을 불러일으켰고, 1975년 과학자 수백 명이 연구의 일시 중지를 호소하기도 했다. 그러나 이 기술을 이용해 인슐린과 같은 유용한 의약품이 생산되면서** 논란은 거의 사라진 상황이다.*** 이렇게 유전자 재조합 기술은 생명 기술 산업의 가능성과 원리를 보여 줌으로써 생명과학life science을 '기술적'으로 만들었다.

유전자 재조합 기술이 생명 기술 산업의 발전을 선도했지만 새로운 기술의 등장이 전체 산업의 발전으로 이어진 것은 여러 가지 복합적인 상황과 조건이 있었기 때문에 가능했다. 라잔은 미국에서 유전자 재조합 기술이 산업적인 것으로 이동할 수 있었던 조건으로 다음 세 가지를 꼽는다. 첫째, 당시에 성공적인 사업 모델이라는 확신이 없음에도 생명 기술에 투자했던 자본의 덕이다. 둘째, 1970년대 초반 미국 연방 정부가 암과의 전쟁을 선포하면서 〈국립보건원(National Institutes of Health, NIH)〉이 기초 생명의학 연구에 쏟아 부은 막대한 자금이다. 셋째, 1980년 "베이돌법Bayh-Dole Act"의 제정이다. 이 법은 학계와 산업 사이에 기술 이전을 촉진했고, 이

---

* 폴 버그는 DNA 재조합 기술의 개발로 1980년에 월터 길버트Water Gilbert, 프레더릭 생어Frederick Sanger 와 함께 노벨 화학상을 수상했다.
** 인슐린 외에도 성장 호르몬, 신경 계통의 치료제, 뼈 성장 인자들의 생체 활성 물질, 혈전 용해제 등의 혈액 제재, 각종 질환에 대한 백신, 암 치료를 위한 인터페론 등이 유전 공학 기술에 의해 만들어져 판매되고 있다.
*** 〈국가 지정 생물학연구정보센터〉, 「[핫이슈] DNA 구조 발견 50주년(2003년)」(http://bric.postech.ac.kr)

때문에 기초적인 연구 주제가 급격히 상업화될 수 있었다. "베이돌법"은 1970년대 중반 베트남전 패배로 허덕이던 미국이 산업 경쟁력을 되찾기 위해 제정한 지식재산권을 보호하는 법이다. 이 법은 대학이 연방 정부가 제공한 연구 기금으로 기술을 개발하거나 연구 성과를 내더라도 대학 특허권을 인정하고 사유재산화할 수 있게 했다. 기술과 연구 성과에 대한 기존의 국가 소유 원칙을 버리고 대학이 지식 재산권을 창출하고 기술 거래에 적극 나서도록 독려한 것이다. 실제로 1980년대 이전에는 대학 특허가 250개 정도에 불과했으나, "베이돌법" 발효 후에 급증하여 1985년 470개에서 1999년 3,159개로 늘어났고, 1991년부터 1999년까지 약 10년 동안 신규 특허 건수는 77퍼센트 증가했다.[*]

  이처럼 생명 기술의 지적 재산권에 호의적인 법적 분위기는 '다이아몬드 대 차크라바티 사건'을 계기로 공식화됐다. 유전공학자이자 〈제너럴 일렉트릭〉에서 근무하던 아난다 차크라바티Ananda Chakrabarty는 원유를 분해할 수 있는 박테리아를 개발해 해상에서 원유 유출을 처리하는 데 사용할 것을 제안했다. 차크라바티는 미국에 박테리아 특허를 요청했으나 살아 있는 사물은 특허를 받을 수 없다는 법에 의거해 거절당했고, 〈특허청〉의 항소 위원회도 이 결정에 동의했다. 그러나 〈미국 관세 및 특허 항소 법원〉은 그 결정을 번복하고 차크라바티의 손을 들어 주면서 "미생물이 살아 있다는 사실은 특허법 목적에 비추어 법적 중요성이 없다"고 기록했다. 이에 〈특허청〉 국장인 시드니 다이아몬드Sidney Diamond는 〈연방 대법원〉에 상고했으나 〈연방 대법원〉은 토론을 거친 후 1980년 6월 16일 차크라바티의

---

[*] "미국 부자 대학의 돈 버는 노하우", 『전자신문』, 2007. 11. 14.

손을 들어 주었다(해러웨이, 2007:199).

이후 미생물에 대한 특허권 인정은 식물, 동물, 나아가 인체 세포나 유전자, 생체 물질 등으로까지 확장됐다. 이제 "인간의 생체 물질에 대한 특허권 인정 문제는 사람의 유전자와 세포를 소유할 수 있는가, 그리고 인체를 특허권이 주어질 수 있는 소유물로 볼 수 있는가 하는 문제"를 제기하고 있다(킴브렐, 1995:281). 이 같은 특허 정책으로 다국적기업 사이에서는 살아 있는 모든 생명체에 대해 특허권을 얻으려는 치열한 경쟁이 벌어졌고 생물계는 "지구의 공동 유산에서 연구자와 산업의 사유물"로 전락했다(위의 글:279).

2) 신약 개발

생명공학은 끊임없이 새로운 치료법과 치료제를 개발하고 상품화하고 있다. 그중에서 신약 개발은 생명 자본의 중요한 영역이다. 신약 개발은 신약 개발 성공이라는 미래에 대한 투자, 특허권을 통한 질병 치유 기술의 기업 독점, 빈국 국민에 대한 인체 실험 등 생명 자본의 여러 특성들이 총체적으로 작동하고 있는 현장이다.

신약 개발은 1970년대 초 유전자 재조합 기술이 등장하면서 가속화되었다. 특히 "베이돌법"이 제정된 후 과학자들은 지속적으로 생명공학 회사를 설립했다. 실제로 신약이 쏟아져 나온 1975년에서 1985년 사이에 처방약 판매는 세 배로 증가했고 신약의 효과를 뒷받침하기 위한 인체 실험의 규모와 속도도 증가했다.

이러한 신약 개발을 통해 제약 회사와 의사, 국가 모두 이익을 얻고 있다. 1957년에 제약 업계의 평균 이익률이 국가 평균치의 두 배를 기록하면서 제약 산업은 미국에서 가장 수익성 있는 산업으로 부상했다(샤, 2006: 69). 또한 생명공학에 투자된 돈의 60퍼센트는 제약 회사에서 나왔다(캐시러, 2008: 220). 특히 "베이돌법"이 제정된 후, 특허권을 소유한 대학이 기업에 사용권을 주고, 기업은 대학의 연구 결과를 바탕으로 제품을 생산해 이윤을 남기는 경향을 보이고 있다. 제약 회사들은 이 과정에서 무엇이 투자 가치가 있는지를 결정하고 자금을 지원함으로써 약물 개발 사업에서 투자 은행 역할을 하고 있다. 오늘날 생의학 연구자들의 약 4분의 1이 기업 연구비를 받고 있으며, 의사들은 제약 회사의 임상 시험을 수행하면서 재정 이득뿐 아니라 연구 논문을 주요 저널에 출판하는 명예도 얻는다. 정부 기관은 의학 연구에 투자되는 금액을 나누어 가지려 경쟁하고, 임상 시험이 성공하면 그 평판도 공유할 수 있다(위의 글: 220). 제롬 캐시러(Jerome P. Kassirer)는 학계와 기업의 이러한 연계 때문에 연구자들이 특허권이라는 유혹에 넘어가 사업가로 변신하고, 대학은 환자 치료를 배우는 학문의 전당이 아니라 거대 기업체가 되고 있다고 비판한다.

이처럼 신약 개발에서 필수 조건이 된 임상 시험이 급속도로 시장원리의 지배를 받으면서 임상 시험에 참여하는 환자의 안전이 위협받고 있다. 한 예로 1999년 매사추세츠 주 브라이튼에 있는 〈세인트 엘리자베스 병원〉에서 로저 다케가 유전자 치료 실험을 받다가 사망했다. 다케는 손상된 심장 기능을 되살릴 수 있을 것이란 희망을 지니고 혈관을 성장시키는 유전자를 심장에 이식하는 임상 실험에 참여했다. 다케가 사망한 후 벌어진 소송에서 다케는 이 실험에 참여한 다른 대상자가 몇 달 전에 사망했다는 사실을 모른 채 실험 참여에 동의했던 것으로 밝혀졌다. 이렇게 사전에 예방

할 수 있었던 사고가 발생한 이유는 연구자인 제프리 이스너Jeffrey Isner 박사가 연구 성과에 따른 재정적 이해관계를 가지고 있었기 때문이었다(위의 글: 226). 신약 개발이 지니고 있는 이러한 구조적 위험 때문에 서구권에서 임상 시험에 참여하려는 사람들이 급격히 감소하고 있다.

샤Shah는 더 빨리, 더 싸게 신약을 개발하려는 제약 산업의 논리, 신약을 좋아하면서도 신약 개발에 필수적인 시험에 참가하기를 꺼리는 미국인들의 이율배반, 약품에 접근할 수 없는 개발도상국 환자들의 절박한 심정, 자금난에 허덕이는 공립 병원들의 재정적 필요를 감안할 때 제약 연구의 외부 조달이 더욱 가속화될 것으로 전망한다. 『USA 투데이』에 따르면 미국의 대형 제약 회사들은 2006년까지 미국과 서유럽 이외 지역에서 임상 시험을 67퍼센트까지 늘릴 계획이고, 개발도상국의 지도자들은 낙후한 시설과 부족한 예산, 심화되는 보건 위기에 직면하여 자국에 더 많은 임상 시험을 유치할 준비를 하고 있다고 한다. 또한 가난한 나라의 병원들은 임상 시험이 가장 큰 돈벌이기 때문에 병원의 우선순위가 환자 치료에서 제약 회사를 위한 임상 시험으로 바뀌고 있다. 동유럽, 라틴아메리카 국가들, 러시아, 인도, 남아프리카공화국 등 가난한 나라의 국민들은 피험자가 될 것이냐, 아니면 죽을 것이냐 사이에서 인권을 저해하는 비자발적 선택을 강요받고 있다. 남아프리카공화국의 한 병원은 치료를 받기 위해 내원한 환자들을 임상 시험에 넘기거나 임상 시험을 실시해 주는 대가로 연간 2천만 달러 이상을 벌어들인다. 이 같은 현상에 대해 남아프리카공화국 출신의 생명윤리학자 카렐 에이쉘무덴Earl Ijsselmuiden은 개발도상국들이 "거대한 전 세계적 실험실"이 되었다고 말했고, 샤는 이러한 실태를 가리켜 서양 과학자들이 개발도상국민들을 실험 재료로 사용하는 '인체 사냥'을 하고 있다고 거세게 비난했다(샤, 2006: 13~15, 29, 39).

이처럼 신약 개발로 엄청난 이익을 얻을 수 있지만 그 전제가 되는 임상 시험에 적합한 환자를 충분히 확보하기 어렵고 비용과 시간이 많이 소요 되기 때문에 제약 회사들은 임상 시험을 반드시 성공시키려고 한다. 미국 케이스 웨스턴 리저브 대학교 의과대학 생명윤리 교수인 캐시러는 제약 회사들이 임상 시험을 성공시키기 위해 이용하는 방법들을 밝히고 있다. 캐시러에 따르면, 어떤 제약 회사는 신약 실험에서 대조 연구해야 할 기존 의 약이 신약보다 더 적절한 치료제일 경우 그 약 대신 효과가 없는 다른 약으로 연구를 진행하거나 증상에 맞지 않는 약을 대조 약으로 선정하기 도 한다. 어떤 연구는 부작용이 나타나는 기간보다 실험 기간을 짧게 잡 고, 대조되는 약의 용량과 복용 기간도 신약에 유리하도록 정한다. 책임 연구자가 연구 계획을 세우는 데 전혀 참여하지 않고 단지 회사에서 미리 정한 지시 사항만을 전달받기도 하고, 연구 계획서를 검토하도록 외부 조 사자를 초빙하는 절차도 형식에 그친다. 또한 연구자가 자료를 모니터하 고 통제하고 분석하는 권리를 포기해야 한다는 계약 조건을 받아들이는 경우도 있고, 심지어 실험 도중 문제가 생길 경우 상급 감시 기관에 알리 지 말라는 조건도 있다(캐시러, 2008: 236).

이처럼 제약 회사들이 신약 개발 과정에서 막대한 투자와 로비를 하고 있고, 특허를 획득한 후에는 독점을 보장받기 때문에 신약은 고가에 판매 된다. 따라서 신약이 도입되었을 때 빈곤층은 치료약이 개발됐는데도 치 료를 받지 못하는 비참한 상황에 놓이게 된다. 한국에서도 초국적 제약 회 사인 〈로슈Roche〉가 특허권을 무기로 에이즈 치료약인 '푸제온Fuzeon'을 터무니없는 가격에 공급하려고 해 환자들이 5년 동안 투쟁한 사례가 있었다. 2004년 5월에 '푸제온'이 식약청 허가를 받았지만 〈로슈〉는 1년 동안 약을 구입하는 가격으로 3천2백만 원을 요구했고, 연간 1천8백만 원으로 보험 등재가 되자 〈로슈〉는 '푸제온' 공급을 거부했다. 그 후 〈로슈〉는 2005년과 2007년 두 차례에 걸쳐 정부에 연간 약 2천2백만 원으로 약가 인상을 신청했다. 그러나 〈건강보험공단〉과의 협상은 결렬되었고 〈로슈〉는 계속해서 '푸제온'을 공급하지 않았다. 이러한 상황에서 한국의 〈코바이오텍(주)〉는 〈과학기술부〉의 지원을 받아 2004년에 '푸제온'을 단기간에 대량생산할 수 있는 기술을 개발했다. 그러나 '푸제온' 생산에 대한 독점적 권한을 〈로슈〉가 갖고 있어서 이 기술은 사장되었다. 한국 HIV/AIDS 감염인 연대 KANOS의 활동가 강석주 씨는 2009년 2월 25일에 〈로슈〉가 '동정적 접근 프로그램compassionate access programme'[*]을 통해 한국에 '푸제온'의 '한시적' 무상 공급을 선언한 것은 활동가들이 청구한 강제 실시를 막고 특허의 문제점을 은폐하려는 행위라고 못박았다. 강석주 씨는 지난 5년간 '푸제온'을 쓸 기회도 갖지 못한 채 죽어 간 생명들을 애도하면서, 건강할 '권리'를 구매력에 따른 '자격'으로 취급하는 제약 회사의 행태를 비난했다.[**]

---

[*] 4년이 넘도록 푸제온을 공급하지 않던 〈로슈〉는 활동가들이 강제 실시를 청구한 지 두 달이 지날 무렵, 푸제온을 무상으로 공급하겠다고 태도를 바꿨다. 〈로슈〉는 이 조치에 '동정적 접근 프로그램'이라는 이름을 붙였다.(권미란, 「생명을 기각 당한 우리들에게」, 『함께 걸음』, 2009. 7. 5. 참고)
[**] 강석주, "제약 회사 〈로슈〉의 '푸제온' 무상 공급? 동정?", 주간인권신문 『인권 오름』 제142호, 2009. 3. 4.

### 3) 여성 난자 매매

생명 자본이 생체 물질을 상품화하면서 인체는 부분으로 조각나 상품으로 판매되고 있다. 과거에 상품이 될 수 없다고 간주되었던 것들이 상품으로 판매되면서, 인체는 통합적이고 총체적인 존재의 외연이라기보다는 단순한 세포나 기관의 집합체로 전락해 버렸다. 더 나아가 인체는 생명 유지에 절대적으로 필요한 기관, 피부, 조직 등 인체 시장에서 유용한 상품의 집합체라고 새롭게 규정되고 있다(킴브렐, 1995: 48). 생명공학의 발달 과정에서 인체 상품화의 대표적 지점인 여성 난자 매매는 인체의 분절적 상품화, 윤리의 상대성, 전문적 생명공학 기술로부터의 인간(여성) 소외 등이 잘 드러나는 현장이다.

생명은 돈으로 환산할 수 없다는 지당한 명제는 그렇기 때문에 돈으로 환산했을 때 높은 가격invaluable이 매겨지는 모순을 낳는다. 인체의 한 부분을 사람에서 분리해 가격을 매기는 행위는 생명을 상품화하는 행위이며 그 결과 인간의 존엄성이 훼손되는 것은 자명하다. 대표적인 예로 장기 매매는 전 세계 어느 나라에서나 불법이지만, 장기 이식을 통해 생명을 살릴 수 있다는 점에서 단순히 인체로부터의 장기 분리가 비윤리적이라고 선언할 수는 없는 문제다. 더욱이 기증된 장기만으로는 엄청난 수요를 감당할 수 없기 때문에 수요와 공급 법칙에 의해 장기에 따라 어느 정도의 가격대가 형성되어 있을 정도로 장기 매매는 활성화되어 있다.

그러나 오늘날 이러한 인체의 분리와 생명의 상품화는 비단 장기 매매에만 국한되지 않는다. 불치병 치료와 생명 연장이라는 인간의 꿈을 실현시켜 줄 것이라는 기대를 받고 있는 생명공학은 인체의 분리와 생명의 상품화를 통해 빠른 속도로 발전하고 있다.

이러한 인체 분절화의 중심에는 여성이 존재한다. 복제 기술에도 엄청난 숫자의 난자가 필요하고 복제된 배아 탄생을 위해서도 다수의 건강한 자궁이 필요하다. 그러나 생명공학 기술이 첨단화할수록 여성의 재생산 기능이 가진 본래 의미는 사라지고 기술과 이를 다루는 전문가만이 주목을 받게 된다(조영미, 2006). 여성의 난자는 불임 치료 과정에서 이미 채취 가능한 물질로 취급되고 있다. 라잔은 이처럼 여성의 몸에 대한 개념이 변화하게 된 원인은 기술 발전 탓이 크다고 말한다. 기실 인간 몸의 일부, 또는 몸 전체를 돈으로 거래해 온 인류의 역사는 기원을 찾기 어려울 정도로 오래 되었다. 성매매와 장기 거래, 인신매매가 대표적이다. 이러한 것들을 불법이라고 예외로 삼는다면, 몸의 일부가 훼손되었거나 사망했을 때 상해보험이나 생명보험 등을 통해 돈으로 보상해 주는 체계 역시 몸의 금전적 가치화를 제도적으로 보장하고 있는 사례이므로 금지해야 한다. 따라서 몸의 일부, 또는 생명을 돈으로 거래하는 행위는 생명공학에 의해 새롭게 출현한 현상이 아니라, 기술이 이미 존재해 온 현상에 새로운 거래 가능한 물질을 첨가한 결과일 뿐이다. 실제로 한국에서도 DNA 뱅크를 통해 난자를 매매한 여성들의 경우 일차적으로는 카드 빚 등 경제 압박 때문인 경우가 많았는데, 당사자들은 "그래도 성매매보다는 낫다"라고 생각한다. 난자를 파는 여성들은 신체의 일부를 판매한다는 점에서 난자 매매와 성매매 사이의 유사성을 발견한다. 그러면서도 불임 부부에게 도움이 되기에 나쁜 행위는 아니라고 합리화하고 있는 것이다(백영경, 2006: 120).

그렇다면 난자의 물질화에 대한 합리적 정당화는 어떻게 이루어졌을까. 한국에서는 황우석 사태로 난자의 물질화와 매매에 대한 여러 가지 입장들이 경합을 벌이면서 유례 없는 첨예한 논쟁이 있었다. 난자의 물질화에 찬성하는 입장은 난자의 효용성과 윤리의 상대성 등을 내세운다. 먼저 난자의 효용성 측면에서 불임 부부나 생명공학 연구자가 절박하게 난자를 필요로 하는 데 반해 여성들의 난자는 대부분 버려진다는 점을 강조한다. 평생 사용하지도 못하는 난자를 몇 개 채취한다고 해서 문제일 것이 없으며 난자의 가치를 생각한다면 사멸시키는 것보다는 훨씬 유용하다는 논리다(김한선혜, 2006). 이는 윤리의 상대성과도 연결되는 지점으로 불임 부부나 불치병 환자 등 고통 받는 인류를 위해서 난자의 물질화는 불가피하다는 입장이다. 난자 채취로 새로운 생명을 탄생시키고, 죽어 가는 생명을 구할 수 있다는 가능성은 난자 채취라는 '작은 희생'과, 인간의 생명이라는 '큰 보상'을 대조시킴으로써 윤리의 상대성을 만들어 낸다.

이렇게 난자 채취는 효용성에 기반한 윤리의 상대성으로 정당화되기 때문에 난자의 '거래'가 문제로 부상한다. 이는 단순히 자기 몸의 일부를 판매하는 행위에 대한 거부감에 그치는 것이 아니라, 난자의 거래가 난자를 필요로 하는 불임 부부와 생명공학 연구자의 '절실함'을 이용하는 것으로 간주되기 때문이다. 따라서 난자는 매매하는 것이 아니라 기증해야 할 것으로 개념화되고, 난자를 매매하는 여성에 대한 비난과 기증하는 여성에 대한 찬미라는 외부의 가치 판단이 개입된다.

그러나 난자를 기증하는 여성들도 교통비를 비롯한 수고비를 받고 있기 때문에 난자 기증과 매매의 기준이 애매하다(위의 글). 난자 기증자들이 사례비를 받는 것은 난자 채취 과정이 복잡하고 힘들기 때문이다. 과배란 과정은 자연스러운 몸의 주기를 거스르기 때문에 신체 손상도 크고 채취 과정도 상당히 힘들다. 시술 대상 여성들은 시술 전 후 약 한 달간 거의 매일

혈액 검사를 하고 호르몬 주사를 맞아야 한다. 시간을 정확히 맞추어 매일 병원을 방문해야 하는 것도 쉬운 일이 아니다(조영미, 2006: 73). 게다가 부작용의 위험도 따른다. 이러한 과정 때문에 여성의 수고와 고통과 위험부담에 대한 보상의 당위성을 주장할 수 있다. 문제는 얼마까지가 기증 보상이고, 얼마부터가 판매 보상인지를 정할 수 있는 기준이 없다는 점이다. 예를 들어 영국에서는 난자 기증에 대한 실비 보상에 지나지 않는 1백 파운드에서 3백 파운드가 루마니아에서는 평균 여성 연 소득의 절반을 상회하는 금액이다. 2004년에 영국 전체에서 이루어진 난자 기증보다 루마니아의 한 클리닉에서 이루어진 기증이 더 많았다는 사실(백영경, 2006: 120)은 기증과 매매 사이의 모호성을 증명한다. 또한 시험관 수정을 하기 위해 자신의 난자를 채취하는 여성은 똑같은 과정을 거치면서도 돈을 받는 것이 아니라 많은 비용을 지불한다는 점 역시 난자 채취에 매겨지는 가치의 상대성을 잘 보여 준다.

이렇게 생명공학이 여성의 난자에 대한 의존도가 높음에도 여성은 생명공학 발전의 열쇠를 지니고 있는 존재로 인정받지 못하고 있다. 반드시 자기 아이를 낳아야 한다는 혈연주의에 의해서든, 국가적 자부심이라는 국수주의에 의해서든, 성매매보다는 낫다는 경제적 이유에 의해서든 난자를 채취하는 여성들은 생명공학 전문가들에게 '난자 제공자' 이상의 지위를 갖지 못한다. 첨단 기술일수록 전문가와 비전문가 사이의 간극은 벌어지고 첨단 기술에 대한 비전문가의 접근성은 떨어지기 때문이다. 의료 기술자들과 생명공학 전문가들은 불임과 불치병을 고칠 수 있는 능력과 가능성을 지닌 권력자다. 불임과 불치병 치료의 복잡함과 전문성 때문에 여성들은 정보를 충분히 제공받지 못한 상태에서 동의하게 된다. 예를 들어 불임 시술을 위해 여성들에게서 채취한 잉여 난자와 거기서 발생하기 마련인 잉여 배아가 불임 시술 이후 어떻게 처리되는지 여성들은 알 수 없다. 김한선혜(2006)는 여성의 몸에서 난자를 몇 개나 추출했는지 알 수 없을 뿐 아니라 남은 난자나 배아를 의사가 원칙에 따라 폐기했다고 말한다면 확인할 방법도 없다고 지적한다. 자기 신체에서 일어나고 있는 변화를 자신이 알지 못하고 의사의 말로 듣기만 할 뿐이기 때문이다. 난자는 여성 몸의 일부임에도 여성 자신이 개입할 수 있는 여지가 거의 없다. 특히 여성들이 채취 과정과 부작용에 대한 자세한 설명을 들은 후 난자 채취를 결정할 수 있어야 한다는 '정보에 입각한 동의'라는 생명윤리법상의 규정은 사실상 유명무실하다. 난자 채취의 문제를 연구해 온 의료 사회학자들에 따르면 난자 채취에 따르는 장단기적인 의학적 위험은 본격적으로 연구되어진 바가 없다고 한다. 따라서 제대로 된 정보 제공이 원천적으로 불가능하기 때문에 이에 기반한 동의도 있을 수 없다는 것이다(위의 글).

더욱이 환자, 또는 난자 기증/판매자들은 과정에 대한 자세한 설명이나 육체적 고통과 두려운 감정 등에 대한 보살핌을 기대하지만 이는 불임과 불치병 치료를 하는 생명공학 전문가에게는 부차적인 업무다. 불임과 불치병 치료에 성공하는 것이 생명공학자들의 '윤리'며, 이 성공에 의해 환자, 또는 난자 기증/판매자들은 실질적·심리적 보상을 받는다. 또한 설사 불임과 불치병 치료에 실패했다 하더라도 실패의 원인이 현 의료 기술로는 해결할 수 없는 환자 개인의 문제가 되기 때문에 생명공학 전문가들은 어떠한 비난도 받지 않는 성역 안에 있다. 난자 기증/판매자 역시 자신들이 난자를 채취한 이유를 충족시키는 심리적·금전적 보상을 받았기 때문에 생명공학 전문가들은 책임에서 자유롭다.

## 4) 의료 관광

자본은 저렴하고 풍부한 공급이 있는 곳을 찾아 국경을 넘어 이동해 가격 경쟁력을 지닌 곳에서 새로운 시장을 형성한다. 그런데 생명 자본의 이동을 추동하는 것은 이런 경제성 외에도 생명 상품화에 대한 각국의 규제 차이가 특히 중요한 요인이 된다. 여성 난자 매매와 보조 생식 기술은 정자, 난자, 배 등을 생명 또는 인간으로 볼 수 있는지에 대한 논란을 불러오고, 여성의 출산 기능을 판매하는 대리모는 어머니가 누구인지에 대한 혼란을 낳는다. 의료 관광은 이 같은 생명에 대한 국가 간 규제와 가격 차이로 인한 자본의 이동, 부국의 구매와 빈국의 판매라는 전 지구적 계층화, 건강권의 소비재화, 생명 윤리의 상실 등을 잘 보여 주는 현장이다.

인도의 〈사마(Sama, Resource Group for Women & Health)〉라는 여성 단체 활동가인 N. B. 사로지니N.B.Sarojini는 이 같은 지구화된 생명 자본이 인도에서 어떻게 구현되고 있는지를 밝히고 있다. 가격 경쟁력이 있는 의료 서비스를 구매하기 위해 세계 곳곳을 여행하는 의료 관광으로 득을 보는 곳은 제3세계다. 이는 "제3세계 가격으로 제1세계 수준의 치료가 가능"하다는 효용성 때문이다. 인도 정부는 이러한 시장 경쟁력을 유지하기 위해 의약품 구입을 위한 보조금 지급, 낮은 금리, 특별한 '의료 비자' 등 여러 가지 지원책을 마련하고 있다. 이러한 인도 정부의 노력 덕분에 해외에서 인도로 오는 환자들의 수가 급격히 증가하고 있다. 〈인도산업연맹(CII)〉과 〈맥캔지〉의 공동 보고서에 따르면, 인도의 의료 관광산업은 매년 30퍼센트씩 성장하고 있으며, 2012년에는 10억 달러에서 20억 달러 규모의 사업이 될 것으로 전망하고 있다.

사로지니는 인도가 보조 생식 기술 분야에서 더 많은 소비자를 끌어들이기 위해 불임을 신종 질병으로 개념화하고, 부작용을 축소하고, 성공률을 과장하고 있다고 지적한다. 이러한 내용의 광고는 전 세계 소비자를 대상으로 하기 때문에 인터넷이 중요한 홍보 수단이다. 전체 치료 과정은 최대한의 이익을 얻을 수 있는 '패키지'로 제공되고, 소비자들은 자신들이 원하는 상품을 찾아 '의료 웹 쇼핑'을 하게 된다. 예를 들어 인터넷 홈페이지의 일부 광고 문구는 다음과 같다.

1. 미국과 인도 간의 왕복 비행기 티켓은 1천 달러에서 1천5백 달러 정도. 남편과 동행하거나 질소 운반 용기로 냉동 정자를 가져오셔도 됩니다. 클리닉은 국제공항에서 20분 거리이고, 발리우드의 중심부인 반드라Bandra에 위치해 있습니다.
2. 당신의 배아가 페트리 접시에서 자라는 동안 당신은 달빛에 빛나는 타지마할을 감상할 수 있습니다. 호르몬 치료를 받는 동안 별 다섯 개짜리 호텔에 머물 수도 있습니다(사로지니, 2006: 136~137).

이 같은 의료와 관광의 결합 외에 인도 기업들은 상품을 개선하고 표준화하기 위해 정자 또는 난자 공급자의 키, 체격, 피부 · 눈 · 머리카락 색, 카스트, 종교, 아이큐, 혈액형, 사회적 · 인종적 지위를 수급자와 일치시킬 수 있다고 확언하고 있다.

최근에는 이 같은 우수한 정자와 난자를 구매하는 것에 그치지 않고 더욱 경쟁력 있는 상품이 출시되고 있다. 2006년 8월 6일 『인도 타임즈』의 보도에 따르면 최근에 설립된 세계 최초 인간 배아 은행은 불임 부부들에게 '맞춤형' 아이 서비스를 제공할 수 있는 것으로 확인되었다. 부부들의 요구에 맞는 기성배아readymade embryo는 시장에서 파는 '특별한 상품'처럼 취급되고 있다.

사람이 직접 움직이는 '의료 관광'과는 다소 차이가 있지만 '의료 쇼핑'이라는 측면에서 주목해야 할 현상이 있다. 지피 브랜드 프랭크Zippi Brand Frank 감독의 다큐멘터리 〈구글 베이비Google Baby〉는 이러한 보조 생식 기술 상품화의 실상을 자세히 보여 주고 있다. 이스라엘 기업가 도론은 미국의 난자 기증자와 대리모를 통해 딸을 낳았지만 14만 달러의 비용을 지불해야 했다. 많은 비용을 치르더라도 아기를 낳고 싶어하는 사람들이 많다는 사실을 잘 알고 있는 도론은 대리모 출산 비용이 매우 저렴한 인도로 눈을 돌렸다. 도론은 다른 산업과 마찬가지로 출산 과정을 '아웃 소싱'한다면 크게 성황을 누릴 수 있을 것이라 확신했다. 자신을 베이비 프로듀서라고 소개하는 도론은 자신의 경험을 바탕으로 난자 · 정자 구입부터 아기의 출산까지 전 과정에 개입한다. 고객들은 대체로 백인의 난자 · 정자를 선호하기 때문에 미국 병원이나 온라인에서 기증자를 찾아 체외수정까지 마친 뒤 배아 상태로 인도에 보낸다. 도론은 영하 84도로 질소 냉각한 수정란을 제휴를 맺은 인도의 대리모 출산 전문 병원으로 운반한다. 이 곳에서 수정란은 대리모에게 착상되어 9개월 후 아기가 태어나게 되는데 대리모 비용은 6천 달러 전후에 불과하다. 이제 맞춤형 아기는 고객들이 직접 의료 관광을 가지 않고도 온라인과 대리인을 통해 얼마든지 '구매 가능한 상품'이 되고 있다. 신용카드만 있으면 인터넷 클릭만으로 누구나 부모가 될 수 있는 것이다.

인도의 사례에서 재현되는 의료 관광은 제1세계의 경제력이 있는 불임 부부들을 잠재적 소비자로 공략하는 사업이다. 의료 관광은 '관광'이라는

'여가'의 이미지를 차용해 상품 선택과 여유로움을 강조함으로써 불임 부부, 또는 불치병 환자의 절실함과 급박함을 비가시화한다. 그러나 현실에서 난자와 난자를 좇는 인간의 이동은 쇼핑과 휴가를 즐기는 관광객의 이동과 달리 경제력과 규제에 따라 긴박하고 음성적으로 행해지고 있다. 한국에서도 황우석 사태로 문제가 불거지기 전까지 아시아 최대 규모의 난자 판매 사이트인 〈DNA-BANK〉가 존재했다(김한선혜, 2006). 당시 글로벌화된 난자 거래망의 흐름은 일본 불임 부부가 난자와 대리모를 구하기 위해 한국으로 오고, 한국 불임 부부는 한국에 온 중국 동포에게서 난자와 대리모를 구하고, 한국 난자 제공자는 규제를 피해 말레이시아의 클리닉에 가서 시술을 받는 형태였다. 난자는 국가 간의 경제력 차이와 규제 차이를 따라 전 지구적으로 이동하고 있는 것이다(백영경, 2006).

특히 불임 치료 대부분이 의료보험이 되지 않고 있는 상황이기 때문에 이처럼 관광과 결합된 특별한 상품을 소비할 수 있는 사람들은 소수에 불과하다. 의료 관광은 불임 치료 의료비를 급등시킴으로써 의료 서비스의 양극화를 심화시킨다(이상이 외, 2008: 90). 이는 의료 서비스를 상품화함으로써 질병의 치료와 건강 유지가 사회적 책임이 아니라 개인의 책임이 되는 현상을 잘 보여 준다. 부유할수록 더 많은 의료 혜택과 더 좋은 치료를 받을 수 있다. 이제 불임이나 질병 치료 같은 건강권은 사회적으로 보호받아야 할 권리가 아니라 개인의 경제력에 따라 차별적으로 누리게 되는 소비재의 영역으로 편입되고 있다.[*]

---

[*] 실제로 〈보건복지부〉의 2006년 「소득 계층에 따른 암 환자의 암 종별 의료 이용에 관한 연구」에 의하면 소득 수준이 낮을수록 암 발생률뿐 아니라 생존 가능성도 낮은 것으로 조사되었다. 이는 검사비와 치료비 부담 때문에 암을 늦게 발견하거나 적극적인 치료를 받지 못하기 때문이다(이상이 외, 2008: 197에서 재인용).

이러한 상황이 잘 보여 주는 것처럼 불임 치료 기술은 배아의 복제, 체세포 복제 기술, 인공 생식 기술, 잉여 난자 및 잉여 배아 문제, 실험을 위한 난자 공여 문제, 대리모 임신에 의한 모성 기능 분화 등 여러 가지 윤리적인 문제들이 발생하고 있거나 발생 가능성이 있는 지점이다(조영미, 2006). 라잔은 '가치'는 시장에 의한 물질적 가치 평가뿐 아니라 윤리적 의미와 실천에 대한 관심을 내포하는 개념이라고 강조한다. 따라서 생명 기술이나 제약처럼 생명을 다루는 사업일수록 윤리적 가치 판단에 민감해야 한다. 그러나 생명공학 기술이 상업성에만 치중하면서 건강의 불평등과 '빈곤과 질병'의 대물림 현상(이상이 외, 2008: 199)이 더욱 심화되는 등 반드시 갖추어야 할 생명 윤리가 상실되고 있다.

따라서 생명공학에서 어떻게 생명 윤리라는 가치를 수호할 것인가라는 과제는 한 국가 차원의 규제로 해결될 수 있는 문제가 아니다. 생명 윤리가 절대적인 가치라 하더라도 '무엇이 생명 윤리인가'에 대한 견해 차이 때문에 각국의 규제 정도는 다르기 때문이다. 특히 생명공학이 창출하는 엄청난 부가가치에 의해 생명 윤리의 희생이 정당화되는 현 상황에서 규제 강도는 경제력에 반비례할 것이고 생명 자본과 구매자의 전 지구적 이동은 끊임없이 추동될 것이다.

## 4. 생명 자본과 인간 생명의 차등화

라잔은 생명 자본 개념을 통해 생체 물질의 생산, 순환, 소비 체계를 이해하는 작업은 그것의 특수성을 밝히는 작업과 더불어 자본주의의 일반적인 구조적 특징을 진단할 수 있는 방법이라고 설명한다. 자본주의는 단일하고 고정되지 않은 '정치경제 시스템'이므로 온전히 파악할 수는 없지만, 생명 자본에 대한 분석과 이론화를 통해 자본주의의 역동성과 가변성과 복합성을 드러낼 수 있다는 것이다.

　신자유주의는 실체를 지니고 있는 물질뿐 아니라, 구체 지표와 무관한 미래의 생산성이나 이윤의 가능성 같은 만질 수 없는 추상에 기반해 가치를 평가하고 만들어 왔다. 오늘날 정보와 생체 물질, 신약 등이 특허권에 의해 보호받으며 상품으로 팔리고 있는 것은 이러한 가치 평가에서 기인한다. 검증되지 않은 지식은 비전이나 장래성을 선전하는 홍보에 의해 '과학적 사실'과 동일시되어 상품으로 판매된다. 생명 자본에서 판매되는 것은 현실이 아니라 이미지와 욕망인 것이다. 매매의 영역이 생명으로 확장되면서 생명에 가격이 매겨지고 몸은 분절화되고 있다. 몸을 개선하고 생명을 연장한다는 이유로 몸을 분절화하면서 몸의 인격성은 사라지고 있지만, 과학 전문가주의 때문에 일반인의 개입은 요원하다. 생명공학이라는 복잡한 전문 지식은 전문가들의 전유물로서 국가에 의해 특허로 보호받으며 기업의 투자 대상이 되고 있다. 기업은 생명의 상품화가 낳는 이윤을 얻기 위해 생명공학에 막대한 자금을 투자하고, 그 때문에 상품화된 생명의 가치는 더욱 상승한다. 결과적으로 상품화된 생명은 전 지구적 제도인 신자유주의 하에서 계층과 지역에 기반한 소비재가 되고 있다. 앞에서 제시한 생명 기술의 특허권, 신약 개발, 여성 난자 매매, 의료 관광 등의 사례는 이러한 생명 자본의 기치와 메커니즘을 잘 보여 준다.

　생명공학의 현장들은 신약 개발, 불임이나 불치병 치료 기술 등이 과연 인류 복지에 사용될 수 있을 것인가 하는 회의적인 질문을 제기한다. 오늘날 전 세계는 여러 가지 생명 윤리 문제가 제기됨에도 공공의 이익을 증진하기 위해서가 아니라, 기업 이익 실현에 방해가 되지 않도록 새로운 규제를 만들거나 아예 규제를 폐지하는 실정이다. 자본에 복속된 생명공학이 제시하는 미래는 모든 인류가 평등하게 갖고 태어난 것으로 간주되던 생명과 재생산이라는 생물학적인 속성들을 계층에 따라 차별적으로 경험하게 되는 세상을 제시하고 있다. 자신의 건강과 재생산을 위해 얼마든지 돈을 지불하는 사람들과 자신의 생계를 위해 몸의 일부를 팔아야 하는 사람들이 공존하고 있는 것이다. 인간의 삶의 질을 높이기 위해 시작된 생명공학이 인간과 생명을 차별하는 결과를 초래하고 있다. 이러한 상황에서 생명 기술의 발달이 생명을 살리는 결과가 아니라 오히려 생명을 잠식하는 결과를 가져올 것이라는 우려는, 기우가 아니라 이미 현실인지도 모른다.

# 7장 참고 문헌

강양구, 김병수, 한재각,『침묵과 열광』, 후마니타스, 2006.

구인회,『생명윤리, 무엇이 쟁점인가』, 아카넷, 2005.

김경만,『과학지식과 사회이론』, 한길사, 2006.

김한선혜,「진달래꽃 즈려밟고 가시옵소서: 난자 기증 운동에 관한 연구」,『여성건강』제7
　권 제1호, 2006.

김환석,『과학사회학의 쟁점들』, 문학과지성사, 2006.

다나 J. 해러웨이, 민경숙 역,『겸손한 목격자』, 갈무리, 2007.

박소영,「재생산과 복제; 페미니즘의 상상력, 생명과학의 상상력」,『여성이론』14호, 여이연,
　2006.

백영경,「생명 윤리를 넘어서: 난자 거래의 현실과 여성주의적 개입」,『여성이론』15호, 여이
　연, 2006.

사라 섹스톤,「윤리냐 경제냐? 건강이냐 부냐? 실험실의 난자를 넘어서」,『여성이론』15호, 여
　이연, 2006.

소니아 샤, 정해영 역,『인체 사냥』, 마티, 2006.

앤드류 킴브렐, 김동광 · 과학세대 역,『휴먼 보디숍』, 김영사, 1995.

N. B. 사로지니,「지구화 맥락에서의 인도의 보조생식기술 상품화」,『여성이론』15호, 여이
　연, 2006.

이상이 외,『의료 민영화 논쟁과 한국 의료의 미래』, 밈, 2008.

재롬 캐시러, 최보문 역,『더러운 손의 의사들』, 양문, 2005.

조영미,「불임 기술과 의료 권력, 그리고 여성」,『여성이론』14호, 2006, 여이연.

Sunder Rajan, Kaushik, *Biocapital*, Duke University Press, 2006.

# 포스트신자유주의를 상상하며

김현미, 권수현

포스트신자유주의를 상상하고 욕망한다는 것은 신자유주의가 만들어 낸 삶의 피폐한 변화들을 기괴하고 이상한 느낌으로 낯설게 보는 관점을 갖는 것이다. 이 장을 준비하면서 저자들은 여러 번의 토론을 진행했고, 신자유주의 질서는 인간의 생존을 위협하는 실업, 빈곤, 각종 위험에 대처하는 사회적 안전망을 포기함으로써 '사회'의 의미를 삭제해버리는 독특한 형태의 자본주의라는 데 의견 일치를 보았다. 특히 과도한 사교육비 지출과 소비 경쟁 때문에 빚더미에 오른 중산층과 그들의 고학력 '우울한' 자녀들에 대해 많은 이야기를 나눴다. 대학 강단에서 우리가 마주하는 청년들도 예외는 아니었다. 이에 '포스트신자유주의'에 대한 이론적, 경험적, 제도적 변화들을 소개할 필요가 있다고 생각했다. '경제'의 의미를 새롭게 정의하고 대안적 공동체를 만들어 가는 사회적 흐름들과 공공 정책을 통해 '소비'와 '재분배'를 관리하여 삶의 질을 높이고 있는 사례들은 우리에게 신자유주의를 낯설게 보는 방법을 알려 주고 있다.

## 1. 신자유주의의 부메랑

지난 30년간 신자유주의로의 대 이행은 글로벌 질서에 후발 주자로 편입된 한국 사회에도 큰 영향력을 발휘했다. 서구에 비해 아직 가족이나 국가 등 공동체적 연대가 강한 한국 사회는 다른 동아시아 국가들처럼 "시장 경제의 기반 위에 정부와 민간의 협력을 적절하게 활용함으로써 '고도의 동반 성장'을 달성한" 것으로 평가받고 있다(임원혁, 2008: 219). 그러나 경제적 부의 팽창이라는 외연 속에서 한국인들은 신자유주의적 주체로의 이행을 초고속으로 경험하고 있고, 그 효과 때문에 신음하고 있는 것도 사실이다. 경제 양극화에 따른 사회 불안은 신자유주의적 세계화가 만들어 내는 공통적인 문제지만 그중에서도 최근 우리 사회에서 가장 눈에 띄는 변화는 일자리를 얻지 못해 불안한 청년들과 빚더미에 오른 중산층의 급증이다.

이 시대 교육은 신분 상승을 위해 구매해야 할 '상품'이 되었다. 따라서 교육에 더 많이 투자해 자녀들을 더 좋은 지위에 올려놓는 것이 많은 부모들의 욕망일 것이다. 그러나 과도하게 투자된 '자녀'들이 여전히 사회적 '장소'를 갖지 못한다면? 자녀들의 과도한 경쟁심과 성공에 대한 욕망이 노후의 부모들을 '빈곤'으로 몰아넣는다면? 결국 사랑과 헌신이라는 이름의 고귀한 행위가 적대와 불안의 현실로 귀결된다면 우리는 어떤 삶의 전략을 가져야 할 것인가? 이러한 위험 부담을 줄이기 위해 저출산이라는 가족 전략이 등장한 것은 당연한 일이다. 그러나 저출산은 근본적인 해결책이 아니라 현 상황에 대한 회피책에 불과하다. 개별 가족 문제로 환원하지 않는 공공적 해결책을 모색할 필요가 있다. 우석훈의 표현대로 한국 사회는 범위와 규칙이 존재하지 않는 무한대의 경쟁 상황에 내몰리고 있다. 대졸자의 단지 5퍼센트만이 안정적인 일자리를 얻을 수 있는 이 사회에서 교육만이 일자리를 보장한다는 신화가 깨지고 있는 것이다(우석훈·박권일, 2007). 교육 문제는 가장 '정치적인' 이슈가 되고 있다. 한국 중산층은 대위기를 맞고 있다.

### 1) '빚더미 중산층'과 저출산 난제

미국 중산층 가정의 위기와 그 대책을 설명한 책 『맞벌이의 함정*The Two-income trap*』(2004)의 저자들은 오늘날 미국의 맞벌이 중산층 가정이 1970년대 남성 혼자 벌던 중산층 가정보다 오히려 가난해졌다고 말한다(티아기&워런,2004). 맞벌이 중산층 가정의 소득은 전 세대보다 75퍼센트나 상승했지만 재정적 안정성은 훨씬 떨어져서 수많은 맞벌이 중산층 가정이 파산하거나 파산 위기에 몰려 있다고 한다. 실업자나 저소득층이 아닌 맞벌이 중산층의 '파산'은 왜 일어났을까? 교육도 많이 받아 높은 임금을 받는 직장에서 부부가 일한다면 가정 경제는 더 안정적이여야 할 텐데 왜 이런 역설이 생겨난 것일까?

티아기와 워런이 〈파산 법원〉, 〈인구조사국〉, 〈노동통계국〉이 수집한 수십 년간의 데이터와 파산 선고를 받은 사람들을 인터뷰하여 조사한 결론에 의하면 중산층 가정의 파산 위기는 자녀에게 안전한 동네와 좋은 교육 환경을 제공하고자 한 부모들의 선택 때문에 발생했다. 즉 맞벌이로 높아진 가계 신용은 학군이 좋은 교외의 주택 입찰 경쟁을 격화시켰다. 정부의 금리 규제가 철폐된 대출 시장에서 맞벌이 부부들은 모기지론을 통해 쉽게 돈을 빌려 주택을 구입한다. 경쟁 때문에 주택 가격은 상승하고 가계 부채와 고정적인 가계 지출비 또한 크게 상승하게 된다. 그 결과 고정비를 지출하고 남는 재량 소득은 줄어들게 된다. 맞벌이로 겨우 주택 대출금과 자녀 교육비를 지불하는 가정에서 한쪽이 직업을 잃거나 가족 구성원 중 누군가 사고를 당하거나 질병에 걸리면, 혹은 부부가 이혼을 하게 되면 재난에 대처하고 위험을 흡수할 수 있는 안전망은 사라지게 된다. 티아기와 워런은 중산층이 빚더미에 올라앉는 건 과소비 때문이 아니라 자녀들까지 중산층의 삶을 계속 누릴 수 있게 하려고 경쟁적인 노력을 쏟아 부은 결과라고 말한다. 이러한 분석은 사회적 규범을 지키면서 '계획한 대로' 살아도 항상 몰락의 가능성을 걱정해야 하는 중산층의 현실을 적나라하게 보여 준다.

사실 집을 사느라 진 채무 때문에 여력이 없는 '유주택 빈민'은 미국만의 문제가 아니다. 한국에서도 자녀를 더 좋은 환경, 더 좋은 학군의 학교에 보내고자 하는 부모들의 욕망 때문에 파산 위험에 놓인 중산층 가족이 늘고 있다.

집은 삶의 공간이 아니라 자녀들에게 좋은 학군과 미래의 사회적 연결망을 확보해 줄 '지위재positional good'로 변화하고 있다. 2000년 초반 전세대란과 저이율의 지속 속에서 아파트 담보 대출을 중심으로 가계 대출이 폭증했고, 부동산 가격은 급격하게 상승했다. 2001년부터 2003년까지 3년간 금융권의 가계 대출금 절반 이상이 주택 구입에 쓰인 것으로 추정된다. 같은 기간 전국의 아파트 가격은 50퍼센트 이상, 서울의 아파트 가격도 70 퍼센트 이상 상승했다. 특히 서울의 한강 이남 지역은 집값이 두 배 가까이 상승한 것으로 추정되고 있다. 부동산 가격 급등으로 올린 재테크 수익은 임금노동의 가치와 근검절약의 미덕을 하찮은 것으로 만든다. 부동산 투기 열풍에 대한 주부들의 인터뷰는 이를 잘 보여 준다.

"한 학부형이 3년간 집을 사고팔기를 반복해 5천만 원을 벌었다고 하더군요. 큰돈을 벌고 나니까 남편이 땀 흘려 벌어다 준 월급이 우습게 보인다는 얘기를 듣고, 한 푼이라도 더 저축하기 위해 반찬값을 아끼려고 발버둥쳤던 저 자신이 갑자기 바보라는 생각이 들었죠."("부동산 투기 열풍, 적금 붓는 서민만 바보",『조선일보』, 2003. 6. 10. 경제 B1면)

1975년 7.9퍼센트였던 한국의 저축률은 경제성장이 본격화되면서 1980년대 중반 15퍼센트 수준으로 올랐고, 1988년 25.2퍼센트를 기록하면서 처음으로 저축률 1위에 올랐다. 이후 가계 저축률은 떨어지기 시작해 카드대란이 발생했던 2002년에는 세계 최하위 수준인 2.1퍼센트로까지 추락했다. 2009년 한국의 가계 저축률은 5.3퍼센트로 매우 낮은 수준을 유지하고 있다.[*] 2000년 이후 한국 사회의 저축률 급락은 소득 증가율에 비해 소비 증

---

[*] "한국 = 저축 가장 안하는 나라?",『한국일보』2009. 7. 6. 16면.

가율이 높았던 이유도 있지만 주택 가격이 급등하면서 주택 담보 대출을 받아 주택을 구입한 가구가 큰 폭으로 늘어났기 때문이다. 여기에 각종 연금이나 보험금과 교육비 등 쉽게 지출을 줄이지 못하는 고정비 항목이 늘어난 것도 주요인이다.

한국 사회의 과도한 사교육비 지출은 가계에 큰 경제적 부담을 줄 뿐만 아니라 경제력에 따른 교육 불평등을 심화시키고 있다. 〈통계청〉의 국가통계포털(KOSIS: Korean Statistical Information Service)에 따르면, 가계 월평균 총 소비지출에서 사교육비가 차지하는 비중은 1985년 약 1.5퍼센트였으나 이후 그 비중이 증가하여 2007년에는 7.8퍼센트에 이르고 있다. 또한 가계 월평균 교육비에서 사교육비가 차지하는 비중도 1985년 19.3퍼센트에서 2007년 65.2퍼센트로 증가했다. 1985년에는 공교육비의 4분의 1에 불과하던 사교육비가 2007년에는 공교육비의 두 배로 증가한 것이다. 계층간 사교육비 지출액 차이도 최근에 더욱 심화되고 있다(성낙일·홍성우, 2009). 자녀의 교육 성취도에 따른 보상과 낙오의 차이가 현저해지면서 과거에 비해 가정에서 사교육비에 이처럼 많은 지출을 하고 있기 때문이다.

대출금 상환과 높은 사교육비 때문에 가계 재량 소득이 바닥을 치고 있다. 재정난에 빠진 개인들이 선택할 수 있는 방안은 부채를 늘려 주식, 펀드, 부동산 등을 통한 재테크에 더욱 공격적으로 몰두하거나 맞벌이, 투잡, 쓰리잡 등 여가 시간을 줄여 소득을 증가시키는 것이다. 한국은 빚더미 공화국으로 변하고 있다. 2010년 2월 현재 국내총생산 대비 가계 부채 비율은 80퍼센트를 넘었고, 가처분소득 대비 금융부채 비율도 145퍼센트로, OECD 국가의 평균보다 높은 수준이다.

현재와 같은 가정경제 구조 속에서는 자녀를 갖지 않거나 한 자녀만 갖는 것도 '합리적인' 행동이 된다. 한국의 저출산 현상은 빚더미에 올라앉게 된 중산층 부부의 증가 및 이들의 합리적 선택의 결과다. 경제학자 케인스가 "인구 감소의 경제적 귀결은 무엇인가?"라는 질문을 던지며 인구 감소 문제를 주로 자본 축적 관점에서 고민했다면(요시카와, 2009: 203~205), 또 다른 경제학자 슘페터는 인구 감소를 문명론적 관점에서 자본주의 쇠퇴의 징후로 인식했다(위의 글: 226~228). 자본주의 발전과 더불어 결국 개인의 효용을 최대화하고자 하는 새로운 경제인homo economics이 등장하게 되면서 출산율이 저하된다는 것인데, 애초에 자본가들은 가족을 위해 투자하고 부를 축적하는 것에서 추진력을 얻었으나, 현대 자본주의 사회에서는 이러한 가족의 의미가 쇠퇴하면서 결국 자본주의 체제는 그 내적 요인 때문에 위기를 맞이하게 되었다는 것이다.

슘페터의 관점을 빌어 볼 때 한국 사회의 저출산은 현재와 같은 경제적 체제의 필연적 결과로 해석된다. 한국 사회에서 아이를 낳는다는 것은 '돈이 드는' 문제로 인식되고, 결국 출산의 결정은 자녀 양육과 교육을 감당할 경제 능력이 있는가 여부에 달린 문제가 되었다. 저출산이라는 우리 사회의 난제는 불평등과 무한 경쟁의 심화가 인간의 행복과 복지에 미친 폐해를 반영하는 거울이라고 할 수 있다. 일터에서의 살인적인 노동 강도는 삶을 메마르게 해 자연히 '재생산'과 '돌봄'에 대한 욕망보다는 책임에 대한 두려움을 낳는다. 이런 상황에서 치솟는 집값과 교육비를 감당해야 할 부부의 유일한 생존 전략은 출산을 통제하는 길일 것이다. 아이러니하지만 분명한 것은 저출산과 고령화가 한국 사회 전 영역에서의 근본적인 변화를 불가피하게 요청하고 있다는 점이다. 고령 인구가 많은 사회에서는 느리게 살 수밖에 없는 사람들이 늘어날 것이고 그 사람들은 서로 의존하고 상부상조하는 호혜적 생활양식을 욕망하게 될 것이기 때문이다. 한국 사회는 슘페터가 말한 '새로운 경제인'과 더불어 인구학적 요소 때문에 위기와 새로운 기회를 동시에 맞이하고 있다.

## 2) 불안이 영혼을 잠식한 삶

그렇다면 부모들의 과도한 투자로 고학력과 글로벌 경험이라는 문화적 자본을 갖게 된 청년층들은 행복한가? 청년들의 불안은 '88만 원 세대'라는 구체적인 숫자로 표현되고 있다. 그들은 왜 불안한가?

> 두려움이란 앞으로 일어날 일에 대한 불안이며, 불안이란 지속적인 위험을 강조하는 환경 속에서 생겨난다. 또한 과거 경험이 현재에 아무런 가이드 역할을 하지 못할 때 증가한다(세넷, 2001: 138~139).

진보적 사회학자인 리처드 세넷Richard Sennett은 불안정성과 불안은 신자유주의 경제 속에 프로그래밍된 필연이라고 말한다. 신자유주의 사회는 왜 불안한가? 안정적이고 변화가 적은 사회의 사람들은 자신의 미래가 현재와 비슷할 것으로 예상하며 계획을 세우고 이를 실현해 간다. 그러므로 과거와 현재의 경험은 불안을 없애고 미래를 대비하는 확실한 방법이다. 그러나 예측 가능한 삶이 사라진 현대의 사람들은 더 많이 준비하지만 더욱 불안해한다. 빠르게 변화하는 지식 정보 사회에서 사람들은 과거보다 더 많은 시간 일하지만 더 큰 시간 압박에 시달리며 살아가고 있다. 우리가 과거보다 더 열심히 일하면서도 실패에 대한 불안과 두려움을 안고 살게 된 데는 모든 면에서 성패에 따른 득실의 폭이 훨씬 커졌기 때문이다. 계층 간 소득 불균형이 심화되고 사람들 간 삶의 질 격차가 현저해지면서 경쟁은 더욱 치열해진다. 대학생들이 과거보다 취업이나 경제적인 면에 더 관심을 두는 것은, 성공하면 경제적 보상이 더 커지지만, 경제적인 부를 성취하지 못했을 때의 결과가 과거보다 더 참혹해졌기 때문이다.

문제는 최종 승자와 그 뒤를 따르는 수많은 사람들의 실력 차이가 미세함에도 승자가 모든 것을 갖게 되는 '승자독식'의 게임 규칙이다. 신자유주의는 단순히 더 열심히 일하고 공부하면 누구든지 만족한 삶을 살 수 있다는 능력주의를 옹호하는 것에서 한 발 더 나아가 소수의 성공 신화를 확대 과장함으로써 모든 사람들의 기대 수준을 높인다. 모두가 노력만 하면 상위 1퍼센트, 혹은 상위 5퍼센트에 속할 수 있다는 '성공'의 환상은 더욱 커지고 있다. 1990년대 후반 외환위기 이후 우리 사회에서 유행하고 있는 숱한 자기계발서와 재테크 열풍은 신자유주의가 어떻게 사람들의 '부자되기' 꿈과 자아실현의 소망에 기대어 이들을 설득하고 동원해 냈는지 보여 준다.

어릴 때부터 신자유주의적인 문화를 내면화한 한국의 청년들은 자신의 부족한 스펙을 걱정하며 친구들과 경쟁하고 가족이나 친밀한 관계조차 계산과 거래의 대상으로 여긴다. 그러면서 무언가 내면이 공허해지고 있다는 불안감을 문화적 풍토병으로 가지게 되었다. 원자화된 개인들의 성공의 꿈에 기대어 증식하고 있는 신자유주의는 서로 연대하는 저항적 주체를 상상하기도 어렵게 만든다. 경쟁이 치열해지고 사회적 성공과 실패의 명암이 클수록 집단적인 연대의 자원은 소멸되고 생존주의적인 전략만이 치열해지게 된다. 성공의 이미지는 범람하지만 타인과의 동반 성장이나 타인에 대한 배려 같은 개념은 삭제되고 있다. 신자유주의의 경제와 문화 논리를 내재화하면 할수록 '성공'에 대한 강박은 커지고 의존할 것이 없어진 우리 삶은 더욱 불안해진다. 지금 우리 사회는 역사상 그 어느 때보다 자학적이고 상호비하적인 단어로 청년들을 규정하고 있다. '88만 원 세대', '루저', '잉여 인간'이란 말들은 한창 새로운 사회를 건설하고 참여하려는 능동적 에너지를 가진 청년들을 자괴감에 빠지게 한다. 과도한 도전감과 우울한 내면을 가진 젊은 세대가 양산되고 있다. 이들은 종종 '자기계발'과 '테라피(치유)'라는 두 가지 선택지 안에 갇혀 산다. 이러한 폐쇄 회로망에서 벗어나 다른 선택지를 찾기 위해서는 신자유주의가 유포한 주류 담론에서 벗어나려고 하는 개인들이 출현해야 한다.

사실 우리는 살면서 여러 가지 중요한 결정을 내리고 선택한다. 그리고 그 결과에 책임을 진다. 돈이나 경제적 성취에 매달려 인간의 다른 가치들을 희생하지 않으려면 덜 일하고 다른 것에 더 많은 시간과 에너지를 쓸 수도 있다. 우리가 진정으로 원하는 것이 무엇인지, 우리의 삶 속에서 진정으로 중요한 것이 무엇인지에 집중한다면 삶을 단순화할 수 있다. 공적인 가치를 변화시켜 나가려는 노력도 중요하지만 개인적인 변화의 노력역시 중요하다. 사회는 개인들에게 어떤 삶을 살고 어떠한 가치를 중요하게 생각할 것인지에 대한 선택지를 제공한다. 하지만 반대로 개인의 선택이 모여 사회적 변화의 방향과 속도를 결정하는 데 힘을 미칠 수 있다. 우리 자신과 사회를 위해서 어떠한 변화가 가능한지 사유하고 상상하고 실험하는 사회적 논의를 시작할 때다. '불안이 영혼을 잠식하는' 신자유주의 시대에 맞서 우리는 이제 인간이 가진 '삶'의 능력을 회복하도록 서로 고무하고 격려하는 태도를 갖춰야 한다.

## 2. 포스트신자유주의를 상상하는 다양한 시도들

신자유주의 시대에 '포스트신자유주의'를 상상한다는 것은 이제까지 익숙했던, 또는 당연하게 생각했던 습관, 생각, 욕망, 행동에서 벗어난다는 의미다. '포스트'는 예전의 억압적인 것들과 완전히 단절하는 것을 의미하거나 혹은 그것이 극복되고 대체되었다는 의미로 사용된다. 혹은 시간적 연속성 속에서 발생하는 변화와 변형의 과정을 뜻하는 경우도 있다. 용어에 대한 다양한 해석과 번역이 존재한다는 것은 그만큼 시대를 읽어내는 다양한 시각들이 경합을 벌이고 있음을 의미한다. 우리가 제안하는 포스트신자유주의의 모습은 수전 조지(2008)가 지적한 대로 하나의 이해관계로 얽혀 있는 기업체, 금융시장 행위자, 그리고 정부가 만들어 놓은 '표준적' 진실에서 벗어난 사회다. 소수에게만 집중되는 부의 확장은 '경제 발전'이 아니다. 경제는 인간의 사회적 삶에 유용한 자원의 이용과 재분배를 가능하게 할 때만 의미가 있다. 따라서 삶의 질에 대한 사회적 기준을 높이기 위해서는 인간의 삶에서 가장 기본적인 식량, 물, 주거, 교육, 건강 등이 '시장'의 외부에, 공공재로 보장되어야 한다. 새로운 경제를 상상하면서 우리는 '시장'이 사람들의 삶보다 우위에 있는 것이 아니라 사회를 위해 존재하는 것이라는 폴라니의 주장에 다시 귀 기울여야 한다. 다음에서는 포스트신자유주의와 관련된 이론적, 경험적 사례들을 살펴본다.

### 1) '가치' 전환을 위한 지적 탐색

포스트신자유주의를 상상하는 지적 대안들은 다음과 같은 지형으로 나

뉘진다.

첫째, 자본주의 질서의 '외부' 혹은 '바깥'에 존재하는 경제적 형식들을 탐구하여 대안적 상상력을 활성화하고자 하는 시도들이다. 자본주의 시장 경제가 구축되기 '이전'의 원시 경제, 혹은 신자유주의 이데올로기에 가려 잘 보이지 않았던 자본주의의 '외부' 세계를 발굴하여 조명하는 작업은 현재 가장 활발하게 이뤄지는 지적 흐름이다. 인류학자인 마르셀 모스Marcel Mauss의 『증여론Essai sur le don』처럼 자본주의 시장경제와는 다른 교환 양식이 존재하는 사회를 다룬 저서들, 동구권의 몰락 이후 역사의 뒤안길로 잠시 사라졌던 칼 마르크스의 『자본론』 등이 새롭게 조명되거나 빈번히 언급되기 시작한 현상을 예로 들 수 있겠다. 자본주의 시장경제와 대비되는 원리와 교환 양식, 가치 체계에 의해 운영되는 실례들은 우리가 주류적 현상이라고 간주했던 전 지구적 자본주의 질서가 결코 자연적이거나 불가피한 현상이 아니라는 점을 입증한다. 신자유주의는 자본주의의 역사적 산물이며 지역적·국지적·시대적 특수성을 가진 하나의 체계일 뿐이다. 인류는 그 문화적·역사적 다양성만큼이나 다양한 경제 양식을 발전시켜 왔고, 소위 '비시장적 상호 공존'의 경제 회로들을 만들어 생계를 유지해 왔다. 이런 시도들은 신자유주의가 인류 보편의 경제 양식이며 '자연 현상'인 것처럼 받아들여지고 있는 상황에서 새로운 대안 경제 체제를 상상하는 데 큰 영감을 주기도 한다.

둘째, 경제에 대한 사유에 '인간에 대한 존재론적 질문'을 작동시켜 '가치'에 대한 논쟁을 열어 나가는 시도다. 경제적 효용성의 논리에 의해 오랫동안 누락되어 왔던 근본적인 질문, 즉 "어떻게 사는 것이 행복한가?",

"과연 우리 사회에서 무엇을 아름답고 가치 있는 것, 중요한 것으로 정의할 것인가?", "어떤 사회가 '좋은 사회'인가?"라는 질문을 던져 보자는 것이다. 이러한 움직임은 경제 성장과 개발을 통해 빈곤과 실업 문제를 해결할 수 있다는 논리는 허구이자 신화에 불과하다는 비판에서 출발한다. 비비안느 포레스테Viviane Forrester는 『경제적 공포』(1997)에서 경제적 해법이라는 주술에서 깨어나 '삶의 의미', '인간의 품위', '권리의 의미'에 대해서 '생각할 수 있는 힘'을 되찾아야 한다고 주장한다. 빈곤의 문제는 어차피 해결할 수 없으며, '사유하는 힘'만이 인간의 존엄성을 가능케 하는 수단이라는 포레스테의 주장은 현실적 해법을 전면적으로 부정한다는 점에서 극단적일뿐만 아니라 무력감을 자아내는 측면이 있다. 그러나 '인간다운 삶'이 국민총생산(GNP) 등과 같은 계량적 수치로 측정될 수 없다는 점을 인식하고, '행복한 삶'이나 '좋은 사회'란 무엇인가라는 질문을 시작해야 한다는 지적은 매우 중요하다. '포스트신자유주의적 대안'은 사유의 좌표를 경제적 효용성의 가치에서 인간다운 삶의 가치로 되돌려놓는 것에서부터 시작될 수 있기 때문이다. 바로 이 점에서 우리 스스로 '돈이 곧 행복'이고, '부자가 되는 것이 곧 구원에 이르는 길'이라는 미몽에 빠져 인간으로서의 품위와 존엄성을 상실해가고 있다는 자각이 필요하다. 이와 관련하여 최근 '경제'와 '행복', 혹은 '사랑'이라는 단어를 결합한 저서들이 눈에 띈다. 예를 들어 인류학자 쓰지 신이치의 『행복의 경제학』, 종교학자 나카자와 신이치의 『사랑과 경제의 로고스』는 서로 전혀 어울리지 않는 것처럼 보이는 단어들을 조합함으로써 기존의 경제 개념을 인문학적 방식으로 '낯설게' 사유하는 새로운 인식의 틀을 제공한다. 이는 모든 것이 경제적 합리성, 상품 교환의 일원적 논리로 처리되고 구조화되는 황폐한 현실을 변화시키고자 하는 인문학적 기획이라고 할 수 있다.

셋째, 자본주의의 대안을 상상하는 또 하나의 지적 운동으로는 '경제'를 재개념화하거나 '경제'가 논의되는 학문적 지형을 변화시키려는 시도가 있다. 최근 대안적 사유의 좌표를 제공해 주는 학자로 자주 언급되는 경제인류학자 칼 폴라니는 『거대한 전환』에서 주류 경제학과는 다른 방식으로 '시장'을 개념화한 바 있다. 폴라니는 사회와 경제의 관계에 주목하면서 경제를 사회에 뿌리내린 '살림살이 경제'와 사회에서 분리된 '시장경제'로 구분했다. 이러한 경제의 재개념화를 통해 폴라니는 시장 사회의 출현은 결코 신자유주의 경제학자인 하이에크가 주장한 바와 같이 '자생적 질서'에 의한 것이 아니라, 국가의 강력한 개입과 경제적 자유주의라는 이념의 산물이라고 주장한다.

'경제'의 재개념화와 관련하여 특히 깁슨-그래험이 『자본주의의 몰락 The End Of Capitalism (As We Knew It): A Feminist Critique of Political Economy』(1996) 및 『포스트자본주의 정치학』(2006)에서 다루고 있는 내용에 주목해 볼 필요가 있다. 이들은 "자본주의 이후, 혹은 비자본주의적 삶이 가능한가?"라는 질문에 "포스트자본주의는 지금, 그리고 여기에 존재하고 있다"고 대답한다. 이를테면 대안은 먼 미래나 과거에서 찾을 것이 아니라 현재 시점에서, 지구 여러 곳에서 이미 다양한 방식으로 진행되고 있다는 것이다. 깁슨-그래험은 현존하고 있으나 주류 담론 질서에 가려 가시화되지 않았거나 부정적으로 의미화된 것들을 목록화하고 시각화하여 우리가 알고 있는 것과는 전혀 다른 경제적 풍경의 지도를 제시한다. 깁슨-그래험이 보여 주는 '경제적 다양성'의 지도를 통해 세상을 조망해 보면, 시장과 화폐 중심의 자본주의 질서는 흔히 생각하는 것과는 달리 경제적 현실의 전부가 아니다. 인류 전체로 보면 빙산의 일각처럼 표면적 현상일 뿐이다. 현재의 주류 질서인 신자유주의적 자본주의는 현실을 반영한 것이라기보다는 그것이 가장 바람직한 질서이며 궁극적 실재라고 설득하는 헤게모니적 담론의 효과라는 것이다. 그럼에도 우리로 하여금 더 이상 어떤 새로운 경제체제를 상상할 수 없게 만듦으로써 신자유주의는 지속적인 동력과 자양분을 얻고 있다. 우리들 중 많은 이들이 자본주의 경제만이 유일한 경제 체제라고 믿고 있는 바로 지금 이 순간에도 세계 곳곳에는 자본주의적 경제 방식이 아닌 다른 경제 방식들이 실재한다. 신자유주의에 대한 대안은 이미 '현재 진행형'이며 이를 실천하는 사람들이 존재한다는 사실을 깨닫는 것이 중요하다. 신자유주의 '이후'의 삶은 '지금, 여기'에 대한 부정과 단절을 의미하는 것이 아니라 우리가 살고 있는 현실 속에서 지속적인 변화를 모색하는 일련의 연속 과정이기 때문이다.

　　신자유주의가 지배적인 사회에서도 모든 사람이 그 가치들을 내면화하는 것은 아니다. 다르게 살아가는 사람들의 이야기는 현실에 대한 진단과 해석, 대안적 상상력과 영감을 제시하면서, 우리가 대안 운동의 토대를 구축하는 데 도움을 준다. 학문 영역뿐만 아니라 영화, 음악 등 예술 및 대중문화 영역에서 조용히 번지고 있는 대안적 서사들은 우리의 의식을 고양시킨다. 예를 들어 2006년 한 공중파 방송에서 '집'에 관한 다큐를 제작·상영한 바 있는데, 삶의 흔적과 역사, 개인과 가족, 공동체의 기억이 쌓이고, 끊임없이 이야기가 생성되고 만들어지는 집과 마을의 모습을 다루어 큰 반향을 일으킨 바 있다.(〈SBS 스페셜〉 45회, 2006년 7월 9일 방영) 고액 대출을 받아서라도 집을 사지 않으면 불안하고, 더 넓고 좋은 아파트로 옮기는 것이 당연하게 받아들여지는 사회적 분위기에서, 재테크나 지위 과

시용으로서의 집이 아닌 개인과 공동체의 '삶이 호흡하는 공간', '이야기가 숨 쉬는 집'에서 살아가는 사람들의 이야기는 신선한 충격을 주었다.

이러한 흐름들은 우리가 전혀 경험해 보지 못해서 알 수 없었던 세계, 혹은 주류 담론에 가려 보이지 않고 들리지 않았던 현실 사례들을 보여 줌으로써, '잃어버린 것들'에 대한 향수와 욕망, 상상력을 자극하거나, 경험해 보지 못한 것을 욕망하게 하고 그 가치를 받아들이게 한다. 다른 것을 욕망하고 꿈꾸는 에너지, 주류 질서와는 다른 것에 동일시하거나 다른 준거 틀로 삶의 목표를 설정하고자 하는 노력, 이런 것들이야말로 신자유주의 세상을 바꾸는 원동력이라고 할 수 있다.

## 2) 살아 있는 경제 공동체

우리 주변에 포스트신자유주의적 실천들이 존재한다면 어떤 것들이 있을까? 최근 등장하고 있는 사회적 기업은 자본주의적 생태를 유지하되 일하는 사람들이 추구하는 삶의 방식이나 가치를 기업의 목표에 결합시켜 지속가능한 고용을 보장하고 노동 소외를 최소화한다는 점에서 '대안' 경제라 할 수 있다. 최대 영리를 지향하다 보면 노동 착취가 불가피하고 자본가들 또한 각종 '위험'에 노출되기 쉽다. 기존의 시스템은 노동자뿐만 아니라 기업가의 삶도 지속적으로 '위험'에 노출시켜 모두가 감수해야 할 손해의 가능성을 높여 왔다. 따라서 시장 경제의 원칙을 따르면서도 노동자와 기업가 모두의 삶의 안정성을 증진시킬 수 있는 경제 활동을 구축하고 그에 걸맞는 경제 모델을 개발하는 것 또한 중요한 실천이다. 이보다 적극적으로 비시장적 경제 회로를 지향하는 사례로는 협동조합, 마을 공동체, 각종 결사체들이 있다. 신자유주의 시장경제의 상징인 미국 경제의 6퍼센트에서 7퍼센트 정도가 자본주의 체제에서 벗어나 있다는 보고도 있다(수전 조지 2008: 215). 글로벌 관점에서 보면 비시장 경제 회로 밖에 존재하는 협동적 경제 활동의 범위와 규모는 더욱 커진다.

깁슨-그래험이 제시하는 '경제적 다양성'의 지도를 따라가 보면, 우리가 알고 있는 자본주의와 전혀 다른 방식의 정치경제적 질서들이 매우 다양하고 광범위하게 존재하고 있음을 확인하게 된다. 이들이 보여 준 대안적 경제 공동체의 사례들을 몇 가지 소개해 보면 다음과 같다. 먼저 저자들이 필리핀의 자그나Jagna 지역에서 지방자치 정부와 함께 진행한 'MSAI 프로그램'을 통해 형성된 지역 경제 공동체를 살펴보자. 주지하다시피 필리핀은 이주 노동자의 송금으로 버티고 있는 가난한 저개발 국가들 중 하나다. 이 프로그램은 지역 주민들을 설득해 해외에서 일하고 있는 가족이 송금한 돈의 일부를 모아 공동의 자산을 만들고 그 자산을 기반으로 지역의 경제 공동체를 형성해 주민들이 직접 참여하게 했다. 자그나 지역 주민의 대다수는 소규모 농사로 생계를 유지하며, 그중 6분의 1은 해외에서 일하는 가족이 보내 오는 돈에 의존해 살아가고 있었다. 이런 경우 개발 담론이 이 지역 주민에게 가장 매력적으로 들릴 것이다. 개발 담론은 "외부 자본을 유치하면 이 지역의 생활수준이 나아질 것이다", "지역이 개발되면 그 성과가 지역 공동체에 돌아갈 것이다" 등의 주술을 반복한다. 그러나 이는 서구 유럽 및 북미의 산업화 경험에 뿌리를 두고 있는 경제 역학의 존재론적 틀에 불과하다(Gibson-Graham, 2006: 165~166). 비서구 지역, 그중에서도 자그나와 같이 정치경제적 권력의 주변부에 있는 지역에서 개발 논리는 황폐한 결과만 초래하기 쉽다. 깁슨-그래험은 이 지역 주민들 역시 개발 담론에 영향을 받고 있었지만 대안적 실천과 연구를 동시에 목표로 삼는 '액션 리서치 프로젝트'가 새로운 변화를 가져왔다고 설명한다. 이 프로그램을 통해 지금까지 다른 사람에게 의존하여 살아가거나, 늘 부족하고 뒤떨어져 있다는 결핍감에 시달렸던 주민들이 자율적인 경제 주체로 성장할 수 있었다. 또한 개발에 따른 환경 파괴 없이도 지역 경제를 활성화시킬 수 있었다.

한편 대안 경제 모델로 익히 알려진 스페인의 〈몬드라곤 협동조합〉은 지난 60년간 노동자들이 기업을 소유하고, 개별적으로 이윤 중 일부를 〈몬드라곤 은행〉에 저축하여 이 기금으로 노동자들에게 복지를 제공해 왔다. 또한 기금 일부는 지역의 생산력 증진을 위해 필요한 연구나 개발에 재투자하거나 또 다른 조합을 만드는 데 활용해 왔다. 특히 몬드라곤 사례는 노동자들이 사회적 잉여를 창출하여, 지역의 재분배 시스템을 통해 지역 경제의 활성화와 복지 시스템의 구축에 성공적으로 활용한 예로 유명하다. 이 외에도 깁슨-그래험이 소개한 사례들은 인도 케랄라 주에서 가장 가난한 지역인 마라리큐람Mararikulam에서 수십 명의 여성들이 저축 공동체를 만들어 극빈자를 위해 고용을 창출한 사례, 그리고 기업으로 하여금 이윤 중 일부를 노동자와 지역 공동체에 기증하게 함으로써 이윤이 공동체를 위해 그리고 다른 일자리를 창출하는데 다시 쓰이도록 한 매사추세츠 주의 기업 모델 등이 있다. 여기서 깁슨-그래험이 주목하는 대안 주체는 가족 등 전통적인 공동체도, 국가도 아니다. 이들은 구체적 지역이나 공간에 기반을 두고 특정한 윤리적 가치를 공유하는 개인들이 모여 만들어 내는 집단적 실험에서 정치적 가능성을 발견한다. 특히 이들은 대안의 가능성을 '의도적 공동체 경제intentional community economy'에서 찾고자 한다.

'의도적 공동체 경제'란 노동자가 생산한 잉여 생산물과 잉여가치를 한 개인, 혹은 몇몇의 소수 개인들이 전유하는 자본주의적 경제가 아니라 그것을 생산한 공동체에 고스란히 돌아가게 함으로써 민주적인 재분배를 현실화한 경제 체제다. 이 체제에서는 생산을 담당하는 노동자들, 그리고 생산 체제가 원활하게 돌아갈 수 있도록 하는 일을 담당하는 구성원들 모두가 양질의 삶을 영위하는 데 필요한 만큼의 자원을 분배받는다. 또한 잉여 생산물과 잉여가치는 사회에 환원된다. 깁슨―그래험이 제시한 의도적 경제라는 용어는 신자유주의 사상의 '자생적 경제natural economy'에 대한 반대급부로 해석될 수 있을 것이다. 인간의 의도나 계획이 개입되지 않은 시장의 '자생적 질서'를 옹호하는 신자유주의는 경제 문제를 정치적·도덕적인 해법으로 접근하는 것을 극도로 경계했다. 이 사상이 주류 경제 담론을 형성하면서 '계획경제'라는 단어에는 부정적 의미가 부착되었다. 깁슨―그래험은 이 부정적 기호code를 긍정적인 것으로 치환한다. '의도적 경제'는 발전주의 논리가 아니라 인간의 실존적 조건인 상호 의존성에 입각한 경제이며, '사회'의 윤리적 선택과 결정에 의해 이뤄지는 경제다. 깁슨―그래험은 '필요, 잉여, 소비, 공공재' 등과 같은 마르크시즘의 용어들을 새롭게 개념화하면서, 이를 통해 새롭게 '사회'를 상상하고 다시 만들어가고자 한다. 그리고 포스트자본주의 정치학은 사람들이 자본주의를 당연한 것으로 여기지 않으며, 그것에 동일시하지 않을 때 시작된다고 보았다. 경제 담론을 바꾸어 경제와 사회를 상상하고 사유하는 방식을 획기적으로 변화시키는 것이야말로 변화의 출발점이라는 말이다.

이러한 대안적 경제 공동체는 '지역 경제 자치 모델'이라는 공통점을 갖는다. 최근 우리나라 여행 문화의 새로운 지평을 열었다고 평가받으며 새로운 지역 경제 활성화 모델로 부각되고 있는 '제주의 올레길'은 바로 이러한 '의도적 공동체 경제' 혹은 '사회적 경제social economy'의 성공적 실험 사례라고 할 수 있다. 올레길은 지역 주민과 자치 정부가 협력하여 '이윤보다는 조합원과 지역 사회의 이익을 중시하고, 의사결정 과정이 민주적이며, 지역 주민의 참여를 중요시하는'("못 살겠다 갈아엎자 '사회적 경제'로"『한겨레 21』, 제803호, 2010.3.26.) 개발 과정을 통해 만들어졌다. 올레길이 대안적 경제 모델로 평가받는 이유는 올레길이라는 관광 상품이 환경 파괴 없이 만들어졌으며, '고용-생산-소비-재투자'의 순환 고리를 통해 현지의 재래시장, 음식점, 숙박 시설을 활성화시켜 그 이윤을 기업이나 중앙 정부 등 외부의 개발 주체가 아니라 고스란히 지역 주민에게 돌아가도록 했다는 점 때문이다.

발상의 전환이 가능하다면 새로운 경제 모델을 실험할 수 있을 뿐만 아니라 기존 조직 안에서도 대안적 시도를 할 수 있다. 세넷이 소개한 영국과 미국의 '병렬 조직parallel institutions'이 그 예다(세넷, 2009: 218~220). 기존의 노동조합을 대체한 병렬 조직은 노동조합에 대한 고정관념을 깨면서 구상되었다. 예를 들어, 노동조합이 일자리를 알선하는 일종의 고용 대행 기구로 활동하며, 조합원의 연금 관리 및 의료보험 가입 등을 대행할 뿐만 아니라, 탁아소와 토론회, 사교 모임 등을 조직해 일터에서 사라져 가는 공동체를 보완하도록 했다. 병렬 조직이 만들어지고 활성화된 이유는 노동자들의 근속 연수가 짧아지고, 고용이 불안정해지면서 노동자로서의 경험이 단절되지 않도록 할 필요가 있었기 때문이었다. 네덜란드에서 진행된 일자리 나누기는 일주일에 단 몇 시간을 일하는 것만으로도 실업의 공포에서 벗어날 수 있음을 보여 주었다. 이처럼 실업과 불안은 개인의 문제가 아니라 사회가 함께 풀어가야 할 문제라는 점을 자각할 필요가 있다.

앞서 살펴본 사례들은 변화가 아주 작은 일에서부터, 그리고 바로 '지금, 여기'에서, 우리가 발을 딛고 있는 공간에서도 가능하다는 확신을 갖게 한다. 다만 공동체나 마을 만들기의 대안이 '윤리적 선택'과 결정을 강조하는 윤리적 좌표에만 의존하여 구성된다면 정치적 올바름이라는 강박에 빠지기 쉽다. 이 경우 공동체 구성원들의 '즐거움'이 감쇠하고 과도한 규칙만 넘쳐날 수 있다. 따라서 무엇보다도 집단의 경직성이나 카리스마적 리더십에서 탈피하여 구성원 간의 소통과 감정의 흐름을 만들어 내는 미학적 차원의 삶을 상상하는 것 또한 중요하다. 즉 "어떻게 사는 것이 바람직한 삶인가?"라는 윤리적 논의와 더불어 "어떻게 사는 것이 좋은 삶인가?"라는 질문, 즉 삶의 질과 행복, 즐거움의 미학을 살려 내는 공동체를 상상하는 담론의 지형을 확장해야 한다.

## 3. 전통적 해법, 새로운 실천 : 국가 공공 정책

신자유주의는 '작은 정부'를 지향한다. 그러나 신자유주의 정책을 추구한 어떤 국가에서도 정부의 영향력이 줄어든 경우는 없었다. 정부는 작아지기보다는 선택적으로 규제를 풀고, 선택적으로 새로운 질서를 강요한다. 이런 점에서 여전히 국가는 공평한 사회적 재분배를 통해 사회적 불안을 해소할 주요한 행위 주체가 될 수 있다. 그러나 국가에 많은 힘을 기대하고 시민의 권력을 양도할 경우, 국가는 관료제적 획일화의 충동에 따라 사회를 '철창'으로 만들어 놓을 위험이 있다. 경직된 관료제로 돌아가지 않으면서 동시에 삶의 불안정을 유발하는 제도에 맞서기 위한 대안이 필요하다(세넷, 2009). 많은 사람들은 위기를 해결하기 위해 정부가 적극 나서 줄 것을 기대하면서도 국가의 전체주의적 획일화 경향을 불안해한다. 국가를 통해 문제를 해결하는 '전통적 해법'을 추구하되, 민주 사회를 지켜 나갈 수 있는 방안은 없는 것일까? 임원혁(2009)은 신자유주의의 흐름을 제어하기 위해서는 여전히 국가의 역할이 중요함을 강조한다. 특히 '국가 주도'의 경제 성장을 통해 '강력한' 국가를 유지해왔던 한국 사회에서 여전히 '국가'는 문제 해결의 중요한 행위자로 간주되고 있다. 국민과 이주민이 만들어 낸 총 생산과 그에 따라 지불한 세금이 일-교육-복지-인권의 좋은 순환 체제로 전환되기 위해서는 대항 '지식'을 갖춘 시민들의 끊임없는 민주적 개입이 요청된다. 특히 한국 사회는 복지 제도가 제한적이고 취약할 뿐 아니라, 노동자들의 권리를 보호하는 법적·제도적 장치가 미약하여 산업사회 또는 계급사회가 만들어 내는 위험을 해결하지 못하고 있다. 또한 소비-시민이 주도하는 후기 근대의 불확실한 삶은 그에 뒤따르는 위험 사회의 이중적 위험에 노출되어 있다(정태석, 2009).

국가의 책임 있는 역할에 대한 시민들의 요구는 좀 더 진보적 차원의 공공 정책으로 연결될 수 있다. 의무교육에 당연히 요청되는 하루 한 끼의 급식에 대해 '어디서 자원을 끌어오겠냐'며 반발하는 한국의 정치 지도자들이 저출산 위기를 극복할 대안을 만들어 낼 능력이 있는가? 불가능한 일이다. 그렇다고 사교육을 끊고 불안한 미래에 맞설 준비가 된 '변심한' 개인들의 갑작스런 출현을 기대할 수는 없다. 결국 공공 정책을 통해 재분배 시스템을 세련되게 구축하는 것이 답이 될 수 있다.

그러나 신자유주의 시대의 국가 엘리트는 지난날의 부재 지주처럼 권력을 갖되 대중의 삶에 예속되지 않은 글로벌 엘리트의 태도를 취함으로써 노동, 실업, 복지 등과 같은 '골치 아픈 문제들'을 회피하기 일쑤다(바우만, 2009). 그들은 오히려 보여 주기 식 정책에 기대어 국가 이미지와 브랜드를 높이는 작업을 통해 마치 국가의 글로벌 위상이 높아진 것 같은 착각을 만들어 내는 일에 더 골몰하는 경향이 있다. 마치 명품 브랜드의 옷을 걸치면 인격이 달라지는 것처럼 행동하는 것과 마찬가지다. 국가의 정치 엘리트를 지역의 차원으로 끌어내려 내부 위기를 관리하는 데 헌신하게 하고 지역민의 삶의 위기를 해결하도록 하는 시민들의 정치적 행동 또한 필요한 시대다. 국가는 어떤 새로운 사회운동보다 국지적인 차원에서 가장 큰 영향력을 행사하는 주체이며 '공공 정책'이라는 수단을 통해 포스트신자유주의를 앞당길 수 있기 때문이다. 그러한 정책의 예로 최근 대안적 공공정책으로 논의가 되고 있는 '기본 소득basic income 보장 제도'와 '누진소비세'를 살펴보기로 하자.

### 1) 모두의 생계를 보장하기: 기본 소득

공공 정책으로서 '기본 소득 보장 제도'는 시민사회와 국가의 동의하에 이루어질 수 있는 대타협의 성격을 띤다. 이는 "부자와 가난뱅이를 가리지 않고 모든 사람에게 똑같이 기본 소득을 나눠 주고 그것을 제대로 쓰든 낭비하든 개인에게 맡기자는 지극히 단순한 제도다."(세넷 2009: 218) 즉 기본 소득이란 수급자격에 대한 규정 없이 모든 시민에게 무조건적으로 제공되는 소득을 말한다. 수급권자가 노동을 하든 안 하든 간에 시민권만 있으면 무조건적으로 기초소득을 보장해 준다는 것이 이 제도의 취지다. 기본 소득 보장 제도의 재원은 세금이며 모든 사람이 동일하게 생계에 필요한 최소한의 수입을 보장받는다. 때문에 기존의 공적 부조와는 달리 '의존하는 자'에 대한 편견이 사라질 것으로 기대된다. 또한 모든 시민들이 장기적으로 삶을 설계할 수 있는 수단을 갖게 된다는 장점도 있다.

최근 기본 소득 보장 제도는 구조적 빈곤과 실업의 장기화, 고용 없는 성장 추세가 나타난 21세기 사회에 복지와 노동의 새로운 패러다임을 제시하는 사회경제적 대안으로 주목받고 있다. 지난 2010년 1월 27일 서울에서 〈기본 소득 국제학술대회(Seoul Basic Income International Conference 2010)〉가 열렸고, 국내외 학자, 시민운동가와 진보 진영 정치인들이 모여 "기본 소득 서울 선언Basic Income Seoul Declaration"을 발표했다. 선언문은 "19세기 노예제 폐지, 20세기 보통선거권 쟁취에 버금가는 21세기 세계사적 과제로 기본 소득 쟁취를 현재의 자본주의와 현존했던 사회주의 모두를 뛰어넘는 대안 사회로 나아가기 위한 디딤돌로 사고할 것"이라고 밝혔다(『경향신문』, 2010. 1. 27.). 기본 소득의 재원을 어디서 마련할 것인가에 대한 논의나 기초 소득이 모든 사람에게 기본적 생계를 제공함으로써 '보편적 복지' 패러다임을 완성할 수 있을 것인가에 대한 논쟁은 지속되고 있지만 이미 2004년부터 기본 소득 보장 제도를 준비하고 있는 브라질의 선례를 바탕으로 적극적인 도입을 검토해 볼 만하다.

## 2) 모두의 욕망을 조절하기: 누진소비세

신자유주의적 삶의 행태에서 벗어나는 또 다른 길은 과잉과 낭비를 수반하는 '소비'를 줄임으로써 노동 중심의 패러다임에서 벗어나는 것이다. 그러나 누가 먼저 경쟁적인 소비에서 자유로워질 수 있을까? 로버트 H.

프랭크는 『부자 아빠의 몰락Falling behind : how rising inequality harms the middle class』(2009)에서 '중산층의 몰락'을 소득과 부의 불평등에 따른 소비 패턴의 변화로 설명한다. 불평등한 사회에서 사람들은 인간관계에서 심리적 위축감과 상대적 박탈감을 느끼지 않기 위해 옷차림, 자녀 교육, 집과 같이 평가에 민감한 지위재positional good에 많은 비용을 지출한다(프랭크, 2009: 25). 이러한 가시적 소비 패턴, 즉 지위적 소비positional consumption의 증가는 상위 5퍼센트 부자의 소득 증가가 사회 전체의 소비 참조 틀frame of reference을 변화시켜 지출 경쟁을 야기하기 때문에 발생한다. 소득 분배의 불평등 심화와 그로 인한 중산층의 지출 경쟁은 단지 재정적 압박 차원에 그치지 않고, 복지, 행복 등 총체적 차원에서 중산층의 몰락을 가져오게 된다. 늘어난 지출을 감당하기 위해서 사람들은 수면 부족에 시달리면서까지 더 많이, 더 오래 일하지만 소득이 늘어도 저축은 줄어들고, 반면 부채는 증가하기 때문이다. 신자유주의라는 '탈취에 의한 축적' 체제가 초래한 불평등의 문제는 성실하게 직장 생활을 하면서 세금 꼬박 꼬박 내고, 자녀의 양육과 교육에 최선을 다하는 평범한 중산층 가정에도 위기를 불러오고 있다.

프랭크가 제안한 '누진소비세'는 말 그대로 소비를 많이 하는 사람들에게 그에 비례해서 세금을 부과하는 것이다. 프랭크는 조세 제도와 같은 국가의 공공 정책을 통해 소모적인 경쟁과 사회적 불안을 줄일 수 있다고 말한다. 소비력이 자신의 지위를 남들에게 과시하는 수단이며 동시에 상징이 된 마당에 국가가 소비액에 따라 세금을 부과한다면 고소득층의 반발이 심할 것은 불 보듯 뻔하다. 오히려 감세를 통해 부자들에게 투자 욕구를 자극하고 자유로운 경제 행위를 장려하고자 하는 이명박 정부는 이런 정책을 상상할 수 없을 것이다. 그러나 이 정책은 대다수의 시민을 '모두가 손해 보는 지출 경쟁'에서 벗어나게 하는 가장 쉬운 해법이다. 특히 프랭크는 소득과 부의 불균형이 심화될 때 가장 큰 타격을 받는 것은 중산층이라는 점을 강조한다. 공공 서비스가 줄어든 상황에서 중산층이 부자를 모방해 지출을 늘릴 경우 실업이나 건강에 문제가 생기면 기댈 곳이 없어져 큰 위험에 처할 수 있기 때문이다. 사회의 안정을 유지하는 계층인 중산층이 몰락하면 그 사회는 흔들릴 수밖에 없다. '누진소비세' 같은 제도가 필요한 이유다. 사실 많은 경우 불필요한 소비나 과소비는 상대적 박탈감과 인정받고자 하는 욕구에서 비롯되기 때문에 사람들은 자신의 소비를 잘 통제하지 못한다. 좋은 집, 좋은 차, 좋은 외모에 대한 '참조 체계'가 생겨나면 박탈감과 욕망은 더욱 커지고 질투심도 커 가기 때문이다. 내가 속한 공동체에서 나만 갖고 있지 못하다는 '굴욕감' 때문에 누구나 명품 가방을 사는 것과 마찬가지 심리다. 부자의 안전하고 화려한 요새 주택을 본 중산층은 자신의 멀쩡하고 깨끗한 '집'을 별안간 누추하다고 느끼며 무리를 해서라도 좋은 집을 갖고 싶어 한다.

좋은 대학에 자식을 보낸 강남 부모 대열에 동참하기 위해 아파트에 큰돈을 지출하는 한국인의 행태도 기본적으로는 미래에 올지 모를 '굴욕감'에서 비롯된다. 이들은 멋지고 비싼 집을 구매함으로써 자신의 '지위'가 상대적으로 높아져서 '부러움'을 받게 되고 '굴욕감'에서 자유로워질 것이라고 생각한다. 하지만 집을 구매하기 위해 더 많은 시간 일해야 하고 여가나 건강, 가족과의 시간을 더 많이 희생해야 한다. 즉 지위 경쟁을 통해 실제로 지위가 높아지는 것이 아니라 인간 복지의 수준만 현격히 떨어진다. 프랭크는 미국에서 과거 20년간 사람들의 실질 소득은 높아지지 않

았지만 자녀 교육, 집, 보석, 명품, 와인 같은 '지위재'에 쓰이는 비용은 급
증하고 있다는 점을 강조한다. 반면 다른 사람과의 비교가 덜 되는 공해나
소음에서 벗어날 자유, 가족과 시간을 함께 보내는 여유나 삶의 쾌적함과
같은 '좋은 삶을 위해 반드시 필요한' 비물질적 부분에 대한 관심과 투자
는 감소하고 있다고 한다. 결국 대다수 사람들이 너무 많은 시간 일하고
너무 적게 저축하며 소득보다 너무 많이 지출하지만 더 많이 소유해도 추
가적인 만족감은 별반 크지 않은 상황에 놓이게 된다.

국가는 이런 상황에서 국민의 미래의 안전을 도모하고 행복감을 높여
주기 위해 어떤 일을 해야 하는가의 문제에 응답해야 한다. 결국 모든 사
람에게 공평하게 적용될 수 있는 공공 정책을 통해 사람들이 경쟁적인 소
비가 아니라 안전, 행복, 쾌적함 등과 같은 가치에 투자하게끔 해야 한다.
프랭크가 제안한 누진소비세는 수입액과 저축액의 차액을 '소비액'이라
보고 이에 따라 과세하자는 것이다. 누진소비세는 저축을 장려함으로써
개인이 자신의 불안한 미래에 대비해 투자하게끔 유도한다. 프랭크의 논
의에서 흥미로운 것은 부시 정부의 감세 정책에도 부유층의 경제 상황이
악화되었다는 것이다. 부유층에 대한 감세가 오히려 부유층에게 더 큰 주
택을 구입하도록 부추겨서 더 많은 비용을 지출하게 했고 급기야 이들을
'적자'에 시달리게 했다. 그러나 큰 주택과 고급 가구들이 주관적인 행복
감에는 별 영향을 주지 못했다고 한다. 심지어 신자유주의의 대장격인 밀
턴 프리드먼도 오래 전에 누진소비세는 모든 사람을 빚더미에 앉게 하는
"소비 전쟁을 단속하는 가장 효율적인 방법"이라고 옹호했다. 누진소비세
는 모든 가구가 '기록적인 부채'에 시달리는 한국 사회에서도 진보, 보수
를 막론하여 고개를 맞대고 생각해 볼 만한 공공 정책이다.

실직 및 질병에 대한 불안을 덜어 주는 공공 정책을 실현하고 빈부격차를 완화하는 방향으로 복지나 조세 정책을 전환하려면 먼저 국가를 운영하는 정치 주체가 변해야 한다. 정치 주체를 변화시킬 수 있는 유일한 방법은 '선거'다. 진보적 가치가 실용적인 정책으로 연결되기 위해서는 유권자들이 인종, 종교, 지역 등 경제외적인 요인에 의해서가 아니라 본인들의 이해관계에 충실하게 투표할 수 있어야 한다. 2008년 미국 대선에서 오바마는 인종이나 이념 등 경제외적 요인보다 자신의 경제적 이해관계에 비교적 충실하게 투표를 한 유권자 덕분에 승리할 수 있었다. 미국의 유권자들은 부시 행정부의 '소유자 사회ownership society'라는 선동적 모토에 고무된 결과 참혹한 위기를 경험해야 했지만 그 덕분에 이념에서 벗어나 객관적인 자기 위치를 깨닫게 되었던 것이다. 이는 이념 대립을 조장하고 부추기는 한국의 정치 문화에서 특히 주목할 만한 점이다. 좌와 우의 대결, 진보와 보수의 대결, 지역 대립, 종교 대립, 세대 대립 등을 내면화한 한국의 유권자들은 종종 자신에게 불리한 조세 및 복지 정책을 주장하는 정치 인물이나 정당에게 표를 행사한다. 신자유주의 시대에는 경제적 이해관계를 따르는 투표가 가장 정치적이고 진보적인 변화를 가져올 수 있음을 기억해야 할 것이다.

## 4. 새로운 가치를 향한 연대

인류학자 데이비드 그레이버는 "신자유주의에 저항하고 인간성을 회복하자"고 호소하면서, 그러기 위해서는 도전적 사유가 필요하며, 새로운 질문을 제기할 수 있어야 한다고 말한다(데이비드 그레이버, 2009:9). 그레이버는

"어떻게 하면 물질적 부를 최대화할 수 있을까?" 혹은 "가장 공정한 배분의 방식은 무엇일까?"라는 낯익은 질문들이 아닌 새로운 질문들을 통해서만 인간성을 잠식하는 신자유주의적 자본주의의 현실을 바꿀 수 있다고 주장한다. 사회의 지배 규범이나 가치에 근본적인 질문을 던지고 사유하는 과정을 거쳐야 변화가 가능하다고 보기 때문이다. 그레이버는 부의 재분배가 궁극적 대안이 될 수 없다고 보았다. 노동 사회학자 홀거 하이데 역시 '일할 권리' 즉 노동권의 재분배에 대한 요구만으로는 '노동의 소멸'이라는 후기 산업사회의 삶의 조건을 근본적으로 해결할 수 없다고 주장한다(홀거 하이데, 2004). 이러한 논거는 '일자리 창출'이 후기 산업사회에서 실현 불가능한 환상이라는 진단에서 나온 것이 아니다. 그보다는 자본을 위해 일하지 않으면 인간으로서의 권리를 박탈당하는 현실에 대한 문제의식에서 출발한 것이다. 경제적 합리성만을 목표로 하는 일터는 노동자들을 노동 중독에 빠뜨리고 일터 밖에서 모든 것을 구매할 수 있다는 '소비' 욕구만을 부추긴다. 노동자들은 이 과정에서 모든 것을 자본주의 상품 논리에 따라 이해하게 된다. 이 때문에 정작 사람들은 인간에게 가장 필요한 사회적 관계를 맺을 수 있는 자율적 시간을 갖지 못하게 되고, 생존을 위한 노동에 전념하지 않게 된다. 앙드레 고르가 지적한 것처럼 인간이 자기 충족의 원칙에 입각하여 수행하는 돌봄, 가사, 관계 맺기 등의 자활 노동은 자본주의 상품의 논리에서 탈환해야 할 인간 활동 영역이다(문순홍 2004). 자율과 자활의 원칙에 의해 운영되어야 할 이런 인간 활동에 자본의 논리가 들어오면 타율화된 노동 규범이 더욱 더 내면화되어 모든 이들이 일중독이 되고, 자본의 지배관계에 동의하게 되어 사회적 통제가 심화될 것이기 때문이다. 이런 주장은 공통적으로 자본에 의해 강요된 '타율적 노동'

이 규범화된 사회를 변화시키는 것이야말로 궁극적 대안이 될 수 있다는 함의를 갖는다.

신자유주의에 저항하는 도전적 사유는 익숙한 현실을 낯설게 볼 수 있게 해 주는 새롭고 창의적인 질문이나 문제의식과 더불어 새로운 상상력과 비전에 기반한 연대의식을 포함해야 한다. 우리는 먼저 "삶에서 진정으로 의미 있는 것, 중요한 것은 무엇인가?", "우리 모두가 궁극적으로 더 풍요로워지는 사회를 만들기 위해서는 어떤 조치들이 필요한가?" 등과 같은 새로운 질문을 던져야 한다. 이처럼 다른 사회, 다른 삶의 방식에 대한 상상은 희망과 비전의 연대를 더 적극적으로 촉발시킨다.

대안적 비전을 추구하지 않고 자본주의에 대한 비판에만 몰두하다 보면 '회의주의에 빠진 나머지 변화가 어떻게 가능할 것인지를 상상하는 것 자체가 불가능해질 것'(데이비드 그레이버, 2009: 22 ; Gibson-Graham, 2006: 2~3)이라는 지적에 귀를 기울일 필요가 있다. 사유 방식에 있어서 자본주의에 대한 반대 혹은 비판의 끈을 놓지 않으면서 동시에 대안적 비전을 모색하는 사유와 실천의 균형이 요구된다. 모든 사유는 감정에 의해 조건화된다는 말이 있다. 깁슨-그래험(2006)은 긍정적 정서를 통해 희망을 되찾는 '가능성의 정치학'을 화두로 신자유주의적 자본주의의 대안을 말하고 있다.

'생산성'을 과시하며 생활세계를 파괴하고 있는 현재의 신자유주의는 우리가 지금까지 이뤄놓은 민주주의, 평등, 인권, 삶의 자율성에 대한 기억과 경험을 소멸시키는 과정이며, 역사의 의미를 상실하는 과정일지도 모른다. 세넷의 지적처럼 자본주의만 살아남고 '사회적인 것the Social'은 죽어 버린 시대에 불평등은 점점 더 소외의 문제로 이어진다(세넷, 2009: 100). 소외는 고립과 폭력을 낳고 더 많은 사회적 불안감을 조성한다. 결국 더 많은 인간들이 '시장 가치'가 없고 '지불 능력'이 없다는 이유로 잉여 인간으로 범주화되고 폭력의 위험에 놓이게 된다. 마찬가지로 소비자로서 상품 선택의 다양성을 자유의 확장으로 인지하게 된 개인들은 꼬드김, 욕망, 일시적 바람에 요동치지만 대문자 정치에는 자유방임적 태도를 갖게 된다. 글로벌 자본의 질서는 불안정성, 불확정성, 불안이란 거대한 구조를 일상화시키지만 사회적인 모순과 위험을 해결할 의무와 필요는 개인적인 차원의 문제로 남겨진다. 신자유주의 시대의 공적 공간은 신뢰, 참여와 헌신 대신 도피와 생략만 넘쳐나는 빈공간이 되어간다. 소비자로서의 자유와 인간으로서의 안전 사이의 깊어가는 부조화에 대한 반응으로 개인은 확실성과 안전을 갈망한다.

이와 반대로 '삶의 능력'을 살리는 생활 정치는 비시장주의적 공존의 회로를 많이 만들어 내는 일을 통해 가능하다. 이를 위해서는 생산성, 돌봄, 지역사회, 먹고살기 등에 대한 새로운 개념을 만들어 내야 한다. 삶의 불안정성과 피폐함에 맞서 싸우기 위해 위계화되고 범주화된 인간의 삶들 사이에서 '공감' 능력을 회복하는 길이야말로 포스트신자유주의를 살아가는 해법이다. 그리고 공감 능력을 갖기 위해서는 타자와 나의 삶이 연결되어 있고, 모든 개인의 삶이 서로 연결되어 있다는 상상력을 갖는 것이 중요하다(김현미, 2009).

우리는 지금 어디에 서 있고, 어디로 갈 것인가? 이제 낯설고 도발적인 사유를 공유하면서, 새로운 욕망과 상상을 통해 신자유주의의 바깥 혹은 외부에 놓여 있는 사회를 만들어 갈 때이다. 그리고 그것은 지금, 그리고 바로 여기에서 시작될 수 있다. 포스트신자유주의, 그것은 이미 현재진행형이다.

## 닫는 글 참고 문헌

김현미, 「신자유주의적 권위주의 국가와 생활정치」, 『창작과비평』 2009년 가을호, 145호, pp. 94~113.

임원혁, 「신자유주의, 정말 끝났는가」, 『창작과 비평』, 2009년 봄호, 143호, pp. 210~225.

데이비드 그레이버, 서정은 역, 『가치이론에 대한 인류학적 접근: 교환과 가치, 사회의 재구성』, 그린비, 2009.

로버트 H. 프랭크, 황해선 역, 『부자 아빠의 몰락』, 창비, 2009.

리처드 세넷, 조용 역, 『신자유주의와 인간성 파괴』, 문예 출판사, 2001.

_____, 유병선 역, 『뉴캐피털리즘—표류하는 개인과 소멸하는 열정』, 위즈덤하우스, 2009.

문순홍, 「앙드레 고르: 현대 자본주의 비판과 사적 영역의 재탈환 정치」, 『문화과학』 27호, pp. 225~244, 문화과학사, 2001

성낙일·홍성우, 「우리나라 사교육비 결정요인 및 경감대책에 대한 실증분석」, 『응용경제』 제10권 3호, 2009.

수전 조지, 정성훈 역, 『Another World: 폭압적 신자유주의 세계화에 대한 실천적 제안서』, 산지니, 2008.

아멜리아 워런 티아기 &, 엘리자베스 워런, 주익종 역, 『맞벌이의 함정: 중산층 가정의 위기와 대책』, 필맥, 2004.

요시카와 히로시, 신현호 역, 『케인스 vs 슘페터—현실 경제를 바라보는 두 개의 시선』, 새로운 제안, 2009.

우석훈·박권일, 『88만 원 세대』, 레디앙, 2007.

정태석, 「광우병 반대 촛불 집회에서 사회구조적 변화 읽기」, 『경제와 사회』, 2009년 봄호, pp. 251~272.

홀거 하이데, 강수돌·김수석·김호균·황기돈 역, 『노동 사회에서 벗어나기』, 박종철출판사, 2004.

Gibson-Graham, J. K., *A Postcapitalist Politics*. the University of Minesota Press. 2006.

『조선일보』, "부동산 투기 열풍, 적금 붓는 서민만 바보", 2003. 6. 10.

『경향신문』, "19세기 노예제 폐지, 20세기 보통선거권, 21세기는 기본소득", 2010. 1. 27.

『한겨레 21』, "못 살겠다 갈아엎자 '사회적 경제'로", 제803호, 2010. 3. 26.

〈SBS 스페셜〉 45회, 2006년 7월 9일 방영
http://wizard2.sbs.co.kr/w3/template/tp1_review_detail.jsp?vVodId=V0000311936&vProgId=1000126&vMenuId=1002036&cpage=39&vVodCnt1=00045&vVodCnt2=00

# 글쓴이 소개

## 김현미

* 미국 워싱턴대학에서 문화인류학으로 박사를 받고 연세대학교 사회학과 교수를 거쳐 현재 연세대학교 문화인류학과와 대학원 문화학과 교수로 재직 중이다. 젠더의 정치경제학, 글로벌라이제이션과 문화 이동, 이주와 다문화주의가 주요 연구 분야다. 주요 저서로는 『글로벌 시대의 문화번역』(2005)이 있고 공역서로는 『여성, 문화, 사회』(2009)가 있다.

## 강미연

* 영국 서섹스대학교University of Sussex에서 여성학 석사 학위를 받았고, 연세대학교 사회학과 박사 과정을 수료했다. 북한 여성과 노동, 통일 문제 등에 관심이 있으며, 현재 개성 공단 사례를 통해 젠더 관점에서 보는 남북 경협 체제 모델에 관한 연구로 박사 학위 논문을 준비 중이다. 연구 논문으로는 「결혼 이주 여성들의 행위자성과 평생교육의 지향점 모색: 필리핀 여성의 경험을 중심으로」(『평생교육학연구』, 14권 4호, 2008), 「기혼자들의 '외도'를 통해서 본 한국 사회의 가족, 그 평생교육학적 의미」(『평생교육학연구』, 15권 4호, 2009) 등이 있다.

## 권수현

* 여성학 석사를 마친 후 여성 인권 활동가, 『여성신문』 및 『한겨레신문』에서 칼럼니스트로 활동한 바 있다. 저서로는 『섹슈얼리티 강의』(동녘, 공저)가 있고, 직장 내 성희롱 예방 교육 매뉴얼을 개발했다. 현재는 〈경기도 가족 여성 연구원〉 외래 교수로 있으면서, 연세대학교 문화학과에서 박사 논문을 준비하고 있다.

## 김고연주

* 연세대학교 문화학과 박사로, 여성들의 섹슈얼리티, 청소년 문화, 성매매 등이 주요 관심 분야다. 저서로 『길을 묻는 아이들』(책세상, 2004), 『조금 다른 아이들, 조금 다른 이야기』(이후, 2011) 역서로 『남성 페미니스트』(공역, 또하나의문화, 2004), 『성적 다양성, 두렵거나 혹은 모르거나』(이후, 2007)가 있다.

**박성일**

* 연세대학교 사회학과에서 「90년대 이후 한국 TV 다큐멘터리의 지식 생산에 관한 연구 : 다큐멘터리 〈미국〉을 중심으로」(2003)라는 논문으로 석사 학위를 받았다. 이후 연세대학교 문화학과 박사 과정을 수료하였고, 신자유주의 시대 금융의 일상화에 관심을 가지고 있다. 역서로 『구경꾼의 탄생』(공역, 마티, 2006), 『대중문화와 일상, 그리고 민족 정체성』(이후, 2008)이 있다.


**정승화**

* 연세대학교 비교문학 협동 과정에서 「근대 남성 주체의 형성과 동성사회적homosocial 욕망: 프로이트의 오이디푸스 서사와 멜랑콜리 이론을 중심으로」(2002)라는 논문으로 문학 석사 학위를 받았다. 연세대학교 사회학과에서 「자살과 통치성: 한국 사회 자살 담론의 계보학적 분석」으로 박사 학위를 받았다. 젠더 사회학, 문화연구, 근대성, 정서, 자살의 사회학을 주요 관심 분야로 공부하고 있다. 연구 논문으로 「순정만화의 젠더 전복의 모티브에 나타난 앤드로지니 환상과 젠더화의 불만」(『페미니즘 연구』 제8호, 2008)이 있다.

# 친밀한 적
신자유주의는 어떻게 일상이 되었나

지은이 _ 김현미, 강미연, 권수현, 김고연주, 박성일, 정승화
펴낸이 _ 이명회
펴낸곳 _ 도서출판 이후
편집 _ 김은주, 신원제, 유정언
마케팅 _ 김우정
표지 디자인 _ ArTe 203

첫 번째 찍은 날 2010년 7월 31일
두 번째 찍은 날 2012년 3월 15일

ⓒ 김현미 외, 2010

등록 1998. 2. 18(제13-828호)
주소 _ 서울시 마포구 동교동 165-8 엘지팰리스 1229호
전화 _ 대표 02-3141-9640 편집 02-3141-9643 팩스 02-3141-9641

ISBN 978-89-6157-041-1  03300

이 도서의 국립중앙도서관 출판시도서목록(CIP)은 e-CIP 홈페이지
(http://www.ni.go.kr/cip.php)에서 이용하실 수 있습니다.
(CIP 제어번호: CIP 2010002571 )